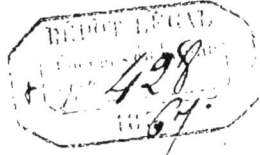

VOIES RURALES

Aix. Typ. A. Makaire, rue Pont-Moreau, 2. — 1868.

VOIES RURALES

PUBLIQUES ET PRIVÉES

ET

SERVITUDES RURALES DE PASSAGE

PAR L.-J.-D. FÉRAUD-GIRAUD

Conseiller à la Cour impériale d'Aix
Membre du Conseil général des Bouches-du-Rhône
Président honoraire du Comice agricole de l'arrondissement d'Aix

2e ÉDITION REFONDUE & AUGMENTÉE

PARIS
DURAND ET PEDONE-LAURIEL, LIBRAIRES
7, rue Cujas, 7
1868

Au moment où ce travail était sous presse sont inter-
venus divers actes du pouvoir exécutif concernant le
régime de la voirie vicinale.

La note du ministre de l'intérieur, du 15 août 1867,
le rapport du ministre du 16 , le décret du 17 , et la
circulaire ministérielle du même jour, sont une manifestation formelle de l'intention où est le gouvernement
de conduire le plus promptement possible à bonne fin
l'exécution des voies vicinales qui présentent le plus d'intérêt pour les communes. Pour atteindre ce résultat on
doit opérer un classement, en deux catégories des chemins vicinaux qui ne font pas partie des chemins de
grande communication ou d'utilité communale. Dans la
première de ces catégories doivent être placés les chemins
à l'état de parfait achèvement et entretien ; dans la seconde, au contraire, doivent figurer les chemins qui ont
besoin de travaux pour être mis en cet état. Ces derniers
sont divisés en trois classes : la première comprenait les
chemins dont l'achèvement et l'entretien sont du plus
grand intérêt pour les communes ; la seconde les chemins dont l'importance est moindre ; la troisième les
chemins dont la mise en état de viabilité parfaite peut

être différée. On ne peut manquer de remarquer l'importance que les voies rurales vont acquérir par l'application de ces mesures, soit qu'elles complètent les communications que vont ouvrir les chemins vicinaux mis en état parfait de viabilité , soit qu'elles suppléent ceux de ces chemins dont l'état de viabilité laissera encore beaucoup à désirer pendant un temps plus ou moins long.

Les circonstances donnent donc à cette publication un intérêt d'actualité. D'ailleurs , l'amélioration des voies vicinales doit marcher de pair avec l'amélioration des voies rurales, qui en sont le complément indispensable. Aussi le gouvernement a provoqué lui-même une sorte d'enquête sur les questions principales que présente le régime des chemins ruraux. Puisse ce travail être de quelque utilité pour ceux qui auront à résoudre ces questions si importantes pour l'agriculture et les populations rurales.

La première édition de ce travail n'était que la repro-
duction d'une série d'articles insérés dans le *Journal du
droit administratif*, publication périodique, dirigée si
heureusement et si utilement par le savant doyen de la
faculté de droit de Toulouse, M. Chauveau Adolphe.
Depuis 1859, époque à laquelle remonte cette première
édition, la doctrine et la jurisprudence ont fourni des
matériaux nombreux et importants sur cette matière,
l'annonce d'une discussion prochaine d'un Code rural où
elle serait réglementée a attiré l'attention publique sur
cette partie de notre droit; il nous a paru que le moment était propice pour publier une nouvelle édition de
ce livre en le mettant au courant de la jurisprudence, et

en le complétant par l'exposé du régime légal des voies rurales privées et des servitudes de passage, qui ne faisaient point partie de notre première étude. Nous avons ainsi essayé de présenter l'ensemble complet des règles qui régissent les voies agraires en dehors des voies classées comme chemins vicinaux.

VOIES RURALES

———

1. *De l'importance des voies de communication en général.* — Le ministre de l'intérieur, dans son rapport au Roi, du 15 décembre 1843, sur les chemins vicinaux, disait : « C'est aujourd'hui une vérité généralement reconnue qu'un bon système de voies de communication est une des principales sources de la richesse des nations. Considérée sous le double rapport de la civilisation et de l'intérêt matériel, cette branche importante de l'administration devait naturellement éveiller la sollicitude d'un gouvernement éclairé. »

2. *Grande voirie, petite voirie, voirie vicinale.* — Les principales voies de communication, placées sous le régime de la grande voirie et comprenant les routes impériales et départementales (je ne parle que des voies de terre), sont aujourd'hui, en France, nombreuses et généralement bien entretenues; des dispositions législatives et réglementaires fixent d'une manière uniforme tout ce qui concerne leur établissement, leur entretien, leur conservation, leur police et leur régime financier. La petite voirie, soit que l'on considère la voirie urbaine ou la voirie vicinale, a fait de grands progrès, depuis la loi de 1836 sur les chemins vicinaux, et les instructions données par l'administration centrale aux administrations locales des villes et des bourgs.

3. *Voies agraires.* — Mais en dehors de ces grandes routes destinées à mettre nos grands centres industriels et nos frontières en rapport avec le siége du gouvernement, ou bien à faciliter les relations entre nos provinces; en dehors de ces voies urbaines destinées à assurer une circulation active et facile, l'ordre, la salubrité, le bien-être dans nos villes, de ces voies vicinales appelées à relier les bourgs et villages au chef-lieu d'arrondissement et de canton, et les clochers entre eux; se placent d'autres voies de communication qu'il est encore d'un intérêt public de réglementer et de surveiller. Entre le chemin vicinal qu'administre l'autorité publique et le chemin privé que la loi civile doit régir, et que la sollicitude vigilante du propriétaire protége, il est des voies nombreuses qui ont leur caractère propre, qui réclament des règles particulières et la sollicitude de l'administration publique.

4. *Leur importance spéciale.* — On a dit avec raison que les voies de communication sont au corps social ce que la circulation du sang est au corps organisé ; il faut donc que ces voies arrivent partout, qu'elles mettent tous les points du territoire en rapport entre eux pour porter partout la vie, l'intelligence et la richesse.

On ne doit pas s'arrêter alors au chemin qui conduit du clocher de la commune au clocher du canton, s'arrêter au village, il faut prendre le chemin public à sa naissance, là où le chemin privé cesse.

L'importance paraît devenir bien secondaire ; il semble qu'au-delà du village il n'y a plus d'intérêt public, et que du clocher ou de l'Hôtel-de-Ville à la propriété privée, on ne doit plus rencontrer qu'un intérêt particulier. La voie qui du village va au hameau ou se répand dans la commune, vient cependant apporter aux agglomérations de divers champs des bienfaits d'un intérêt immense. Une voie facile, dont les contours sinueux se déroulent avec intelligence le long de parcelles nombreuses, occupées par des cultures diverses, apporte dans nos campagnes, c'est-à-dire sur tout le territoire français, les produits de l'industrie et du commerce ; elle y introduit les facilités et les perfectionnements des cultures, elle permet d'en faire sortir à peu de frais les récoltes destinées à alimenter toutes les classes, à fournir à l'industrie ses matières premières, au commerce les marchandises de première nécessité. « Si l'on considère spécialement les chemins dont il s'agit, disait avec beaucoup de raison le savant professeur Proudhon, dans son *Traité du domaine public*, on ne trouvera sans doute dans aucun d'eux en particulier la même importance que dans les routes et les voies vicinales ; mais en les prenant en masse, l'on sera bientôt forcé de convenir qu'ils sont aussi et peut-être plus nécessaires au service de la société que les grands chemins, puisqu'ils servent de communication sur tous les points de l'Empire et qu'il serait impossible de s'en passer. »

M. l'avocat général Desjardins, en attirant l'attention sur ces voies de communication, en signalait l'importance, en rappelant que dans le seul canton de Chaumont (Oise) on compte 872 chemins ruraux ayant une longueur totale de 732,279 mètres, ce qui, en leur attribuant une largeur moyenne de $4^m 50$, donne une superficie de 330 hectares pour ce seul canton.

5. *Défaut de réglementation.* — Cependant, malgré l'importance que présentent ces chemins, ils ont été en quelque sorte oubliés par le législateur. Les vœux plusieurs fois répétés des Conseils généraux[1] des conseils spéciaux d'agriculture, semblent ne pas être entendus. Le ministre, il est vrai, par sa circulaire du 22 juin 1853, a invité les préfets à faire délibérer de nou-

[1] Le *Journal du droit administratif*, publié sous la direction de M. Chauveau Adolphe, a rappelé plusieurs de ces délibérations ; elles se trouvent indiquées dans l'Analyse des vœux des Conseilg généraux, qui sert de supplément au Bulletin officiel du ministère de l'intérieur.

veau les conseils généraux sur l'utilité qu'il pourrait y avoir à réglementer, par des dispositions législatives, la réparation et l'entretien des chemins ruraux, et bien que cette utilité ait été de nouveau constatée, un projet récent de Code rural gardait un silence complet sur ces matières. En l'état, c'est à peine si les administrations locales ont pu trouver dans les lois générales sur leurs attributions quelque pouvoir pour surveiller les voies rurales ; quant à ce qui concerne leur régime, rien n'est défini, rien n'est précisé ; à peine est-il possible de puiser dans la jurisprudence et les actes administratifs quelques règles difficiles à déduire et à faire sanctionner.

6. *Objet et division de ce traité.* — Un travail juridique sur les voies rurales, complété par l'étude du régime des chemins particuliers d'exploitation et des servitudes de passage, me paraît présenter de l'intérêt et de l'utilité pour les administrateurs des communes, les magistrats et les jurisconsultes, ainsi que pour les propriétaires ruraux. Conseiller général et municipal, magistrat d'une Cour souveraine, membre de diverses sociétés agricoles, appelé même à présider longtemps l'une d'elle, enfin propriétaire rural, mes études et mon expérience peuvent servir à d'autres; c'est pourquoi j'ai essayé d'écrire une monographie compète des voies de communication agricoles, dans laquelle j'examinerai successivement le régime des chemins ruraux, des caraires, des chemins d'exploitation privés, des chemins de souffrance ou tolérancé, des servitudes rurales de pas-

sage. Les deux premières catégories de ces voies forment la classe des chemins ruraux publics, les trois autres sont dans la classe des voies et passages privés.

7. *Classification des diverses voies de communication.* — Avant de terminer ces observations préliminaires et pour préciser d'autant mieux notre point de départ et notre marche, qu'on me permette de rappeler que la voirie de terre peut se diviser ainsi :

Grande voirie	{	routes impériales.
		routes départementales.
Petite voirie	|	rues et places des villes, bourgs et villages.
Voirie vicinale	{	chemins vicinaux de grande communication.
		id. de moyenne communication
		id. de petite communication.

Voies rurales
 — publiques { chemins ruraux. / carraires.
 — privées { chemins particuliers d'exploitation. / chemins de souffrance. / servitudes de passage.

PREMIÈRE PARTIE

VOIES RURALES PUBLIQUES.

CHAPITRE PREMIER

CHEMINS RURAUX

—◦◊◦—

SECTION I. — **Caractère, reconnaissance, propriété, mesures provisoires.**

———

§ 1er. — **Définition, caractère, régime.**

SOMMAIRE.

8. *Dénominations diverses.* — Anciennement les chemins ruraux étaient généralement confondus à la fois avec ceux que nos lois modernes appellent chemins vicinaux et ceux qui sont encore considérés comme la copropriété d'une certaine agglomération de propriétaires ruraux. Leur dénomination changeait suivant les localités. Bouteillier les appelle des chemins de travers; la Coutume de Poitiers les désigne sous le nom de charruaux ; on les appelait châtelains dans le Boulonais ; chemins de terroir dans l'Artois ; voisinaux en Tourraine et en Provence ; finerots en Bourgogne ; charrières dans le Beauvoisis, etc.

9. *Y a-t-il lieu de distinguer plusieurs catégories de chemins ruraux ?* — De nos jours divers auteurs ont cru devoir reconnaître plusieurs espèces de chemins entre les chemins vicinaux classés et les chemins particuliers. Ainsi Proudhon les divise en deux catégories : il réserve la dénomination de chemins ruraux à la première, il donne celle de chemins communaux à la seconde.[1] Parmi les vœux nombreux et divers dont les chemins ruraux ont été l'objet de la part des conseils généraux, je signale à ce sujet le vœu émis par le conseil général du Jura, qui voulait que les chemins ruraux fussent divisés en trois classes : la première comprenant les chemins d'un intérêt général pour la commune et d'un usage entièrement public, la deuxième les chemins intéressant à la fois la commune et un certain nombre de propriétaires, la troisième les chemins n'intéressant que des particuliers. Ces distinctions, qui créent des divisions et des catégories nouvelles là où il en existe légalement assez, ne peuvent qu'amener de la confusion et de l'obscurité dans la réglementation et son application ; aussi n'avons-nous pas hésité à placer sous une même

1 Edition Dumay, t. 2, nos 606 et suiv. Cette distinction qui paraît suggérée à Proudhon par divers textes des lois romaines, a été suivie par M. Petit, président de chambre à Douai, *Revue critique*, t. xi, 7e an. p. 452, et brochure publiée en 1856 intitulée *Les chemins*, p. 2 et suiv.

dénomination des chemins qui ont le même caractère et la même destination. Au surplus, nous avions déjà adopté ce système dans nos études sur les *Servitudes de voirie : voies de terre*, t. 2, p. 523, n° 681, et nous sommes d'autant plus fondés à le suivre encore , que nous le trouvons adopté dans les ouvrages de MM. Husson , *Traité de voirie*, t. 2, p. 529 ; T. Valserres, *Droit rural*, p. 593 ; Cotelle, *Droit administratif appliqué aux travaux publics*, t. 4 , n° 773 ; Jousselin , *Servitudes d'utilité publique*, t. 2, p. 423 ; Solon , *Chemins vicinaux et ruraux*, 1850 ; Herman, *Chemins vicinaux*, n° 905 ; Dufour, *Traité du droit administratif*, t. 3, p. 249, n° 279 ; Block, *Dictionnaire d'administration*, v° chemins vicinaux ; Foucart , *Eléments du droit public et administratif ;* Dalloz, *Répertoire*, v° voirie par terre, n° 1311. Cette classification est adoptée par l'administration , notamment dans les circulaires du ministre de l'intérieur, des 16 novembre 1839 et 22 juin 1853, sur les chemins ruraux.

10. *Carraires.* — Pourquoi , après avoir posé la règle et établi que nous donnerions le nom de chemins ruraux à tous les chemins publics qui se trouvent placés entre les chemins vicinaux et les voies rurales privées, semblons-nous nous en écarter en établissant une catégorie à part pour ce qui concerne les carraires ; c'est que le caractère et le régime de ces voies a donné lieu dans la pratique à des difficultés que j'ai cru utile d'examiner à part pour ne pas nuire à la clarté que je vais m'efforcer d'apporter daus l'exposé des règles concernant les chemins ruraux.

11. *Définition du chemin rural.* — Un chemin rural peut être défini, en prenant pour guide l'instruction ministérielle du 16 novembre 1839 , un chemin communal non classé comme vicinal, donnant accès pour les habitants d'une commune, ou le public en général , à une route, un hameau, une fontaine publique, un abreuvoir, un pâturage commun, ou à l'exploitation de différents cantons de terre , destiné à servir à l'usage de tous et ne pouvant être réclamé par personne à titre de propriété privée. Cette dernière affectation à l'exploitation de différents cantons de terre, est celle qui en principe peut prêter le plus à la critique et qui dans la pratique peut donner lieu au plus grand nombre de difficultés; aussi aurons - nous bientôt à fixer par des développements la portée que nous lui attribuons.

12. *Caractère.* — Les chemins ruraux se distinguent des chemins vicinaux en ce que d'une utilité moins générale, ils ne sont pas classés comme tels ; ils se distinguent des chemins particuliers d'exploitation par leur caractère de publicité.[1]

L'existence de ces chemins , quoique le plus souvent non fondée sur un titre précis, n'en est pas moins légale.

[1] Ce caractère a été mis en relief notamment par Pardessus, *Des servitudes* n° 216. Cormenin, *Droit admin.* t. 1, p 297, note 1, 5e édit. Foucart, t. 2, n° 1199; Garnier, *Législ. et jurisp. sur les chemins et voies publiques*, p. 101 ; Herman, *Encyclopédie du droit*; de Sebire et Carteret, v° *Chemins vicinaux*, n° 165; Proudhon, *Dom. publ*, t. 2, n° 606,

Leur nature, leur existence même sont souvent la preuve de leur publicité. Destinés à mettre en communication des lieux habités entre eux , ou des lieux habités avec des abreuvoirs, des chapelles , des places et autres lieux de réunion publique, des routes, des cantons agricoles, leur existence prouve assez le but d'utilité publique locale dans lequel ils ont été créés. L'usage que le public en fait depuis un temps immémorial, leur attribue un caractère de publicité qui ne doit tomber que devant la preuve contraire. Nous aurons au surplus à revenir sur l'application de ces principes.

13. *Régime des chemins ruraux.* — Les chemins ruraux, comme chemins publics, ont, en fait, beaucoup de rapports avec les chemins vicinaux classés.[1] Le nombre des chemins publics dans certaines communes est excessivement élevé : M. Braff, dans son *Code des chemins vicinaux,* n° 295, dit que dans bien des communes il dépasse deux cents, bien que quinze ou vingt seulement aient été déclarés vicinaux. C'est que dans le classement de ces chemins on n'avait pas à faire une

cités par M. Flandin *Du caractère des chemins ruraux,* p. 8 et suiv. et encore M. Petit, *Des chemins,* mémoire lu à la Société d'agriculture du nord p. 2 ; Braff, *Code des chemins vicinaux,* n° 295 ; Fourtanier, *Des chemins ruraux,* dans le Journal d'agriculture pour le midi de la France; R. de Raze, *De la propriété des chemins ruraux,* p. 24; Cotelle, t. 4, p. 299, n° 640.

[1] Cette considération d'où découlent des conséquences juridiques très-importantes, est relevée par M. Petit, *Des chemins,* p. 2 et suiv.; Braff, *Code des chemins vicinaux et ruraux,* n° 295; Flandin, *Du caractère des chemins ruraux,* p. 1 et suiv. ; Dalloz, Répert. v° *Voirie par terre,* n° 1312; Ad. Chauveau, *Journal de droit administr.,* t. 3, p. 403.

simple reconnaissance des chemins publics, mais, prenant en considération les ressources applicables à ces chemins, à désigner ceux d'entre eux où ces ressources seraient appliquées de préférence par suite de leur importance relative. Toutefois si la classe des chemins ruraux dans laquelle ont été choisis les chemins vicinaux peut se trouver rangée sous certains principes généraux communs à tous les chemins publics, il faut reconnaître que la loi du 21 mai 1836 ne leur est pas applicable, d'après une jurisprudence et une doctrine constantes, ils sont dès lors placés sous un régime spécial, que les développements qui vont suivre auront pour but, et j'espère pour résultat, de faire connaître.

14. *Législation.* — J'indiquais tantôt la lacune que présente notre législation en ces matières ; le seul document législatif à consulter est la loi des 16-24 août 1790 qui, par l'article 8 du titre VIII, a confié à la vigilance et à l'autorité des Corps municipaux, aujourd'hui représentés quant à ce par les maires, tout ce qui concerne la sûreté et la commodité du passage sur les voies publiques. Ce pouvoir du maire a reçu sa sanction par les dispositions du Code pénal art. 471 n⁰ˢ 4 et 5, 479 n⁰ˢ 11 et 12. Une circulaire du ministre de l'intérieur, du 16 novembre 1839, dont les instructions sont fondées sur l'avis du Conseil d'Etat du 21 avril précédent, a résumé ce que l'autorité administrative peut et doit faire à l'égard des chemins ruraux.

On s'est plaint bien souvent de l'absence d'une réglementation de ces matières ; ces plaintes je les trouve formulées non-seulement dans les ouvrages spéciaux sur la voirie ou les chemins, mais encore dans les journaux politiques, dans les revues d'agriculture et dans les bulletins des sociétés départementales ; je les ai trouvées souvent, comme président du Comice agricole, dans la bouche des propriétaires ruraux et des membres de ces associations ; elles ont été reproduites à plusieurs reprises par les Conseils généraux et notamment : en 1856, par ceux d'Ille-et-Vilaine, du Jura, de la Haute-Loire, de la Manche, du Pas-de-Calais, de la Sarthe, de la Somme et de l'Yonne ; en 1857, par ceux de la Drôme, du Gers, d'Ille-et-Vilaine, du Jura, de la Sarthe, des Deux-Sèvres, du Var et de l'Yonne ; en 1858, par ceux de l'Isère, de la Haute-Loire, du Jura, de la Sarthe et de Vaucluse ; en 1859, par ceux des Basses-Alpes, de l'Ariége, de la Gironde, de la Manche, de la Meurthe, des Pyrénées-Orientales et de Vaucluse ; en 1860, par ceux d'Ille-et-Vilaine, du Jura, du Loiret, des Pyrénées-Orientales, de la Sarthe, de la Seine-Inférieure, de Vaucluse et de la Haute-Vienne ; en 1861, par ceux des Alpes-Maritimes, du Jura, de la Meurthe, du Bas-Rhin, de la Sarthe, de la Seine-Inférieure, des Deux-Sèvres, de Vaucluse, de la Vienne, de l'Yonne et du Morbihan. Je ne veux pas reproduire année par année cette nomenclature toujours plus longue ; ainsi, en 1864, cette réglementation est encore réclamée par les conseils généraux des départements des Alpes-Maritimes, Ardennes, Hérault, Jura, Haute-Loire, Lot-et-Garonne, Mayenne, Meurthe, Oise, Bas-Rhin, Sarthe, Seine-inférieure, Deux-Sèvres, Yonne.

Il en est cependant qui ont prétendu que cette nouvelle législation était inutile, et je lisais tantôt dans une Revue agricole un article de M. A. de la Morvonais qui repoussait cette réglementation demandée pour les chemins ruraux. Suivant lui, si les crimes ont affligé l'âge d'or, ce sont aujourd'hui les lois qui nous perdent :

Ut olim flagitiis, sic nunc legibus laboramus.

J'avoue que je suis peu partisan de ces réglementations indéfinies, pas plus que de ces modifications excessives que reçoit notre législation ; on arrive à ne plus connaître la plupart de ces règlements et à ne plus assurer l'exécution des autres, et cependant il est bien difficile de ne pas être ici de l'avis de presque tout le monde. Entre les chemins vicinaux, régis par la loi de 1836, et les chemins privés, régis par le Code civil, se trouvent des voies de communication excessivement nombreuses et d'une utilité incontestable pour l'agriculture et la propriété rurale; placées en dehors du régime des voies vicinales et des voies privées, ces chemins, sous le rapport de leur conservation, de leur entretien, de leur amélioration, ne sont placés sous aucune règle certaine et bien définie ; comment ne pas demander pour eux un complément de l'œuvre législative qui a réglementé les chemins entre lesquels ils se trouvent placés dans la classification de nos voies de communication?

15. *Propriété des chemins ruraux.* —J'aurai à m'occuper bientôt avec quelques détails des difficultés que

fait naître l'appréciation des questions de propriété lorsque, la publicité n'étant pas reconnue, la propriété est contestée. Mais en dehors de ces cas exceptionnels, il faut poser en principe que les chemins ruraux publics sont la propriété des communes sur le territoire desquelles ils se trouvent. Cela a été reconnu très-souvent par la Cour de cassation ; je lis notamment dans l'arrêt de cassation de la chambre criminelle du 8 mai 1856 (Boyron) : « Attendu, en droit, que si l'article 1er de la loi du 21 mai 1836 ne met à la charge des communes que les chemins classés comme vicinaux, les autres chemins ruraux ou communaux dont le public est en jouissance, n'en continuent pas moins d'appartenir aux municipalités, sur le territoire desquelles ils existent. » Dans le même sens, on peut citer les arrêts des 17 mars 1837, 30 novembre 1858 ; c'est l'avis de M. Husson, *Traité de la législation des travaux publics*, p. 1001. Je dois ajouter que, ayant constaté d'un côté le caractère de publicité de ces chemins, de l'autre la propriété communale, je suis amené forcément à les placer dans le domaine public communal.

Au sujet de la propriété des chemins ruraux, il s'est élevé il y a quelque temps une discussion aussi savante qu'intéressante, les uns revendiquant une présomption de propriété au profit des communes, tandis que cette présomption était revendiquée d'autre part en faveur des riverains. Je ne veux pas entrer ici dans cette discussion à laquelle ont pris part notamment, d'un côté, M. de Raze et M. le conseiller Flandin, et de l'autre M. A. Bourguignat, ancien avocat aux conseils, aujourd'hui président de tribunal, l'un des rédacteurs du recueil de Sirey, et M. l'avocat général Desjardins. La propriété est-elle contestée, les tribunaux apprécieront, et si le chemin est reconnu être une propriété privée, il sera attribué à son propriétaire, et il ne saurait porter la dénomination de chemin rural dans le sens juridique du mot ; mais s'il est reconnu être un chemin public, ne point rentrer dans la classe des biens appartenant à la propriété privée, s'il est reconnu être un chemin rural à la suite de contestations, ou si cette qualité ne lui est pas contestée, il sera par cela seul la propriété des communes sur le territoire desquelles il est tracé ; non point à titre de domaine privé, mais de domaine public communal, au même titre que les autres propriétés publiques communales, rues et places par exemple.

§ 2. — Création et rétablissement d'un chemin rural.

SOMMAIRE.

16. *Création du chemin rural.* — Bien qu'il se présente rarement le cas où une commune ait intérêt à créer une nouvelle voie publique rurale, en dehors de ces circonstances où cette voie aurait une importance suffisante pour prendre rang au moins parmi les chemins vicinaux, il peut cependant être quelquefois utile d'établir une voie rurale dans un intérêt communal : le déplacement d'un abreuvoir commun sur un cours d'eau, des modifications dans le tracé des routes ou même des chemins vicinaux, et autres circonstances, peuvent inspirer à une bonne administration municipale le désir d'ouvrir de nouvelles voies publiques rurales. Rien ne s'oppose à ce que de pareilles décisions ne soient prises et exécutées après avoir rempli les diverses formalités administratives nécessaires pour valider toutes les délibérations des corps municipaux, et sauf l'examen des questions de comptabilité que nous aurons à étudier plus tard, en nous occupant notamment de l'entretien des chemins ruraux.

17. *Consentement des propriétaires sur le sol desquels il est établi.* — Mais la commune ne peut s'emparer des terrains nécessaires à l'établissement de cette voie, que tout autant que les propriétaires de ces terrains en consentent volontairement la cession.

18. *Expropriation pour cause d'utilité publique.* — La création d'un chemin rural peut-elle faire l'objet d'une déclaration d'utilité publique, et un maire peut-il être autorisé à acquérir par expropriation le terrain nécessaire à l'établissement d'une de ces voies rurales? Il y a un avis formel du conseil d'Etat, à la date du 8 février 1855, où on lit « Qu'en admettant que les besoins de la circulation réclament l'ouverture de chemins nouveaux sur le territoire d'une commune, c'est comme chemins vicinaux et en vertu des articles 15 et 16 de la loi du 21 mai 1836 qu'ils doivent être établis. Lorsque cette nécessité n'est pas démontrée, l'article 682 du Code Napoléon permet aux propriétaires dont les fonds sont enclavés de réclamer un passage sur les propriétés voisines pour l'exploitation de leur héritage. »

On cite dans le même sens une décision ministérielle du 31 août 1861 ; c'est l'opinion de M. Foucart, t. 3, n° 1347 ; Bost, *Des chemins ruraux*, n° 25 ; Garnier, *Législation et jurisprudence nouvelles sur les chemins* p. 115 ; Dalloz, *Répertoire*, v° *Voirie par terre*, numéro 1324. M. Ad. Chauveau, qui dans le tome 3, p. 517 du *Journal de droit administratif*, avait cité sans observations l'avis du Conseil de 1855, dit au volume xi p. 183, qu'il ne voit pas pourquoi une commune ne pourrait pas obtenir l'application de la loi du 3 mai 1841 pour l'agrandissement ou le redressement d'un chemin rural ; c'est l'avis indiqué par Cotelle, tome 4, p. 365, n° 779. M. Herman paraît adopter implicitement ce dernier avis dans son *Traité pratique de la voirie vicinale*, n° 915. Au premier abord il paraît difficile d'attribuer le caractère d'utilité publique à une voie qui ne présente pas même une importance suffisante pour être classée au nombre des chemins vicinaux, et cependant les chemins ruraux sont des propriétés dépendant du domaine public communal, leur utilité relative n'en est pas moins une utilité publique, et s'il peut être rare qu'il soit nécessaire d'en établir de nouveaux sans les classer comme vicinaux, il peut être quelquefois indispensable de modifier des parties de leurs parcours, et pourquoi si l'utilité publique est alors constatée, ne la déclarerait-on pas avec ses conséquences juridiques? Dans une dissertation sur les chemins ruraux, insérée au tome 3 des *Annales des chemins vicinaux*, année 1849-50, p. 144, on indique qu'il est sans exemple que l'administration ait eu recours à l'expropriation pour l'établissement de chemins nouveaux ; mais on ajoute que dans certains cas l'administration aurait eu recours à cette voie pour faire opérer le redressement et l'élargissement de certains chemins ruraux. Au surplus je reconnais que s'agissant ici d'une décision laissée à l'appréciation de l'administration pure, et qui n'a rien de contentieux, les instructions données par l'administration doivent être suivies, et que lorsqu'il y aura lieu d'ouvrir ou de rectifier des chemins ruraux, et qu'on aura à vaincre l'opposition d'un riverain, on devra préalablement recourir au classement comme chemin vicinal et suivre les règles posées à l'égard de ces chemins pour vaincre légalement cette opposition.

19. *Un chemin rural peut-il être établi par une association de propriétaires?* — Il est incontestable que

plusieurs propriétaires peuvent s'entendre entre eux
pour ouvrir dans les terres dont ils peuvent disposer un
chemin qui, non–seulement facilite pour eux l'accès
d'une route, ou d'une agglomération d'habitants, mais
encore crée de nouveaux moyens de communication
pour ces habitants; mais ce chemin ne sera, dans
de pareilles circonstances qu'un chemin privé dont ils
conserveront la propriété, et qui ne tombera dans le
domaine public que par suite de l'abandon par les propriétaires qui l'ont créé de leur droit de propriété, et la
prise de possession par l'administration communale et
le public. Parmi les auteurs qui se sont occupés de la
réglementation de ces chemins, la plupart réservent formellement la création des chemins ruraux à l'autorité
administrative, qui seule peut avoir qualité pour reconnaître quelles sont les voies de communication qui doivent passer au rang de voies publiques.

Lorsqu'on a voté la loi du 21 juin 1865 sur les associations syndicales, à l'occasion du § 8 de l'article 1er ainsi
conçu : « Peuvent être l'objet d'une association syndicale entre propriétaires intéressés, l'exécution et l'entretien de travaux de chemins d'exploitation et de toute
autre amélioration agricole ayant un intérêt collectif, »
plusieurs députés auraient voulu étendre cette disposition aux chemins ruraux ayant un caractère public ; mais
cette proposition n'a pas été admise, et M. Sénéca, rapporteur, a déclaré au nom de la commission, que c'était
au maire seul, au nom de la commune, à pourvoir à
un pareil soin.

20. *Peu d'importance des questions qui précèdent.* — Au surplus je suis obligé de reconnaître que les questions qui précèdent présentent peu d'intérêt pratique, car lorsqu'une voie nouvelle à ouvrir présente assez d'intérêt pour que la commune y consacre les finances municipales, cette voie a, par cela même assez d'importance pour figurer au nombre des chemins vicinaux dont le régime assure à la fois son exécution et son entretien, et c'est surtout en ce qui concerne la reconnaissance des anciens chemins depuis longtemps ouverts que les difficultés se présentent et que la pratique les soulève.

Avant d'arriver à l'étude de ces difficultés, nous devons examiner une question également pratique, et nous demander ce qu'il en serait si, au lieu de l'établissement d'un chemin, il s'agissait d'un simple rétablissement partiel de la voie rurale. Nous dirons ensuite un mot de l'origine des divers chemins au point de vue de l'étude que nous faisons, pour passer immédiatement aux règles concernant la reconnaissance des chemins publics non classés.

21. *Du rétablissement partiel des chemins ruraux détruits sur un ou plusieurs points de leurs parcours.* — Qu'en serait-il si, au lieu de l'établissement d'un chemin il s'agissait d'un simple rétablissement partiel de la voie rurale? Sous le droit romain les propriétaires des terres voisines étaient tenus de fournir un nouveau chemin, lorsque celui qui longeait leurs propriétés était détruit. Cette règle, fondée sur des considérations d'utilité publique faciles à comprendre, était écrite dans diverses lois ; il suffit de citer notamment la loi 14 au Digeste *Quemadmodum servitutes amittuntur*, dont le dernier paragraphe porte : *Cum via publica, vel fluminis impetu, vel ruina, amissa est, vicinus proximus viam præstare debet.* Cette règle était passée dans notre ancien droit français, où elle était enseignée par presque tous les auteurs.[1]

De nos jours la même question s'étant présentée, elle a reçu la même solution. Nous lisons dans un arrêt de la Cour de cassation du 11 août 1835, rejetant le pourvoi de la dame Delpy contre un arrêt de la Cour de Toulouse intervenu dans une espèce où il s'agissait d'un chemin rural conduisant à un moulin fréquenté par les habitants de la commune, chemin qui avait été emporté par un débordement du Tarn : « Attendu qu'il est constaté par l'arrêt attaqué que le chemin confrontant aux propriétés de la femme Delpy est un chemin public appartenant à la commune de Confoulens. et que ce chemin a été envahi en partie par le débordement de la rivière du Tarn ; attendu que suivant les principes consacrés par l'ancienne jurisprudence auxquels il n'a pas été dérogé par la nouvelle législation, lorsqu'un chemin public est détruit par l'impétuosité d'un fleuve ou par tout autre événement de force majeure, le nouveau chemin peut être pris sur les héritages voisins. »

---

1 Poquet de Livonnière, règle 17, au titre des *Servitudes*; Dupont, sur la *Coutume de Blois*, t. 3, art. 17, § *Viis publicis*; Godefroy, Bérault, Basnage, Flaust, sur l'art. 622 de la *Coutume de Normandie*; Domat, tit. 2, sect. 13, n° 8 etc., cités par Devilleneuve, *Recueil des lois et arrêts*, 1835, 1re partie, p. 578 notes.

22. *Indemnités à payer.* — On s'est demandé s'il n'y avait pas lieu d'indemniser le riverain sur les terres duquel serait pris le nouveau chemin. Ici, les anciens auteurs étaient partagés ; Ferrière *Dictionnaire de droit et de pratique* v° *chemin* n° 3 ; Legrand sur l'article 130 de la coutume de Troyes ; Basnage ; Delalande, sur l'article 251 de la coutume d'Orléans, etc, soutenaient qu'il était dû indemnité ; dans l'autre camp Domat entr'autres titre 2 section 13 n· 8, était d'avis qu'il n'en était point dû. De nos jours on a essayé de soulever de nouveau la question qui était restée entière, disait-on, parce qu'elle n'avait pas été vidée par un texte de loi. Si au lieu de rechercher péniblement dans notre ancien Code rural et dans des dispositions de lois surannées la solution de la difficulté, on s'était attaché aux principes généraux reconnus et consacrés par notre droit moderne, on y aurait vu, que si par exception à la règle de l'inviolabilité de la propriété privée il est permis d'exiger et d'obtenir dans un intérêt public le sacrifice d'une propriété, ce ne peut-être dans tous les cas qu'à charge d'indemnité.

23. *Qui devra cette indemnité.* — Lorsqu'il s'agit du déplacement d'un chemin rural, c'est-à-dire appartenant à la commune, comme nous l'indiquions plus haut, n° 15, c'est évident, le propriétaire du chemin rural qui devenant propriétaire de ce nouveau tronçon devra l'indemnité, sorte de contre partie de la prise de possession. C'est ce que dit, implicitement au moins, l'arrêt de rejet du 11 août 1835 que je citais tantôt. Au surplus ces questions se représenteront lorsque j'examinerai si les habitants ont le droit de se frayer un passage sur les fonds riverains en cas d'impraticabilité temporaire d'un chemin public et à quelles conditions ce droit s'exerce.

24. *Qui fixera l'indemnité.* — En cas de désaccord qu'elle sera l'autorité compétente pour régler l'indemnité ? Il s'agit dans le cas que nous venons d'examiner d'une prise de possession de fait qui s'opère sous l'empire de la force majeure et que la force des choses et la sanction légale justifient ; mais cet acte n'a rien d'administratif en principe ni en procédure ; je ne vois pas dès-lors sur qu'elles raisons sérieuses est fondée la jurisprudence des tribunaux administratifs, ou d'une commission spéciale je veux parler du jury d'expropriation ; c'est un tort, un préjudice, une dépossession même de fait, qui mérite une réparation que les tribunaux ordinaires me paraissent seuls compétents pour apprécier en cas de contestation.

25. *Origine des chemins publics.* — Avant de terminer ce que j'ai à dire concernant l'établissement des chemins ruraux, qu'on me permette de rappeler comment cette classe de chemins s'est produite avec des caractères juridiques propres dans notre système de voies publiques ; à ce sujet, il me suffira de rappeler qu'après les lois de 1790, la voirie ayant été placée dans les attributions des corps administratifs, divers documents législatifs, après avoir déterminé la part d'action de ces corps ou autorités, suivant la classification des voies publiques, ont eu pour objet d'assurer le bon état de conservation et d'entretien des chemins publics communaux qui présentaient le plus d'intérêt, et que les revenus des communes suffisaient pour maintenir dans un bon état de viabilité; il est résulté de la marche de cette réglementation qu'un choix a été fait dans les anciens chemins publics, et que quelques-uns d'entr'eux privilégiés et soumis à une législation spéciale ont été l'objet de soins tous spéciaux, et que à mesure que la sollicitude administrative se portait sur eux, les autres étaient presque complétement abandonnés ; mais il importait de remarquer qu'il n'y avait pas moins pour toutes ces voies une origine commune, c'est ce qu'il nous a paru utile de constater au point de vue des conséquences que cette situation doit entraîner.

En ce qui concerne la création de ces diverses voies publiques, les régimes qu'elles ont traversés et les circonstances dans lesquelles elles ont acquis ce caractère de voies publiques, on peut consulter notamment les travaux de M. le conseiller Flandin, *Du caractère des chemins ruraux* et de M. R. de Raze *De la propriété des chemins ruraux* ; quant à ce je me bornerai à dire, avec M. le premier président Troplong : ces voies rurales existent parce que de temps immémorial les habitants d'une ou de plusieurs communes y ont passé et en ont affecté le sol à leur usage particulier. En définitive le passage habituel du public est le seul créateur de la plupart des chemins ruraux. *De la prescription* t. 1, nᵒ 163.

§ 3. — Reconnaissance des chemins ruraux.

SOMMAIRE.

26. *Etat des chemins ruraux ; son utilité.* — Les chemins ruraux ne pouvaient échapper à l'action de l'administration, l'autorité publique aux termes de la loi des 16.-24 août 1790 art. 8 titre 2, devait surveillance et protection dans les limites que nous aurons à indiquer, à cette partie de la propriété publique communale. Il était indispensable, pour que cette surveillance pût s'exercer, que dans chaque commune il fut dressé un état général de tous les chemins publics autres que les routes impériales et départementales et les chemins vicinaux.

C'est cet état qui sert de base à la reconnaissance des chemins ruraux ; j'évite d'employer ici le mot classement, lui préférant celui de reconnaissance, pour éviter toute confusion, car on entend généralement, par chemins publics communaux classés, les chemins vicinaux.

27. *Forme de cet état.* — Voici comment on procède pour dresser cet état, en éxécution de la circulaire ministérielle du 16 novembre 1839.

Les maires doivent rechercher sur tout le territoire de la commune les chemins publics autres que les rues, les routes et les chemins vicinaux ; ils en dressent un état qui est intitulé : *Etat général de tous les chemins ruraux de la commune de.....* Cet état doit comprendre, comme l'indique son titre, tous les chemins ruraux appartenant à la commune, sans excepter même les simples sentiers, afin qu'il puisse servir pour toujours de règle à la commune. Ce tableau, dont le maire devra faire imprimer le cadre, présentera dans les diverses colonnes : 1° un numéro d'ordre ; 2° le nom sous lequel le chemin est communément désigné ; 3° la désignation du point où il commence, du lieu vers lequel il tend, des lieux qu'il traverse, tels que hameaux, ruisseaux guéables, ponts, etc, et du lieu où il se termine ; 4° sa longueur en mètres sur le territoire de la commune ; 5° sa largeur actuelle sur différents points.

Aux chemins inscrits au tableau devront s'adjoindre aussi, à l'occasion, les chemins vicinaux déclassés qui passent à l'état de chemins ruraux.[1]

---

[1] M. Bost, *Code form. des chemins ruraux*, n° 18 ; Dalloz, Répert. v° *Voirie par terre*, n° 1315.

28. *Visite préalable des lieux.* — Plusieurs préfets, dans les circulaires adressées aux maires pour assurer l'exécution des instructions ministérielles de 1839, leur ont recommandé de réunir le conseil municipal afin qu'il désigne ceux de ses membres qui voudraient assister le maire dans la reconnaissance des chemins ruraux, et qu'ils s'adjoignent au besoin par quartier des personnes capables de les renseigner utilement. Ces commissions, aidées de l'agent-voyer cantonnal, devaient se rendre sur les lieux non-seulement pour rechercher les chemins ruraux, mais encore pour déterminer exactement leur parcours, signaler les usurpations dont ils auraient pu être l'objet de la part des riverains, et constater leurs limites. Les rapports des commissions devaient donner également pour chaque chemin l'indication de son importance, de ses principaux aboutissants, des circonstances qui pouvaient servir à en faire constater la publicité et à faire reconnaître leur propriété par les communes, et signaler enfin les oppositions qui paraîtraient devoir se manifester plus tard à l'encontre de la reconnaissance.

29. *Dépôt du tableau des chemins ruraux à la mairie.* — Le tableau qui aura été ainsi dressé devra être déposé pendant un mois à la mairie, et avis de ce dépôt sera donné par deux publications successives, afin de mettre tous les propriétaires de la commune, qu'ils y soient domiciliés ou non, à portée de venir en prendre connaissance et de réclamer, soit contre les omissions qu'ils remarqueraient, soit contre l'inscription au tableau de chemins dont ils prétendraient avoir la propriété à titre privé.

30. *Examen par le conseil municipal.* — Ces réclamations devront êtres soumises avec le tableau même à l'examen du conseil municipal, qui devra discuter les réclamations s'il en a été présenté, et proposer de les admettre ou de les rejeter ; il donnera aussi son avis sur la nécessité ou l'utilité de chacun des chemins ruraux portés au tableau, et sur la possibilité d'en supprimer une partie pour en vendre le sol au profit des communes.

31. *Examen par le préfet.* — Ce tableau ainsi que les réclamations s'il en est fait, et la délibération du conseil municipal, devront être transmis au préfet, qui en fera l'objet d'un examen attentif ; il devra d'abord rapprocher cet état de celui des chemins vicinaux, afin de reconnaître si, par erreur, on n'aurait pas compris quelques-uns de ces derniers parmi les chemins ruraux, auquel cas il fera rectifier le travail. Il s'attachera aussi à rechercher si tous les chemins portés au tableau sont assez utiles pour devoir être conservés, ou si une partie ne pourrait pas être supprimée. Il est des communes où le nombre des chemins et des sentiers ruraux excède les besoins ; souvent on en voit plusieurs qui conduisent au même endroit, tandis qu'un seul suffirait ; il importe de rendre à l'agriculture un sol qui lui est pour ainsi dire enlevé sans utilité. Cette mesure a déjà été prescrite par les articles 3 et 4 de l'arrêté du gouvernement du 23 messidor an v.

32. *Réclamations fondées sur la propriété du sol ; renvoi.* — **Nous** examinerons avec détail tout ce qui concerne l'examen des réclamations fondées sur la propriété du sol, mais pour mettre plus de clarté dans l'exposition des formalités à remplir pour la reconnaissance des chemins ruraux, en conformité des instructions ministérielles de 1839, qu'on me permette d'indiquer ici comment on procédera d'après ces instructions en cas d'opposition fondée sur la propriété du sol.

Si parmi les réclamations qui auraient été présentées pendant le délai de la publication ou même après, il en est qui aient pour objet la propriété du sol du chemin, et que ces prétentions n'aient pas été admises par le conseil municipal, le préfet doit renvoyer les parties devant les tribunaux civils, et ce ne sera qu'après le jugement du litige, et si la commune triomphe, que le chemin pourra être définitivement maintenu dans la catégorie des chemins ruraux. Il y a ici une notable différence avec la manière de procéder relativement aux chemins vicinaux : pour le classement de ceux-ci, en effet, le préfet n'a pas à s'arrêter devant les exceptions de propriété, puisque, aux termes de l'article 15 de la loi du 21 mai 1836, son arrêté transfère la propriété du sol à la commune, sauf indemnité ; mais la loi précitée n'étant applicable qu'aux chemins vicinaux, les contestations sur les chemins ruraux doivent être vidées,

avant que le préfet reconnaisse à ces chemins le caractère de chemins publics.

33. *Arrêté préfectoral portant reconnaissance des
chemins ruraux d'une commune.* — Lorsque le préfet
aura terminé l'examen des chemins ruraux d'une commune, il apposera au pied du tableau un arrêté portant
que *les chemins numéros tels sont déclarés chemins publics ruraux de la commune de*..... Si des réclamations
sur la propriété de quelques chemins avaient été présentées, l'arrêté préfectoral devrait contenir la réserve
qu'*il sera ultérieurement statué à l'égard des chemins
numéros tels.* Il sera nécessaire de conserver à la préfecture un double de ce tableau pour y avoir recours au
besoin.

34. *Recours contre les arrêtés concernant la reconnaissance des chemins ruraux.* — Les arrêtés de reconnaissance n'ayant pas pour effet légal d'attribuer à
la commune la propriété ni la possession d'un chemin
qui serait litigieux, ils ne peuvent être considérés que
comme des mesures d'ordre qui ne font pas obstacle à
ce que les parties intéressées fassent valoir leurs droits
de propriété ou de possession devant les tribunaux civils ; il résulte de cette règle, admise en doctrine et en
jurisprudence, comme nous aurons à l'établir plus tard,
que les intéressés ne sont pas fondés à soutenir qu'en
prenant de pareils arrêtés les maires et préfets excèdent
la limite de leurs pouvoirs. Le recours contentieux
contre ces arrêtés ne serait donc pas admissible ; c'est ce

qu'a jugé le conseil d'Etat, le 2 septembre 1862, dans
l'affaire d'un sieur Chicard qui se plaignait de ce qu'un
arrêté du maire de Suresne, approuvé par le préfet de
la Seine, avait compris le chemin du Clos-des-Seigneurs
au nombre des chemins ruraux de la commune de Suresne, alors que le réclamant s'en prétendait propriétaire. En se fondant également sur le principe que ces
actes sont purement administratifs, le Conseil avait jugé
de même, le 23 décembre 1842, à l'encontre des sieurs
Baric et consorts, qui prétendaient au contraire que
c'était à tort que tel chemin n'avait pas été compris
dans la nomenclature des chemins ruraux ; « que la
décision attaquée par laquelle le ministre de l'intérieur
s'était borné à approuver l'arrêté du préfet de la Somme, en date du 10 février 1837, lequel a déclaré que
le chemin dit de Gayolles ne faisait pas partie des chemins publics communaux des communes d'Argoules et
de Narmpont. était un acte purement administratif, qui
n'était pas de nature à être déféré au Conseil par la
voie contentieuse. »

35. *Interprétation des arrêtés de reconnaissance.* —
L'interprétation de ces arrêtés appartient exclusivement à l'autorité administrative, par suite de cette règle
générale *ejus est interpretari cujus est condere.* M. Dalloz qui indique ce principe, *Répertoire,* v° *Voirie par
terre;* cite, n° 1322, comme un argument pouvant être
invoqué dans la matière qui nous occupe, un arrêt du
Conseil d'Etat du 14 septembre 1852, affaire Calle ; et

l'arrêt de la chambre civile de la Cour de cassation, du 13 mars 1854, affaire de la commune de Blanzay.

36. *Effets de la reconnaissance; renvoi.* — L'examen des effets de la reconnaissance présentant une grande importance au point de vue juridique, l'étude de ces questions fera l'objet d'un paragraphe spécial.

§ 4. — Oppositions à la reconnaissance fondées sur la propriété du sol ; questions de propriété

SOMMAIRE.

37. *Opérations préparatoires ordonnées par l'administration; ne peuvent être arrêtées par l'autorité judiciaire.* — Les opérations auxquelles se livre un délégué de l'administration pour rechercher et déterminer l'emplacement d'un chemin public communal étant des opérations préparatoires qui ne préjugent en aucune manière les questions de propriété, nul n'a le droit de s'opposer à ces travaux d'investigation d'une manière directe, et les tribunaux ne peuvent les arrêter ni les suspendre. Un magistrat excèderait ses pouvoirs s'il interdisait l'exécution de ces actes de l'administration (Conseil d'Etat, sur conflit, 19 octobre 1825, Berthelot).

38. *Questions de propriété; sursis à la reconnaissance.* — Les instructions ministérielles de 1839 disent formellement que lorsque les propriétaires réclament contre l'inscription au tableau des chemins ruraux de chemins dont ils prétendent avoir la propriété, le préfet doit surseoir à la reconnaissance de ces chemins comme ruraux jusqu'à décision de la question de propriété. Pour les chemins vicinaux, la déclaration de vicinalité est, il est vrai, indépendante des questions de propriété et sauf indemnité, elle ne peut être suspendue

jusqu'au jugement de ces questions ; mais pour les chemins ruraux, au contraire, la reconnaissance elle-même
est subordonnée à ce jugement.

39. *Compétence.* — Les questions de propriété et
de servitude sont, d'après une règle constante et invariable de notre droit, de la compétence de l'autorité
judiciaire, soit des tribunaux civils. Je crois que ce
principe ne peut-être sérieusement contesté, et je
croyais devoir le poser sans me prévaloir des autorités
qui l'ont proclamé ; mais ces autorités sont si nombreuses, et les décisions judiciaires ont été si souvent obligées de le consacrer, que je crois utile d'indiquer quelques-unes de celles qui ont statué plus spécialement
dans les matières qui font l'objet de cette étude. Je
place en tête de cette énumération trois décisions contraires à ce principe émanant du conseil d'Etat et por
tant la date du 7 octobre 1807, Matte C. Malo ; 10 novembre 1807, Royer C. Dantan, et 18 juin 1823, Raim-
baut C. Mather ; auxquelles je me hâte d'opposer, comme ayant au contraire consacré le principe de la compétence judiciaire les décisions suivantes : C. d'Etat, 16
mai 1808, Duquesne ; 2 janvier 1809, Desmarets ; 24
mars 1809, Prousteau ; 4 juin 1809, Chabrié ; Bourges,
2 août 1809, Cabut ; C. d'Etat, 11 avril 1810, Dupuis;
11 avril 1810, Comballot ; 16 mai 1810, Duquesne ;
19 mai 1811, Milhiet ; 4 août 1812, Colonge ; Besançon, 18 août 1812, Jacquinot ; C. d'Etat, 24 août 1812,
Foucaut ; 18 mars 1813, de Colliquet ; 15 mai, 1813,
commune d'Esclaron ; 20 novembre 1816, Morel ; 23

avril 1818, Durand ; Rennes, 28 avril 1818, commune
de Saint-Gondran ; C. d'Etat, 13 mai 1818, Morlé ; 3
juin 1818, Delteil ; 12 août 1818, Destals ; Bourges,
31 janvier 1831, Lenthereau ; C. de cass. req., 22 juin
1831, Delabarre ; 15 novembre 1831, Larcher ; 21 juin
1836, Jehanne ; 7 mars 1838, Bernard ; Agen, 15 décembre 1838, Manenc ; C. d'Etat, 21 juillet 1839, Mé-
houans ; C. de cass. req., 23 juillet 1839, de Chazour-
mes ; 2 juillet 1840, Chiron ; 10 août 1840, Baume ;
13 novembre 1849 ; C. d'Etat, 19 janvier 1850, Saint-
Prix d'Audibert ; 19 janvier 1850, Dubourguet ; trib.
des conflits, 27 mars 1851, Delert ; C. de Cass, 7 juillet 1854, Chambourdon ; C. d'Etat, 24 janvier 1856,
Denizet ; C. de cass. crim rej. 21 août 1856, Brustier ;
16 mai 1857, Coudeville ; C. de cass. req., 9 décembre
1857, commune de Doulens ; 8 février 1858, Salle ;
C. de cass. civ. cass., 27 novembre 1861, Fraix ; rejet
req., 24 janvier 1865, Kiggen.

A cette nomenclature d'arrêts, bien incomplète quoique bien longue, ajoutons l'opinion des auteurs et, entr'autres : de Valserre, *Droit rural*, p. 594 ; Cotelle
dans son *Droit administratif appliqué aux travaux
publics* ; t. 3, nº 230 et suiv.; Braff, *Code des chemins
vicinaux et ruraux*, nº 304; Dufour, *Droit administratif*, t. 3, nº 402 ; Dalloz, *Répertoire*, vis *Voirie par
terre*, nos 1353 et suiv., et *Compétence administrative*,
nos 143 et suivants.

40. *Interprétation d'actes administratifs.* — La règle que nous venons de poser, en ce qui concerne la

compétence judiciaire, cesserait d'être applicable dans le cas seulement où la solution de la question de propriété dépendrait de l'interprétation d'une vente nationale. Dans ce cas, ce serait à l'autorité administrative à déterminer le sens et la portée de l'acte et à résoudre ainsi la question ; c'est ce qui a été jugé bien des fois et notamment par les arrêts de la Cour de cassation des 19 décembre 1826, Morel ; 13 décembre 1830, Danjou ; 13 juillet 1859, de Seguy ; 13 juillet 1859, Bouq. L'autorité judiciaire a à se dessaisir ou à surseoir à statuer seulement, suivant que s'agissant par exemple de l'interprétation d'un acte de vente nationale, cette interprétation est déclarative directement de propriété en faveur de l'une des parties ; ou que, au contraire, l'interprétation de cet acte n'a qu'une influence indirecte sur la solution de la question de propriété et doit être prise en considération avec d'autres éléments de décision. Ajoutons que peu importerait que l'origine de la propriété remontât à une vente nationale, si cette vente n'était pas mise en question, et que l'acte qui servirait à la constater étant clair et précis, la question de propriété à résoudre en dehors de ce titre ne donnât pas lieu à interprétation et laissât au juge le soin de décider, d'après les règles et principes du droit civil. C'est la doctrine consacrée par les arrêts du Conseil des 24 décembre 1818, de Rohan et Declercq, et 18 juin 1823, Maranger.

41. *Actions en justice; origine.* — La question de propriété d'un chemin rural ou de partie de ce chemin,

peut être portée devant les tribunaux ou par une action
directe de la part du propriétaire riverain qui s'oppose
à la reconnaissance, ou à la suite d'un renvoi à fins
civiles prononcé sur la demande d'une personne poursuivie pour un acte auquel l'autorité administrative attribue un caractère d'abus. Elle peut même être portée devant les tribunaux directement par la commune,
lorsque les prétentions contraires à sa propriété ont été
suffisamment formulées.

42. *Actions en justice, recevabilité, droit des habitants.* — Mais les habitants de la commune peuvent-
ils, en leur nom personnel, *ut singuli*, se prévaloir de
la publicité d'un chemin et en réclamer la jouissance à
ce titre? Avant la loi du 18 juillet 1837, on admettait
généralement que les habitants ne pouvaient se prévaloir, *ut singuli*, d'un droit qui n'appartenait qu'à la
commune. La loi de 1837 a modifié cette situation en
accordant, par son article 49, à tout contribuable, le
droit d'exercer, à ses frais et risques, et sous certaines
conditions, les actions de la commune, que celle-ci
refuse ou néglige d'exercer. Sous l'empire de ces législations, on a jugé que celui qui, dans son intérêt, voulait faire décider qu'un chemin était public et communal était irrecevable en son action avant la loi de 1837,
et ne pouvait l'exercer depuis qu'à charge de remplir
préalablement les conditions exigées par l'article 49 de
cette loi. C'est ce qui paraît consacré par les arrêts de
la Cour de cassation des 23 février 1825, Reculard; 25
juillet 1865, Clergeaux ; Besançon, 24 janvier 1863,

2e chambre, Besson. Des Cours avaient cependant admis des tempéraments à la rigueur de ce principe dans l'application qu'elles en avaient fait, comme l'établissent les arrêts de Rouen, 24 décembre 1865, Tourailles, et Bourges, 22 mai 1825, Baudat. D'autres décisions enfin semblent admettre que le principe que nous venons de rappeler ne serait pas applicable au cas qui nous occupe ; c'est dans ce sens que j'indique les arrêts de Nîmes, 25 mars 1829, Ambert ; de rejet de la chambre des requêtes, 20 juin 1834, Noël ; d'Agen, 15 décembre, 1836, Manenc ; de Besançon, 14 novembre 1844, Gannard ; de la chambre des requêtes, 15 mars 1843, Collard ; de Besançon, 9 janvier 1863, 1re chambre, Guihelin.

Il nous paraît en effet nécessaire de préciser la situation exacte qui est faite à celui qui revendique un droit de passage sur un chemin public, ou se défend contre la prohibition qu'on veut lui imposer de se servir de ces voies. Les riverains des voies publiques, et par riverains j'entends non-seulement les détenteurs de propriétés longeant ces routes, mais encore, comme l'arrêt de Besançon du 9 janvier 1863, ceux qui se servent de ces chemins au moyen des sentiers ou chemins particuliers qui y aboutissent, les riverains des voies publiques, dis-je, ont, de l'aveu de tous, en dehors des droits généraux conférés au public, des droits propres et spéciaux, droits réels, dérivant de la situation des héritages et dont l'exercice est nécessaire tantôt pour la desserte de ces héritages, tantôt pour l'écoulement des eaux, tantôt pour les jours et vues. Or, en excipant de la publicité des chemins, le riverain, dans ce cas, exerce bien moins les actions de la commune qu'un droit propre et réel, afférent à son héritage spécialement et dont on ne saurait lui contester l'exercice.

Cette observation avait été faite par Proudhon, elle est généralement acceptée et elle me paraît légitimer la situation des riverains des chemins ruraux qui, soit en demandant soit en défendant, voudront se prévaloir, pour faire consacrer leur droit de vue, issue et autres, du caractère de publicité de la voie rurale. Mais la décision obtenue dans ces circonstances par l'un des riverains, si elle constitue un préjugé qui peut-être pris en sérieuse considération dans le jugement des procès de même nature qui pourraient se mouvoir plus tard du chef d'autres riverains, n'a pas, vis-à-vis de ces derniers l'autorité de la chose jugée, et ne fait pas obstacle à ce que le propriétaire du fonds sur lequel est ouvert ce chemin n'intente ultérieurement une action contre d'autres habitants à raison de faits de passage par eux exercés sur le même chemin. Arrêt de cassation de la chambre civile du 23 août 1858, Salavy.

43. — *Actions possessoires.* — Les chemins ruraux sont soumis aux actions pétitoires comme aux actions possessoires ; c'est une règle généralement admise : (Tribunal des conflits, 27 mars 1851, Delert; ch. civ. cass., 13 décembre 1864, Aubier ; req. rej., 24 janvier 1865, Kiggen ; voyez *infrà*, exceptions préj. n° 194 et suiv., n°s 240 et 242 ; Dufour, t. 3, p. 399, n° 402), bien que des auteurs se refusent à l'accepter. Nous ne

saurions aller aussi loin qu'eux, mais nous ne voudrions pas donner à cette règle l'extension que la jurisprudence paraît ne plus hésiter à lui attribuer, et nous ne donnerions à cette action, lorsque la publicité n'est pas contestée, et notamment lorsque l'action porte sur une partie seulement de la voie, d'autre résultat que celui de préparer et de faciliter la solution de la question de propriété au pétitoire, comme cela se pratique en matière de chemins publics vicinaux, avec cette différence toutefois, qu'en matière de chemins vicinaux la déclaration de possession qui précède la déclaration de propriété, et cette déclaration elle-même n'empêchent pas la dépossession, et se bornent à ouvrir un droit à l'indemnité en faveur de celui qui est reconnu possesseur et plus tard propriétaire à l'encontre de la commune ; tandis qu'en matière de chemins ruraux, la déclaration de propriété entraîne la mise en possession du terrain contesté soit par la commune, soit par le riverain également, suivant que cette déclaration intervient au profit de l'un ou de l'autre.

Jusqu'à la décision du fond celui en faveur de qui aura été résolue la question au possessoire devra être mis en posséssion parce que jusqu'à décision définitive, rien n'établissant qu'il s'agisse réellement d'un chemin rural soit d'une voie publique, il faut bien s'en tenir à la décision de justice sur le possessoire qui se trouve le seul document auquel on puisse en l'état se référer.

Mais si une décision administrative, en déclarant le chemin public, avait maintenu la commune dans la jouissance d'un terrain contesté. La décision au possessoire ne pourrait avoir pour résultat d'infirmer l'acte de l'autorité administrative et de fermer au public l'accès de ce chemin, ce que le conseil d'Etat a formellement jugé dans l'affaire Peternick par décision du 19 juillet 1821. Le juge de Paix devait se borner à déclarer en pareil cas que l'adversaire de la commune avait la possession au moment de la déclaration de publicité et si au pétitoire, le droit de propriété était consacré au profit du possesseur la déclaration de publicité du chemin non classé comme vicinal tomberait d'elle-même devant cette reconnaissance de propriété privée. C'est la théorie que j'ai déjà développé en 1850 dans mes études sur les *Servitude de voirie*, t. 2, n° 612, p. 433 et suiv., et dans laquelle je crois devoir persister.

44. *Présomptions de propriété.* — Et maintenant abordant plus directement la question de propriété, je suis amené à me demander dès d'abord, si à l'occasion des chemins généralement fréquentés par le public dans les communes et en dehors des chemins classés, il existe une présomption de propriété en faveur des propriétaires riverains ou en faveur des communes. Je me sers de l'expression vague, chemins généralement fréquentés par le public, car ayant déclaré au début de cette étude que je ne donnais le nom de chemins ruraux qu'à des voies publiques communales, je ne puis me demander spécialement si pour celles-ci il y a une présomption de propriété en faveur des riverains. M. le conseiller Flandin dans son travail sur les chemins ruraux inséré dans la *Revue critique* année 1862 page 302, dit en s'appuyant sur Fréminville « Tout chemin est de sa nature réputé public s'il n'y a preuve du contraire. » M. R. de Raze également dans la même Revue, a soutenu la même opinion, je la retrouve dans un article publié sur les chemins ruraux par M. Fourtanier dans le *Journal d'agriculture et d'économie rurale pour le Midi de la France*. C'est celle de M. de Cormenin *Questions de droit adm.* t. 1, p. 40, elle semble partagée par Isambert *Traité de la voirie* n° 309. D'un autre côté, M. Bourguignat dans un travail sur la propriété des chemins ruraux, dit, page 10 : « Toute voie de communication est en principe présumé faire partie de la propriété privée. » C'est l'opinion que le même auteur avait soutenue en note des arrêts de la Cour de cassation des 27 avril 1864, et 16 août 1866 dans le recueil des arrêts de Sirey-Villeneuve, années 1864, 1re partie, page 212, et 1856, 1re partie page 321. C'est l'avis d'un auteur provençal Cappeau, dans son *Traité de la législation rurale et forestière* t. 1 p. 669, et la Cour de cassation dans l'arrêt du 9 décembre 1857, commune de Doullens dit formellement : « Les chemins ruraux sont présumés appartenir aux propriétaires dont ils traversent les héritages. »

Entre ces deux opinions se place l'avis de ceux qui pensent qu'il n'y a pas à déroger ici aux règles de droit commun en matière de preuve. Ce sera donc au demandeur, Commune ou Particulier à justifier de son droit conformément à la loi *actori incumbit onus probandi*. Cette opinion qui me paraît parfaitement juridique, est celle de Dalloz *Répertoire* v° voirie par terre n°s 1340 et

1341, et de Chauveau Adolphe *Journal de droit administratif* t. 6, p. 229 et t. 10 p. 368. On peut invoquer à son appui la jurisprudence des cours constatée par les arrêts récents de Paris 16 mars et 23 août 1861, d'Orléans du 24 mai 1861, de Colmar du 3 avril 1862 et la jurisprudence de la Cour de cassation qui dans son arrêt du 17 avril 1853, Abautret, proclame que le système d'un riverain de chemin qui a pour but de faire considérer le voisinage ou la contiguité comme une présomption légale n'a de fondement dans aucune loi et que c'est au demandeur au pétitoire à faire preuve de son prétendu droit de propriété. Cette jurisprudence me parait avoir été confirmée par l'arrêt de rejet du 16 avril 1866, Tissier.

Il faut toutefois reconnaître que dans l'application de ces principes, s'il y avait à les faire fléchir, ce devrait être plutôt en faveur de la commune qu'en faveur de ses adversaires; il est en effet difficile de soumettre la commune, qui dans la justification de la publicité d'un chemin doit combiner un ensemble de considération pour éclaircir une situation dans laquelle règne forcément quelque vague, à une preuve aussi rigoureuse que le riverain qui excipe d'un droit de propriété dont la preuve doit être nécessairement claire et formelle. C'est ce qui parait déterminer M. Dalloz à traiter plus favorablement la commune, *loco citato* nos 1340 et 1341, et ce qui sans doute fesait dire à M. Adolphe Chauveau, tout en repoussant toute présomption légale de propriété que s'il pouvait en exister une, ce serait en faveur de la commune, *Journal de droit administratif* t. 6, p. 229.

Tenons donc sous le bénéfice de ces observations, que ce sera aux tribunaux juges du fait, a apprécier suivant les preuves qui leur seront présentées, si le demandeur quel qu'il soit, justifie suffisamment sa demande pour qu'elle soit accueillie.

45. *L'appréciation de la propriété du chemin, faite par les Cours impériales, échappe à la censure de la Cour de cassation.* — La constatation des faits sur lesquels repose la solution de la question de publicité et de propriété est dans le domaine des juges du fond, par suite, ils statuent définitivement quant à ce, sans que leur appréciation puisse être utilement soumise à la censure de la Cour de cassation; Dalloz *Répertoire* v° voirie par terre n° 1348, Bourguignat *Propriété des chemins ruraux* p. 34, arrêts de la Cour de cassation des 1er juin **1824**, 9 août **1827**, 6 décembre **1841**, 20 avril **1846**, 16 juin **1858**.

46. *D'après quels signes, et au moyen de qu'elles constatations peut on déterminer la propriété des chemins?* —Lorsque la question de propriété d'un chemin sera portée devant les tribunaux, quelles règles devront-ils suivre pour la vider ? Lorsqu'il y aura des titres formels constatant cette propriété, aucune difficulté ne pourra se présenter ; mais on ne saurait toujours exiger de la part de la commune des titres à l'appui de sa demande lorsqu'il s'agit de chemins publics ; les propriétés de cette nature n'étant que très-exceptionnellement constatées par des titres, ce sont des circonstances de fait et l'état des lieux qui le plus souvent pourront servir à déterminer la nature et l'étendue des droits que réclament les communes : rejet 5 mars 1818, commune d'Uhrweiller ; Rejet 23 février 1825, Reculard ; Agen 23 juillet 1845, de Pezet ; Lyon 17 février 1846, Moulin, et la plupart des arrêts cités ci-après.

47. *Jurisprudence : espèces dans lesquelles les tribunaux ont reconnu la propriété de la commune :* — Voyons donc, d'après la jurisprudence, quels sont les signes et les circonstances auxquels on reconnaîtra que la propriété d'un chemin est une propriété communale ou une propriété privée.

Je cite d'abord, en suivant l'ordre chronologique, les espèces dans lesquelles la propriété communale a été déclarée par les tribunaux.

Est la propriété de la commune le chemin longeant une grande quantité de bois pour la desserte desquels il paraît évidemment avoir été établi, qui figure sur un ancien plan fait en 1781, et qui aboutit à un autre chemin public. (Bourges 18 avril 1822, Marotte).

Le chemin qui aboutit à plusieurs communes et établit entr'elles des relations utiles et nécessaires. (Bourges 30 décembre 1822, Durbois).

« Attendu que les chemins qui ne sont ni royaux, ni départementaux, ni vicinaux ou communaux, sont susceptibles d'être possédés à titre de propriété et que dèslors, il n'y a d'autres chemins privés que ceux qui sont fermés par des grilles ou barrières. (C. de cass. crim. 26 août 1825, Martin.)

Un chemin ouvert par les deux bouts, dont la disposition est favorable à la circulation des passants, que les revendiquants ont qualifié chemin public jusqu'au moment de l'instance en revendication, qui est désigné dans le pays comme tendant d'un quartier à un autre, que les réclamants ont reconnu être sous la surveillance de l'administration. Rouen, 24 décembre 1825, Tourailles.

« Un chemin est public quant il sert de communication entre les bourgs, villages ou hameaux. et que tout le monde y a passé pendant un grand nombre d'années. » Bourges 30 janvier 1820, Chabin.

« Les chemins publics sont les communications plus ou moins importantes, suivant la classe à laquelle ils appartiennent, qui conduisent de villes en villes, ou qui servent dans le territoire des communes, hors de leur enceinte, à l'exploitation des propriétés rurales. Cass. crim. 15 février 1828, d'Aoust.

Le chemin conduisant de village à village, et livré depuis un temps immémorial au passage, doit être considéré comme propriété communale, alors même que des propriétaires à certaines époques y auraient placé des barrières qui auraient été enlevées, que quelques personnes auraient demandé et obtenu des permissions particulières de passage ; que le pâturage y aurait été exercé sur les accotements par le public, tantôt librement, tantôt malgré l'opposition des riverains ; peu importerait que le chemin n'eut pas été porté sur le cadastre et que la commune ne l'eût pas réparé si elle n'avait réparé aucun de ses chemins. (Caen 18 novembre 1835, Bernard suivi d'un arrêt de rejet du 7 mars 1837).

« Attendu en droit, que d'après la nature des choses, l'opinion des auteurs et la jurisprudence, un chemin est réputé chemin public, lorsqu'il conduit ou à un bourg, ou à une route, ou d'un chemin public à un chemin public, ou d'un village à un village, et que, consacré à l'usage du public, tout individu peut y passer à toute heure du jour ou de la nuit sans aucune opposition légale de qui que ce soit. Attendu en fait que reconnu et classé comme chemin public en 1719, 1738 et 1834, le chemin dont il s'agit existe de temps immémorial ; qu'il conduit de la commune de Saint-Jacques à la commune de Beuvilliers ; que les deux extrémités sont ferrées et cailloutées ; que la chaussée qui en est la continuation s'appelle chemin de Beuvilliers ; que la partie vers le chemin de Beuvilliers est bordée de deux haies qui le séparent des propriétés voisines et que le chemin aboutit par les deux extrémités à deux voies publiques ; qu'en jugeant que ce chemin est public, la Cour de Caen a fait une juste application de la loi ; rejette, req. 21 juin 1836, Jehanne, dans le même sens, M. Petit *Des chemins* p. 3 *in fine*.

« Ceux qui donnent accès à une fontaine publique, à un abreuvoir, à un pâturage communal, ou qui sont nécessaires à l'exploitation des différents cantons de terres arables. » Instruction du ministre de l'intérieur du 16 novembre 1839.

Le chemin qui existant depuis un temps immémorial d'après les documents administratifs, a toujours servi de communication entre les chefs-lieux de deux communes, a été réparé sur une partie de son parcours aux frais de l'une d'elles, en vertu de délibérations de son conseil municipal. Dijon 30 juillet 1840, commune de Saint-Jean des vignes, suivi d'arrêt de rejet du 14 février 1842.

Un chemin qui conduit d'un village au chef-lieu de la commune et offrant à ceux qui en profitent une voie plus abrégée et praticable en toute saison, qui est entièrement distinct de la propriété des riverains est encaissé et garni de pierres, peu importe que le propriétaire établit que ce n'est pas sur le point où le chemin est aujourd'hui tracé et où on demande à exercer le passage qu'il existait autrefois, s'il est établi, que ce sont les auteurs des revendiquants qui ont opéré eux-mêmes ce changement, et ont remplacé par le nouveau chemin un ancien chemin public qu'ils ont supprimé. (Angers 28 avril 1841 Vᵉ Duport).

« Attendu qu'on ne saurait exiger de la commune de Sainte-Foy, la production de titres à l'appui de sa demande ; qu'il s'agit d'un sentier ou chemin public, et que les propriétés de cette nature ne sont jamais constatées par des titres ; que ce sont les circonstances de fait et l'état des lieux qui peuvent déterminer la nature et l'étendue des droits que réclament les communes ; attendu qu'il est reconnu par toutes les parties que le sentier dont il s'agit, existe depuis un temps immémorial, qu'il est constant que les propriétaires des terrains qui le bordent, l'ont toujours considéré comme un chemin communal ; que dans tous les actes de transmission de propriété, à l'exception d'un seul, il a été donné pour confin, et que la commune de Sainte-Foy produit un acte authentique de 1626, qui assigne comme limite ce chemin déjà désigné sous le nom de ruelle de la Navaire, que les auteurs de Moulin ont eux-mêmes indiqué le sentier dont il s'agit comme limite de la propriété qu'ils lui vendaient...... Attendu que vainement on soutient que ce sentier n'existe que par tolérance des propriétaires qui, à l'époque des vendanges et sans opposition de la commune le faisaient clore à chacune des extrémités.... Que s'il en avait été ainsi, les propriétaires contigus ne se seraient pas contentés d'une cloture temporaire que l'autorité pouvait permettre sans inconvénient pour et dans l'intérêt seulement de la conservation des récoltes....» Que si la commune n'a pas fait porter le chemin sur le cadastre, elle se considérait comme propriétaire avant que cette qualité lui fut contestée, puisque plusieurs années avant procès, elle avait fait figurer le chemin sur le tableau officiel dressé par le conseil municipal et approuvé par le préfet, que plus tard, elle donnait des alignements et fesait dresser des procès-verbaux pour constater les contraventions, que dès-lors, un pareil sentier est bien une propriété communale. (Lyon 17 février 1846, Moulin).

On doit encore considérer comme communal le chemin qui met en communication un village et un bourg en traversant un village intermédiaire, bien que la circulation sur ce chemin établi à travers les héritages de divers propriétaires soit entravée sur un point par les ruines d'une loge à cochon au sortir du bourg, si d'un autre côté elle est facilitée sur d'autres points par deux bois équarris jetés comme passerelles sur deux petits cours d'eau qu'il traverse, si nulle part la direction n'en est incertaine, quoique peu accusée dans quelques endroits, s'il est justifié par enquête qu'anciennement des haies limitaient ce chemin dans certaines parties de son parcours et qu'on y passait de temps immémorial, notamment pour les baptêmes, les mariages et les sépultures. Bordeaux, 11 nov. 1848, Bourgoin.

« Le chemin qui sert non-seulement au passage des bestiaux et voitures qui se rendent aux champs, mais qui est encore à l'usage des voyageurs qui de jour ou de nuit se rendent au chef-lieu communal. » Cass. ch. Crim. 10 avril 1856, Gérard.

« Sont des signes matériels et certains de la propriété d'un chemin (en dehors de l'usage des habitants), le creusement des fossés, l'empierrement et l'entretien du chemin, la construction d'un monument public, (l'érection d'une croix par exemple) le tout aux frais de la communauté, la circonstance qu'il sert de communication entre deux communes ou de jonction de deux chemins publics ; » Req. 11 février 1857, commune de Gy-les-Nonains.

Une route servant de séparation entre deux héritages, figurant sur le plan cadastral et sur l'état des chemins ruraux arrêté par le conseil municipal et par arrêté du préfet, séparé de certaines propriétés riveraines par les vestiges d'un ancien mur, allant d'une voie publique à une autre voie publique et sans cesse fréquentée par les habitants, Rejet 9 avril 1862, Dassier.

« Le chemin qui relie entres elles des habitations
éparses et isolées, conduit par la voie la plus courte au
village et à la fromagerie et a servi de tout temps au
transport du lait et aux communications continuelles
avec la frontière ; qui, s'il n'est pas indiqué au plan cadastral, figurait déjà sur le plan juridique de 1786 et se
retrouve encore sur le tableau officiel des chemins de
la commune sous le n° 39, comme sentier des Frenelots
à la Combe-Geay. » (Besançon 9 janvier 1863, Gui-
belin).

Si les arrêtés de classement sont insuffisants pour établir le droit de propriété des Communes, ces actes corroborés par une longue possession déterminent le véritable caractère de cette possession. Ils attestent le droit
auquel on toujours prétendu les communes de se considérer comme propriétaires des terrains sur lequel
sont assis les chemins classés et joints à d'autres éléments de preuves et notamment à des reconnaissances
émanées de leurs adversaires ils peuvent constituer une
preuve complète du droit des communes. (Rej. req. 27
avril 1864, Ravet).

« Est public un chemin qui existe depuis un temps
immémorial, qui relie un hameau à une commune, qui
traverse des terres appartenant à divers particuliers ;
sur lequel les habitants de la commune et du hameau
ont constamment passé ; qui a été porté au cadastre
comme chemin public et a été inscrit au tableau des
chemins ruraux sans opposition aucune ; » (Aix 16 janvier 1865).

La commune prouve qu'un chemin fait partie des

chemins ruraux de son territoire, lorsqu'elle établit que ce chemin a été classé comme chemin rural public par une délibération de la commune à laquelle a concouru le propriétaire opposant, et qui a été approuvée par le préfet ; qu'il a toujours été possédé et entretenu comme chemin public par cette commune ; que ce chemin ne sert pas uniquement à l'exploitation des parcelles appartenant au riverain qui en revendique la propriété, mais qu'il prolonge son parcours au-delà de ces parcelles et débouche sur des chemins publics qu'il met en communication ; que sa suppression nuirait à d'autres voies publiques classées et entraverait la circulation ; qu'il a toujours été fréquenté par les habitants à titre de chemin public, ce qui était attesté par une délibération du conseil municipal portant la signature du revendiquant. (Rej. 16 avril 1866, Tissier).

48. *Doctrine.* — Pour compléter cet exposé, qu'on me permette d'y joindre l'indication de l'opinion des auteurs :

M. Ad. Chauveau, *Journal de droit administratif,* t. 2, p. 291 : « Dans la première catégorie des chemins communaux, il faut ranger ceux qui conduisent à un abreuvoir, à une fontaine, à un hameau, et même à une commune voisine..... »

D'après M. Flandin, *Du caractère des chemins ruraux,* p. 23 : « L'inscription d'un chemin sur le tableau des chemins ruraux de la commune, ni l'arrêté de reconnaissance du préfet ne sauraient suffire pour faire passer un chemin dans le domaine public municipal :

mais il résulterait de cette inscription, opérée sans opposition des riverains, un préjugé en faveur de la commune. »

M. de Cormenin énonce le même avis, *Questions de droit adm.* v° *Chemins vicinaux*, t. 1, p. 40.

Herman, *Encyclopédie du droit* de MM. Sebire et Carteret, v° *Chemins vicinaux*, n° 469 « ..... Il est beaucoup de chemins ruraux dont la conservation est indispensable parce qu'ils donnent accès à une fontaine publique, à un abreuvoir, à un pâturage communal, ou qu'ils sont nécessaires à l'exploitation de différents cantons de terres arables. »

Proud'hon, *Domaine public*, t. 2, n° 634, en indiquant les circonstances qui lui paraissent caractériser un chemin public, énumère les suivantes :

« Qu'elle est l'importance du tracé matériel du chemin, et son apparence sous le rapport de l'ancienneté.

« A quelle communication il sert habituellement, et quels sont les besoins sociaux qui paraissent en avoir exigé la création.

« S'il a été ferré ou muni de fossés, ce qui le mettrait hors de la catégorie des simples chemins de tolérance.

« S'il a été réparé et entretenu par la commune, comme le sont les chemins publics.....

« Depuis quelle époque il est soumis aux usages publics.

« S'il est signalé dans le cadastre ou dans les anciens plans comme chemin public.

« S'il est sous la même qualité donné dans les titres particuliers pour confins des fonds privés.

« Telles sont les principales circonstances laissées à l'appréciation du juge, et dont le concours peut servir à constituer une possession capable d'opérer la prescription acquisitive du sol. »

Le même auteur avait dit n° 607 : « Le caractère propre de ces chemins consiste en ce qu'ils sont établis pour servir de communication entre des lieux habités, pour circuler de toute manière, de paroisse à paroisse, de village à village, d'une section à une autre section de la même commune, d'un village à quelque hameau, ou même d'une route à une autre ; c'est par ce caractère visible et certain qu'on doit les distinguer pour les classer au rang des voies publiques. »

49. *Droit étranger.* — Pour qu'un chemin soit public, d'après l'avis commun des docteurs, il faut qu'il réunisse ces trois conditions : 1° que chaque extrémité aboutisse à un lieu public ; 2° que le public soit en usage d'y passer habituellement ; 3° que le sol soit public et qu'il ait été affecté à cette destination par l'autorité publique, ou bien qu'il y ait au moins une possession immémoriale, de telle façon qu'on ne puisse savoir si le chemin a été formé par des champs particuliers (Richeri, d'après la législation romaine et la jurisprudence sarde, *Jurisprudence universelle*, t. 3, § 101).

D'après les règlements annexés aux patentes royales du 29 mai 1817, les routes communales, en Sardaigne, étaient, (art. 7 du premier de ces règlements), celles qui, n'étant pas classées comme royales ou provinciales :

1° Conduisent d'une ville ou d'une commune à une autre.

2° Partant d'une route royale ou provinciale, servent de communication à la ville ou commune plus rapprochée ;

3° Conduisent aux ponts établis sur les fleuves ou à l'étranger ;

4° Servent de communication entre une ville ou une commune et les bourgs qui en dépendent.

5. Généralement toutes celles déjà considérées précédemment comme communales, et qui, en cette qualité, étaient entretenues par les communes.

Les patentes royales du 3 mars 1838 sur les dépenses d'entretien et de construction, ont maintenu cette classification. Elle est également maintenue par le billet royal du 26 octobre 1839 sur les prestations.

Ces divers documents admettaient tous, en Sardaigne, une classe de chemins privés grevés de servitude de passage en faveur du public pour se rendre à des propriétés communales, à des habitations séparées du chef-lieu, à des églises ou édifices publics.

50. *Espèces dans lesquelles la propriété des chemins a été attribuée à des riverains.* — D'un autre côté les chemins ont été reconnus appartenir aux riverains et ne point faire partie du domaine public communal dans les affaires suivantes, que j'indique également en suivant l'ordre chronologique des décisions judiciaires auxquelles elles ont donné lieu.

Le chemin existant le long du bief d'un moulin sur une chaussée établie pour retenir les eaux dans le canal, alors que les titres, soit anciens, soit récents de l'usinier, lui donnent la propriété des chaussées ou francs bords du canal de son usine (Rej. req., 20 avril 1836, comm. de Clamecy).

S'il s'agit d'une avenue fermée ou d'un chemin pratiqué dans un terrain privé, dans l'intérêt d'un ou plusieurs propriétaires, sans que le public ait été admis à s'en servir (instr. gén. du min. de l'int. du 24 juin 1836).

Le chemin qui communique par ses deux extrémités à un chemin public, s'il a été établi parallèlement sur le fonds voisin pour la commodité de l'exploitation de ce fonds. Il est indifférent que le public, pour éviter les boues, les poussières de la route voisine, s'en soit servi habituellement et pendant longtemps, ces faits, tant que la route voisine subsiste, ne peuvent être considérés que comme des actes de tolérance (Riom, 7 mars 1844, Combes).

Je pense qu'il faudrait décider de même si un héritage étant touché à deux de ses extrémités par des voies publiques et ayant son habitation placée au centre, une voie se dirigeant en sens inverse, à partir de cette habitation la mettait en communication avec les deux voies publiques, il y a preuve de propriété privée, bien que les voies publiques se trouvent ainsi reliées entre elles, surtout si propriétaire du fonds traversé a seul entretenu ce chemin, concédé sur lui des droits de servitude de passage par d'anciens titres, planté des bornes et posé des chaînes, alors même qu'on ne les aurait pas tendues pour empêcher l'accès.

Si le chemin est établi pour l'exploitation d'un fonds ou de certains fonds spécialement connus et désignés (Paris, 15 nov. 1845, commune de Courtry).

« Le chemin qui ne communique pas d'une commune à une autre, ni même d'un chemin public à un autre chemin public, et qui n'a d'autre destination que l'exploitation des propriétés particulières qui l'avoisinent. » (Rej. 15 février 1847, commune de Courtry).

L'inspection des lieux peut servir de base au tribunal pour constater qu'un chemin est un simple chemin de desserte de certains héritages déterminés, et n'est pas, par suite, une voie communale (Lyon, 5 janvier 1849, Godemard).

La qualification de ruelle, petit chemin ou passage commun donné à un chemin dans d'anciens titres est insuffisant pour qu'une commune puisse se faire attribuer la propriété d'un chemin (Bordeaux, 13 novembre 1852, Pelletant).

Est un chemin privé, le passage établi sur les berges d'un moulin compris dans une adjudication nationale, lorsque ce passage est indispensable à l'exploitation de ce moulin et qu'il a été réparé plusieurs fois et à grand frais par les propriétaires de l'usine (rej. 5 juin 1855, commune du Mans).

Le passage établi accidentellement dans le lit d'un ruisseau, pendant la saison où il est à sec, ne peut constituer un chemin public (rej. 3 avril 1856, Huberson).

« Le plus ou moins de fixité ou de permanence d'un

chemin d'exploitation, et son plus ou moins bon état de viabilité et de conservation, ne changent ni son caractère, ni sa destination, ni les droits exclusifs de son propriétaire ; que si les chemins de vidange sont ordinairement rendus à la production forestière après l'exploitation de la coupe à l'usage de laquelle ils ont été provisoirement consacrés, il est loisible au propriétaire de leur donner une assiette fixe, s'il le juge convenable, sans qu'ils cessent pour cela d'être des chemins forestiers, et, par suite, de rester en dehors de la catégorie des chemins ordinaires, par lesquels l'article 147 du Code forestier reconnaît à chacun la faculté de passer ; qu'il n'y a pas davantage à s'arrêter à la circonstance que le chemin forestier, par lequel est passée la voiture du prévenu, aboutit à des chemins publics, et que divers habitants fréquentent ; que, d'abord, il est dans la nature des choses qu'un chemin de vidange débouche sur une voie publique conduisant aux lieux où doivent aller les produits de la forêt ; qu'ensuite la fréquentation abusive d'un chemin privé par des tiers n'est qu'un acte de tolérance qui ne leur confère aucun droit, de même que la concession faite à l'établissement métallurgique de Noiron, de la faculté de passer avec voitures par ce chemin, moyennant un certain prix, ne peut profiter à d'autres. » (Cass. crim., 23 juillet 1858, admin. des forêts C. Oudin).

Les chemins qui n'ont pas été créés pour les besoins des habitants d'une commune, pour leur procurer des relations personnelles en leur permettant de communiquer de village à village, d'habitation à habitation, ou en leur permettant de communiquer avec les habitants des autres hameaux situés sur les communes voisines ; qui, au contraire, ont été créés avec une destination toute rurale ; que les titres ne présentent point comme destinés à servir de confronts aux propriétés riveraines; qu'ils indiquent, au contraire comme traversant des propriétés privées dans des termes qui tendent à les représenter comme étant aussi une dépendance privée, toutefois avec leur affectation spéciale et pour servir comme chemins d'exploitation (Paris, 11 mars 1861, Latxague).

Un sentier, étroit de 33 centimètres, non classé comme rural, ne constituant pas une voie de communication indispensable (Paris, 23 août 1861, Boudin de Vesvres.)

N'est pas public le chemin qui, s'embranchant à un chemin public, aboutit d'autre part à un impasse, lorsqu'il ne sert pas à mettre en communication des populations voisines ; que son usage a toujours été restreint au service et à l'exploitation d'héritages qui, autrement seraient enclavés ; qui n'a jamais été l'objet de la part de la commune d'un acte d'où l'on puisse inférer qu'elle l'a considéré comme public et communal, et qui a toujours été indiqué dans les titres comme étant la propriété privée des riverains et une dépendance des héritages qui avaient le droit d'en user (Limoges, 2 juillet 1862, Taurisson et Greil).

51 *Doctrine.* — Ici encore nous ferons suivre l'exposé de la jurisprudence de l'indication des opinions des

auteurs, et nous signalerons, d'après eux, les motifs qui devront faire attribuer aux riverains la propriété des chemins à l'exclusion de la commune.

Tout le monde sera de l'avis de M. Isambert qui, dans son *Traité de la voirie*, n° 309, dit qu'on devra considérer comme une propriété privée le chemin qui n'aboutit, comme les avenues des châteaux, qu'à une habitation particulière.

D'après M. Bourguignat, *De la propriété des chemins ruraux, passim*, la propriété de la commune et le caractère de publicité des chemins, ne résultent point « de ce que les titres et les plans de propriété afférents aux fonds riverains ne comprendraient pas expressément le sol du chemin dans la contenanee de ces fonds, ou même l'excluraient de cette contenance. »

Ni de ce qu'un chemin serait plus ou moins qualifié voie publique dans des actes ou contrats du droit commun.

Ni de ce qu'il aurait été classé comme public par l'autorité préfectorale.

Pour qu'il y ait une destination publique, il ne suffit pas que, par l'une de ses extrémités un chemin touche à un lieu public, il y aurait là, au contraire, l'un des signes par lesquels se manifeste la circulation d'intérêt privé.

52. *Influence du cadastre sur la solution de la question de propriété.* — Le cadastre aurait une très-grande influence sur la solution de la plupart des difficultés qui naissent entre propriétaires ruraux, si lors de

sa confection on s'était préoccupé de l'utilité qu'il pouvait avoir pour la délimitation des héritages, et que dans ce but, cette confection eut été accompagnée de l'accomplissement de certaines formalités spéciales ; le but principal et presque exclusif de cette vaste opération, a été l'assiette de l'impôt immobilier, et dès lors, au point de vue des questions de propriété, les énonciations cadastrales ne sauraient avoir une grande portée. La Cour d'Aix par son arrêt du 2 juin 1837, commune de Saint-Laurent-du-Var, dit : « Qu'il est de principe que les cadastres font foi jusqu'à preuve de la possession contraire fondée en titre ou en fait et rejettent sur la partie à qui les cadastres sont opposés, la charge de la preuve de cette possession contraire. » Elle a également jugé le 8 décembre 1848, Maurel, que « Dans les temps qui ont précédé la révolution de 1789, les communes composaient elles-mêmes en Provence les états de leurs impositions ; que dès-lors, la matrice cadastrale doit être réputée l'ouvrage de la commune, et lorsqu'une portion de terrain, n'y est pas portée comme sa propriété, il s'en suit que la commune elle-même a reconnu alors que ce terrain ne lui appartenait pas. » Il me parait qu'il y aurait dans cette jurisprudence une tendance à accorder au cadastre une influence plus grande que celle qui doit lui être réservée sur la solution des questions de propriété; les énonciations qu'il contient doivent être prises en sérieuse considération, elles doivent être rapprochées des autres circonstaces de la cause et jointes à ces circonstances, elles pourront entraîner la décision mais seules elles ne sauraient la motiver. Un riverain se prétendant propriétaire d'un chemin, y avait fait des dépôts de matériaux, poursuivi en simple police, il excipait de sa propriété, prétendant la justifier par l'absence de tous titres administratifs attribuant cette propriété à la commune et par l'extrait du plan cadastral constatant que le terrain dont s'agissait était placé sur sa côte et parmi les propriétés imposées, le ministère public demanda à faire par témoins la preuve de la propriété communale, le juge s'y opposa sur le double motif qu'une pareille preuve était inadmissible, et qu'elle était inutile, la preuve contraire étant faite par la production du plan cadastral. Sur pourvoi, le jugement fut cassé le 2 mars 1865, parce qu'il reposait sur une double erreur, 1° l'inadmissibilité de la preuve testimoniale, et 2° « Parce que d'un autre côté l'extrait du plan cadastral peut être pour le juge un élément de conviction, mais non une preuve de nature à exclure toute preuve contraire. »

C'est le lieu de dire ici que si l'autorité administrative est seule compétente pour interpréter ses actes, et si cette règle est applicable au cadastre : lorsque les parties en excipent pour débattre et établir leurs prétentions respectives au droit de propriété et non pour demander qu'il soit statué sur la teneur et la confection de ce document, ni sur son maintien ou changement, l'autorité judiciaire reste seule compétente pour statuer. C. de cass. ch. civ. 27 novembre 1861, Fraix.

53. *Preuve par témoins.* — Uu arrêt de Toulouse du 3 décembre 1814, Pouvillon, avait jugé qu'on ne

pouvait être admis à prouver par témoins l'existence et la publicité d'un chemin, qu'il fallait en rapporter la preuve au moyen d'écrits et monuments publics et authentiques, tels que cadastres, actes ou délibérations de l'administration communale, procès-verbaux, ou jugements de police ou de voirie. M. Dalloz qui indique cet arrêt dans son *Répertoire* v° *Voirie par terre* n° 1347 ajoute avec raison suivant nous ; cela nous parait une erreur ; la publicité d'un chemin, comme le dit fort bien M. Troplong, *Prescription* t. 1, n° 162, est un fait préexistant à tout acte qui la déclare. Or, un fait peut toujours se prouver par témoins. Aussi, a-t-il été jugé le 2 mars 1865, par la Cour de cassation, chambre criminelle, « Qu'aucune disposition de la loi n'interdit de recourir à la preuve testimoniale pour vérifier si un terrain qu'aucun arrêté administratif n'a classé parmi les rues ou chemins d'une commune constitue ou non, une place ou voie publique ; que les tribunaux peuvent et doivent en cette circonstance user de tous les modes d'instruction qui sont à leur disposition pour parvenir à la connaissance de la vérité. »

54. *Prescription trentenaire.* — J'ai a me demander ici si dans l'appréciation de ce droit, dans la preuve qui est faite, la prescription peut servir de moyen utile, comment cette exception doit être établie et dans quelle mesure elle peut être accueillie.

L'existence publique des chemins ruraux est légale lorsquelle repose sur un usage ancien, une possession constante et caractérisée. En un mot, la prescription peut suppléer au titre de propriété

La raison de douter résulterait de ce que, d'après l'article 691 du Code Napoléon, les servitudes discontinues et non apparentes ne peuvent s'acquérir que par titre ; c'est ce motif qui avait déterminé des auteurs et des arrêts à refuser à la commune le droit d'exciper, en pareil cas, de la prescription. On semble s'accorder à reconnaître aujourd'hui, avec raison, qu'il est impossible de soumettre ces sortes de chemins aux règles des simples servitudes de passage qui ne peuvent s'acquérir que par titre ; une servitude est, en effet, une charge imposée sur un héritage pour l'usage et l'utilité d'un autre héritage, tandis qu'un chemin public sert de moyen de communication pour divers lieux habités et existe dans l'intérêt des personnes plus encore que des fonds. Le sol d'un tel chemin est, en quelque sorte, placé dans le domaine public communal, et la possession du public en ayant pour résultat d'acquérir ce sol, s'applique non pas à un simple droit sur le fonds, mais au fonds lui-même. Bourges, 30 janvier 1826, Chabin ; rej. 7 mars 1837, Besnard, Dijon, 30 juillet 1840, commune de Saint-Jean-des-Vignes ; Cass., 14 février 1842, même affaire ; Rouen, 16 décembre 1842, Vauchel ; Grenoble, 27 janvier 1843, Coppier : rej., 2 décembre 1844, commune de la Chapelle-Gontier ; Lyon, 17 février 1846, Moulin ; rej., 15 février 1847, commune de Courtry ; Bordeaux, 11 novembre 1848, Bourgoin ; Rouen, 12 avril 1856, Geffray ; rej., 16 juin et 23 novembre 1853 ; 11 février 1857, commune de Gy-les-Nonains ; 16 juin 1858, commune de la Rochinard ; et les arrêts cités *infrà*. Proudhon, *Domaine pu-*

blic ; Garnier, *Des chemins* ; Troplong, *De la prescription* ; Pardessus, *Des servitudes* n° 216 ; Cotelle, *Droit
administratif appliqué aux travaux publics* ; Isambert,
Voierie ; Bost , *Des chemins ruraux* ; Bourguignat ,
De la propriété des chemins ruraux et *Droit rural* p.
198, n° 622 ; Flandin, *Du caractère des chemins ruraux* ; R. de Raze *De la propriété des chemins ruraux* ;
Curasson, *Traité de la compétence des juges de paix* ;
Dalloz *Répertoire* v° *Voirie par terre* n° 1349 ; Zachariæ, edit. Massé et Vergé t. 2 p. 336, Demolombe, *Servitudes* t. 2 n° 797 ; Garnier, *légis. et jurisp. nouvelles
sur les chemins* p. 120 ; A. Desjardins *Des ch. ruraux.*

Le droit romain lui-même disait : *Viæ vicinales quæ ex
agris privatorum collatis factæ sunt, quàrum memoria
non extat, publicarum viarum numero sunt.* Digest. liv.
43 tit. 7 § 3.

C'était l'avis des anciens auteurs, de Pothier, Dunod,
Denisard, Perrot. C'est celui que j'ai cru devoir soutenir dans mon traité sur les *Servitudes de voirie,* t. 2,
n° 685), et dans un article sur les chemins ruraux inséré dans le *Moniteur des Comices,* alors publié sous la
direction de M. A. Jourdier. La même solution est donnée sous l'empire de plusieurs législations étrangères,
notamment de la loi belge, *Revue de l'administration
belge,* t. 2 p. 1029, et les arrêts des Cours de Belgique,
cass. 28 juillet 1854, Bruxelles 12 juillet 1861.

Mais le principe que la commune a pu prescrire le
sol d'un chemin rural une fois posé, il y a encore à se
demander quels seront les faits nécessaires pour établir
cette prescription. Un simple passage exercé depuis

plus de trente ans par les habitants sans que la commune puisse exiper d'aucune autre circonstance en sa faveur, sera-t-il suffisant pour fonder son droit de propriété par la prescription ? L'affirmative est difficile à admettre, et elle est généralement repoussée *ad probandam viam esse publicam*, dit Cæpolla, *de servitutibus, tit. II, cap. III, non sufficit probare per testes quid publice vulgo per omnes itum fuerit per longum tempus.* C'est qu'en effet, si une possession de cette nature suffisait pour donner le caractère de voie publique à un chemin, de simples actes de passage, qui sont le plus souvent le résultat d'une simple tolérance, suffiraient pour déplacer la propriété. Il faut, pour sauvegarder le principe de la liberté des héritages, trop souvent blessé par l'habitude qu'ont les gens de la campagne d'abréger leur chemin en passant sans droit sur la propriété d'autrui, que les communes appuient leurs prétentions à la propriété des chemins et surtout des simples sentiers sur des faits de possession *animo domini*, pendant le temps fixé par la loi pour acquérir la propriété, et qu'elles ne se bornent pas à invoquer l'usage de la fréquentation même habituelle et de temps immémorial par le public. Le simple usage, fut-il immémorial, d'un chemin par les habitants d'une ou de plusieurs communes, sera donc insuffisant pour attribuer la propriété de ce chemin à la commune, si à cet usage ne se réunissent pas des actes et des faits qui démontrent que pendant et depuis trente années la commune a manifesté l'intention de posséder le chemin à titre de propriétaire.

Ces règles, clairement déduites dans l'arrêt de la Cour

de Bordeaux du 12 avril 1856, dont je ne fais que reproduire ici les termes, ont été consacrées par de nombreuses décisions ; je puis citer les arrêts de la Cour de cassation des 3 messidor an v, 30 novembre 1830, 27 mai 1834, Grenoble, 27 janvier 1843, Coppier ; Grenoble, 27 janvier 1843 ; Riom, 7 mars 1844 ; Agen, 23 juillet 1845, de Pezet ; req. 15 février 1847, Com. de Courtry ; Bordeaux, 13 novembre 1854, Pelletan ; Angers 26 juillet 1854 et req. 5 juin 1855, commune du Mans ; Rouen 12 avril 1856, Geffray ; req. 11 février 1857, commune de Gy-les-Nonains ; Douai 11 novembre 1857, commune d'Arques ; req. juin 1858, commune de la Rochinard ; cass., 23 juillet 1858, Oudin ; rej. crim. 5 août 1859, Giraud ; Paris 11 mars 1861, Lutzague ; 23 août 1861, Boudin de Vesvres.

La jurisprudence belge a adopté les mêmes principes ; ils sont très-formellement consacrés par les arrêts des Cours de Gand du 12 janvier 1846 et de Bruxelles 26 octobre 1858 et 16 janvier 1860, Favard. Les auteurs ont adopté cet avis à la presque unanimité. Je me bornerai à citer Garnier, *Des chemins* : Pardessus *Servitudes* n° 216 ; Vazeille *Prescription* t. 1, n° 95 ; Demolombe, *Servitudes* n° 797 ; Dalloz, *Répertoire* v° *Voirie par terre* n° 1358 ; Cappeau, *Législation rurale* t. 1 n° 42 ; A. Desjardins, *Des chemins ruraux.* J'ai développé la même opinion dans mes études *Sur les servitudes de voirie* t. 2 n° 611.

Si la commune joint aux faits de passage, remontant à plus de trente ans, d'autres faits et circonstances qui caractérisent sa possession, cette possession pourra remplacer pour elle les titres de propriété. Ces faits et circonstances, d'après la jurisprudence et la doctrine, seront par exemple :

La mention du chemin comme chemin public sur les divers cadastres de la commune, dans les anciens actes publics ou privés, et notamment dans l'indication des confronts donnés aux propriétés riveraines ;

L'indication de ce chemin comme public, sur l'état des chemins publics de la commune au su des intéressés et sans opposition de leur part ;

La circonstance que la commune a fait enlever plusieurs fois des clôtures établies pour entraver le passage du chemin ou a fait d'autres actes de voirie, de conservation, etc.:

Si le passage a lieu habituellement dans des cas qui donnent au chemin un caractère public ; ainsi, s'il est fréquenté à l'occasion des divers actes concernant l'état civil, naissances, mariages et décès ;

Si la commune a fait des travaux d'art, réparé les ponts ou les chaussées, ouvert et récuré les fossés, fait des plantations ;

Si de simples réparations d'entretien y ont été faites par un agent communal, d'ordre du maire ou en suite de délibérations du Conseil municipal ;

S'il a été porté sur l'état des chemins entretenus par la commune ;

Si les riverains ont reconnu cette propriété en demandant des autorisations qui impliquaient cette reconnaissance ; par exemple, pour faire traverser ce chemin par des conduits, pour planter, construire ou se clore.

Tout, au surplus, dans cette matière, comme le dit M. Troplong, *Prescription*, nos 273 et 338, dépend des circonstances. Le juge se pénètrera de cette idée exprimée par Domat : que les marques de possession sont différentes suivant la nature des choses auxquelles elle s'applique.

Pour arriver à la preuve de la propriété par la prescription se présenteront souvent des questions de possession, de la compérence du juge du possessoire ; la voie du possessoire est également ouverte à la commune, mais lorsqu'elle en excipe, c'est à elle a prouver que sa possession plus qu'annale remplit toutes les conditions voulues par la loi.

55. *Prescription de 10 et 20 ans.* — Un auteur belge, **M. Sauveur**, *Revue de l'administration et du droit administratif de la Belgique*, t. 2, p. 1030, se demande si l'article 2265 du Code civil, d'après lequel celui qui acquiert de bonne foi et par juste titre un immeuble en prescrit la propriété par dix et vingt ans, suivant le domicile du véritable propriétaire, est applicable aux communes à l'égard de chemins achetés par elle, et il n'hésite pas à répondre affirmativement ; nous ne pouvons que partager cet avis, en ce qui concerne les simples chemins publics communaux, la question trouvant une solution spéciale pour les chemins vicinaux dans la loi qui les concerne. Mais qu'en serait-il si le titre de la commune, au lieu d'être un acte translatif de pro-

priété émané d'un tiers était un acte administratif tel
qu'un acte de classement ? Sous la loi belge, l'auteur
que nous citons, fait des distinctions au sujet du caractère de cet acte pour déterminer les cas dans lesquels
il pourra donner lieu au départ d'une préscription de
dix et vingt ans ; mais sous notre législation, les dispositions sur lesquelles il se fonde n'existant pas, on ne
saurait admettre ces distinctions et il faut tenir pour
certain qu'un acte administratif tel qu'un classement ne
peut être assimilé au juste titre dont parle le Code civil,
parce qu'on ne peut se créer à soi–même un titre légal.

§ 8. — Opposions à la reconnaissance fondée sur des
motifs autres que des exceptions de propriété.

SOMMAIRE.

56. *Motifs divers d'opposition à la reconnaissance
en dehors des questions de propriété.* — L'opposition
à la reconnaissance d'un chemin public et à son inscription sur le tableau des chemins ruraux de la commune

peut provenir des prétentions d'un habitant sur la propriété même du sol de ce chemin ; mais elle peut aussi avoir un autre but. Tel riverain d'un chemin peut, sans prétendre à la propriété de ce chemin, avoir intérêt à ce qu'il ne soit pas placé dans la classe des chemins publics ; les arrêtés municipaux auxquels doit être soumise la police de ces chemins pouvant être préjudiciables à ses intérêts ; il peut encore, lorsqu'il est riverain d'un chemin rural que la commune a classé et que les finances de la commune permettent d'entretenir, avoir un intérêt sérieux à ce que le caractère de publicité ne soit pas donné à d'autres chemins et à ne pas voir diminuer les fonds affectés à l'entretien du chemin qui arrive chez lui. Enfin, en dehors de la qualité de propriétaire du sol d'un chemin, des habitants peuvent avoir des motifs légitimes pour s'opposer à ce que ce chemin soit porté sur le tableau des chemins publics communaux.

57. *Compétence administrative.* — Dans ces cas, l'opposition à la reconnaissance ne soulevant plus une question de propriété ou de servitude, mais une question d'appréciation d'un intérêt public et d'administration que l'autorité administrative a seule mission d'apprécier et de sauvegarder, c'est par la voie administrative que la question devra être suivie et vidée.

58. *Déclaration de publicité ; compétence.* — La Cour de cassation a décidé plusieurs fois que les Cours et tribunaux avaient qualité pour déclarer si un chemin

était ou non public ; mais il est important de remarquer quelles sont les circonstances dans lesquelles ces décisions sont intervenues pour en apprécier la portée. Tantôt un prévenu cité devant les tribunaux pour une contravention commise sur un chemin public, excipant de la non-publicité du chemin comme défense à l'action dirigée contre lui, la Cour décide que le juge de la contravention, étant juge de l'exception, est compétent pour statuer sur la question de publicité : ch. crim. 4 janvier 1828, Rémond ; 3 avril 1851, de Saulxures ; 15 août 1851, Beaulieu ; 15 octobre 1852, Tourneyre ; 29 juillet 1853, Cherfallot ; 10 avril 1856, Gérard ; 4 décembre 1857, Collier ; 22 juillet 1858, Costel ; 5 août 1859, Giraud ; 21 janvier 1859, Claudon ; 15 novembre 1860, Demars ; 25 janvier 1861, Vilcoq ; 21 novembre 1861, Mazon ; 19 juillet 1862, Laux. Dans le premier de ces arrêts, celui du 4 janvier 1828, la pensée de la Cour se manifeste de la manière la plus formelle, on y lit que le juge de la poursuite apprécie la publicité, comme il aurait le droit de la constater s'il s'agissait d'un vol et qu'on eût relevé, comme circonstance aggravante, la perpétration du fait sur un chemin public. Tantôt la Cour de cassation a reconnu la compétence judiciaire pour apprécier la publicité, lorsque, s'agissant de juger la question de propriété, on s'appuyait sur le caractère de publicité de la voie en litige pour éclairer les débats et statuer sur la propriété. Ce n'est donc, au criminel comme au civil, qu'incidemment que la Cour de cassation admet la compétence judiciaire ; dans le premier cas, parce qu'en définitive il y a lieu de statuer moins sur la publicité d'un chemin que sur la contravention reprochée à l'individu mis en cause, et dans le second cas, parce qu'il y a lieu à statuer moins sur la publicité que sur la propriété du chemin, et que la publicité actuelle d'un chemin déclarée par l'autorité administrative ne pouvait empêcher les tribunaux, statuant sur la propriété, de l'attribuer au riverain qui en justifierait.

En dehors de ces cas, la question de propriété laissée à l'écart ou vidée, l'appréciation d'une contravention n'étant pas portée devant l'autorité judiciaire, peut-on sérieusement contester à l'autorité administrative le soin de reconnaître et de déclarer quelle est la destination d'un chemin dont la propriété foncière n'est contestée par personne à la commune ?

Aussi, la Cour de cassation, qui jugeait anciennement que c'était à l'autorité administrative à déclarer la publicité, même dans le cas où elle était déniée par un contrevenant comme exception à la poursuite : 12 juin 1845, veuve Lignon ; 26 septembre 1845, de Gineste ; 11 octobre 1845, Lebrun ; 12 février 1848, Calmels ; continue à juger que l'arrêté ou acte administratif qui a classé un chemin parmi les chemins publics doit être respecté par les tribunaux, qui, dans ce cas, ne peuvent substituer leur appréciation à la décision administrative. Pour ne citer que les arrêts les plus récents, j'indique dans ce sens, ceux des 9 février 1856, Troubadi ; 25 février 1858, Auché ; 23 juillet 1858, Tétart ; 20 novembre 1858, Sermet de Tournefort. — Elle a ainsi jugé que lorsqu'un chemin a été déclaré pu-

blic par l'autorité administrative et qu'on allègue devant les tribunaux qu'il a cessé de l'être, c'est à l'administration à le reconnaître et à le déclarer : arrêts des
15 mars 1854, commune de Blanzay, et 27 décembre
1856, Maillard ; que lorsqu'il y a doute sur le point de
savoir si un chemin se trouve ou non sur l'état des chemins publics d'une commune, c'est encore à l'autorité
administrative à statuer sur cette question : cass., 15
mars 1854, commune de Blanzay, et divers arrêts du
Conseil d'Etat. De sorte que lorsque la question de publicité se pose, abstraction faite des difficultés de propriété, c'est à l'autorité administrative à la résoudre.
C'est l'opinion de Husson, *Législ. des travaux publics*,
p. 1001 ; Foucart. *Droit adm.*, t. 3, n° 1355 ; Chauveau Adolphe, *Journal de droit adm.*, t. 3, p. 407.

59. *Distinction entre une rue et un chemin rural ;
compétence.* — La difficulté peut quelquefois consis-
ter à savoir si une voie publique est un chemin rural ou
une rue. Cette distinction peut avoir une portée juridique au point de vue des servitudes de voirie, de la qualité des agents chargés de verbaliser ; il importe dès-
lors de savoir qu'elle est l'autorité compétente pour reconnaître la catégorie dans laquelle doit être placée une
voie publique. La Cour de cassation a décidé le 8 août
1862 (Cloup) que lorsqu'un procès-verbal dressé par
un garde - champêtre constatait qu'un habitant avait
commis une contravention sur un chemin public, ce
procès-verbal faisait foi en justice jusqu'à preuve contraire et qu'en supposant la preuve offerte, le juge devait

rechercher si c'est à lui ou à l'administration qu'il appartenait d'attribuer définitivement la qualité de rue à une voie indiquée au procès-verbal comme étant un chemin public rural, sans pouvoir relaxer l'inculpé des poursuites sur le motif que le lieu de la contravention était une rue et que le garde-champêtre était sans qualité pour verbaliser. La Cour de cassation, par l'arrêt du 25 février 1858 (Fidelin), semble réserver la solution de la question à l'autorité administrative; mais l'arrêt de la chambre des requêtes du 10 février 1864, commune de Crézancy, est aussi formel que possible. « Attendu, porte cet arrêt, qu'il est constant, en fait, que les documents de la cause n'offraient aucune certitude sur le point de savoir si la voie de communication, dont s'agit au procès, constitue un chemin rural ou une rue faisant partie du domaine public communal de Crézancy; que ce doute justifie pleinement le renvoi de la cause devant l'autorité administrative, pour faire décider si le sentier désigné sous le nom de *rue du Crochet* doit être réellement considéré comme une rue. » Dans le même sens, cass. crim., 7 février 1861, Chicart, et Conseil d'Etat, 4 janvier 1851, Aulet.

Il est de règle, en effet, que c'est à l'autorité administrative à rechercher les choses qui font partie du domaine public, et à déterminer dans quelle classe de ce domaine elles doivent être placées, et l'autorité judiciaire est incompétente pour déterminer le point où cesse la rue et où commence le chemin. S'il en était autrement, cette autorité s'immiscerait dans l'administra-

tion, ce qui serait une violation de la règle sur la séparation des pouvoirs.

60. *Pourvoi contre les décisions administratives
déclarant la publicité.* — Les actes des autorités administratives, statuant sur la publicité d'un chemin,
sont des actes purement administratifs et par suite ne
sont pas de nature à être portés au Conseil d'Etat par
la voie contentieuse (C. d'Etat, 23 décembre 1842,
Barré).

61. *Interprétation de ces décisions.* — Quand dans
un arrêt de classement on a confondu sous la dénomination de chemins vicinaux, des chemins de diverses
espèces de la commune, en sorte qu'il y ait doute sur
le point de savoir si un chemin est vicinal ou rural, les
tribunaux doivent surseoir à statuer jusqu'à ce que l'interprétation de l'arrêté de classement ait eu lieu par
l'autorité administrative (Nancy, 13 décembre 1846,
Antoine ; Conseil d'Etat, 14 septembre 1852, etc.).

§ 6. — Effets de la reconnaissance.

SOMMAIRE.

62. En quel sens la reconnaissance fait-elle titre pour la com-
    mune ?
63. Elle n'a pas pour effet légal d'attribuer au domaine public
    communal la propriété ou la possession d'un objet litigieux,
    et ne fait pas obstacle à ce que les parties fassent valoir
    leurs droits devant l'autorité judiciaire.

62. *En quel sens la reconnaissance fait - elle titre pour la commune ?* — Dans sa circulaire du **16** novembre **1839** , le ministre de l'intérieur dit que le tableau des chemins ruraux, arrêté dans les formes prescrites et que nous avons indiquées plus haut , fera titre pour la commune. Cette règle cesserait d'être vraie si on voulait lui donner trop. de portée , en considérant l'arrêté comme constituant un titre définitif de propriété pour la commune. Le ministre de l'intérieur lui-même, dans les observations présentées au tribunal des conflits lors du jugement de l'affaire Delort contre la commune de Couze, vidée par arrêt du **27** mars **1851**, explique que cela n'est vrai qu'autant qu'il n'existe pas de réclamations, et **M. Vuitry**, qui portait la parole comme commissaire du gouvernement dans cette affaire, crut devoir renouveler cette observation. **M. Herman** l'a représentée dans son *Traité pratique de la voirie vicinale* , n° **911**. La Cour de cassation déclare , dans son arrêt du **16** avril **1866**, ch. des req., affaire Tissier : « que si les arrêtés de classement des chemins publics ruraux ne sont pas attributifs de la propriété de ces chemins en faveur de la commune de leur situation, ils exercent une légitime influence sur la solution de la question de propriété lorsqu'ils sont corroborés par d'autres documents et les circonstances de la cause. » C'est ce que la Chambre des requêtes avait déjà dit dans l'arrêt Ravet, du 27 avril 1864. Sans créer au profit de la commune une présomption légale de propriété, dit M. Desjardins avec l'arrêt de la Cour de Rouen, du 24 janvier 1863, le classement peut du moins être regardé comme ayant la valeur d'une présomption simple susceptible d'imprimer à la possession de la commune le caractère d'une possession *animo domini*, et de mener à la démonstration de la propriété de cette commune lorsqu'il existe un commencement de preuve par écrit.

63. *Elle n'a pas pour effet légal d'attribuer au domaine public communal la propriété ou la possession d'un objet litigieux et ne fait pas obstacle à ce que les parties fassent valoir leurs droits devant l'autorité judiciaire.* — C'est là un point sur lequel la doctrine et la jurisprudence sont aujourd'hui complètement d'accord. Après avoir cité en tête des documents à l'appui de cette indication la circulaire du ministre de l'intérieur du 16 novembre 1839, j'indique les arrêts de Nancy, 5 août 1845, Bourcier ; Nancy, 13 décembre 1846, Antoine ; cass. ch. crim., 1 mars 1849, Michel ; ch. civ., 9 mai 1849, Coiffier ; C. d'Etat, 19 janvier 1850, Dubourguet ; cass. ch. civ., 3 juillet 1850, Dumareau ; tribunal des conflits, 27 mars 1851, Delert ; cass. 18 juin 1853, Jourdan ; Rouen, 12 avril 1856, Geffray ; Paris, 11 mars 1861, Latxagne ; cass. ch. crim., 14 novembre 1861, Dubois ; C. d'Etat, 2 septembre 1862 ; Chicard ; cass. 14 février 1863, Poulain ; 23 janvier

1864, de Suze ; 13 décembre 1864, Aubier ; 24 janvier 1865, Kiggen; 16 avril 1866, Tissier. C'est la règle que j'indiquais dès 1850 dans les *Servitudes de voirie*, t. 2, n° 684, et que posent MM. Braff, n° 304 ; Dufour, t. 3, p. 398, n° 402; Bourguignat, *Chemins ruraux*, p. 5 et 6 ; Neveu Derotrie, *Droit rural*, p. 330 ; Herman, *Traité de voirie vicinale*, n° 910 ; Bost, n° 13 et suiv.; Dalloz, *Rép.*, v° *Voirie par terre*, n° 1317 ; Garnier, *Législ. et jurisp. nouvelles sur les chemins*, p. 115 ; A. Desjardins, des *Chemins ruraux*; Solon, des *Chemins vicinaux et ruraux*, p. 85. C'est dans ce même sens que s'est formée la jurisprudence sarde dans l'application des règlements qui exigent que l'autorité établisse un tableau des chemins communaux.

64. *La reconnaissance n'incorpore pas au domaine public municipal, à charge d'indemnité, la propriété privée.* — Pour les chemins vicinaux., aux termes de l'article 15 de la loi du 21 mai 1836, l'arrêté de classement transfère à la commune la propriété du sol du chemin classé, sauf indemnité. Ici il n'en est rien, non-seulement les questions de propriété et de possession peuvent naître, mais encore, suivant la solution qu'elles reçoivent, au lieu de se résoudre en un droit à une indemnité, elles peuvent faire tomber complètement l'effet de la reconnaissance en plaçant dans le domaine d'un particulier le chemin classé parmi les voies publiques rurales. Instruction du ministre de l'intérieur, 16 novembre 1839 ; Nancy, 6 août 1845, Bourcier ; 13 décembre 1846, Antoine ; tribunal des conflits, 27 mars

1851, Delest ; Paris, 9 juin 1855 ; Rouen, 12 avril 1856,
Geffray ; et les arrêts de la Cour de cassation des 8 mars
1844, 6 février 1845, 1 mars 1849, 9 mai 1849, 3 juillet 1850 , 15 octobre 1852 , 18 juin 1853 , 5 janvier
1855 , 13 décembre 1864. Dans le même sens , MM.
Braff, n° 304 ; Dalloz, *Rép.*, v° *Voirie par terre*, n° 1317 ;
Herman, *Traité de la voirie vicinale*, n° 912 ; Dufour,
t. 3, p. 399, n° 402 ; Desjardins , des *Chemins ruraux ;* Cotelle, t. 4, p. 364, n° 777.

65. *Obligations qui résultent de la reconnaissance
pour l'administration.* — La reconnaissance par l'autorité administrative impose aux maires et aux agents
municipaux le devoir de veiller sur les chemins ruraux et
d'empêcher notamment qu'ils ne soient l'objet d'empiètements et d'usurpations de la part des riverains. Cela
est formellement indiqué par les instructions ministérielles du 16 novembre 1839 et par les auteurs qui les
ont commentées. Et en effet les procès-verbaux dressés
dans ce cas contre les contrevenants les soumettraient
à des condamnations auxquelles ils ne pourraient échapper qu'en prouvant leur droit de propriété. Ces questions seront plus tard l'objet d'un examen particulier.

66. *Restrictions au droit de passage, apportées par
les maires sur les chemins ruraux reconnus.* — Le devoir de l'administration est non-seulement de veiller à
ce que les chemins reconnus ne soient pas l'objet d'u-
surpations et de détériorations, mais la qualité de chemin public, constaté par cette reconnaissance, ne permet

pas à l'administration de restreindre la liberté de circulation sur ces voies par des motifs qui seraient d'intérêt privé. Ainsi un maire avait cru devoir interdire pendant quelque temps la circulation sur un chemin rural, dans la partie où il traversait certains champs de vignes. Le but de la mesure était de prévenir des maraudages que l'on pourrait commettre dans ces vignobles. Procès-verbal fut dressé contre une personne qui avait contrevenu à cette prohibition. La Cour de cassation déclara que le pouvoir des maires ne pouvait aller jusqu'à interdire aux citoyens l'exercice des droits que les lois leur accordent et spécialement la jouissance des sentiers publics qui traversent les propriétés sur lesquelles des récoltes existent (Cass., 14 janvier 1848, Schiltighem). Nous aurons, au surplus, à revenir plus tard sur le pouvoir des maires en ces matières.

§ 7. — Largeur des chemins, élargissement, rectification.

SOMMAIRE.

67. *Fixation de la largeur des chemins ruraux.* —
Les préfets, procédant à la reconnaissance des chemins
ruraux, doivent les maintenir dans leur largeur actuelle, sanctionner l'état où ils ont toujours été, et ils ne
peuvent ordonner leur élargissement comme ils en auraient le droit s'il s'agissait d'un chemin vicinal, c'est
dans ce dernier cas seulement qu'en ordonnant l'élargissement, ils peuvent attribuer aux chemins des portions de terrain appartenant aux riverains et nécessaires à l'élargissement. Les instructions ministérielles du
16 novembre 1839 le disent formellement et c'est dans
ce sens que se sont prononcées la jurisprudence et la
doctrine : Cour de cass. ch. crim. ; 7 juillet 1854 ,
Chambourdon ; C. d'Etat, 24 janvier, Denizet ; Cour de
cass. req., 9 décembre 1857, commune de Doullens ;
C. d'Etat, 2 septembre 1862, Chicard ; MM. Braff, n°
305 ; Herman, n° 914 ; Dalloz, n° 1323 ; Bost, n° 28 ;
Ad. Chauveau, *Journal de droit adm.*, t. III, p. 406,
t. IV, p. 400, t. X, p. 356, t. XI, p. 223 ; *Annales des
chemins vicinaux*, 2e partie, t. III, p. 144; *Ecole des
communes*, 1854, p. 101 ; Solon ; Dufour , t. III, p.
393, n° 400 ; Garnier, *Législ. et jurisp. nouvelles sur
les chemins*, p. 19 ; toutefois M. Serrigny a défendu l'o-
pinion contraire en se plaçant au point de vue spécial
de l'alignement, *Questions de droit adm.*, n° 87, p. 135
et suiv.

68. *Elargissement au moyen de l'alignement.* —
La citation de l'opinion de M. Serrigny à ce sujet nous
amène à dire immédiatement que dans notre opinion
l'administration ne peut pas faire indirectement, ce
qu'elle n'a pas le droit de faire directement, et que nous
ne croyons pas qu'elle puisse étendre la largeur d'un
chemin rural en enjoignant aux riverains qui veulent
clore leurs héritages longeant le chemin, de délaisser le
long de la voie une largeur de terrain déterminée. Et à
ce sujet nous pouvons nous appuyer sur l'arrêt de rejet
du 7 juillet 1854, intervenu dans l'affaire Chambourdon. Cette opinion est encore plus soutenable aujour-
d'hui depuis les derniers arrêts du Conseil relativement
aux pouvoirs de l'administration en matière d'alignement, lorsqu'il n'existe pas de plans généraux ; pouvoirs
dont l'étendue aurait été bien restreinte par ces décisions. Au surplus, l'examen de cette difficulté revien-
dra tout naturellement lorsque nous aurons à nous occuper de l'application des servitudes de voirie aux riverains des chemins ruraux.

69. *Elargissement au moyen du classement parmi
les chemins vicinaux.* — Si le chemin rural a une importance telle que sa largeur actuelle soit insuffisante,
l'administration a un moyen légal de donner satisfaction
à l'intérêt public en le classant parmi les chemins vicinaux. Après ce classement, en effet, le préfet pourra
étendre cette largeur, sauf aux intéressés à faire valoir
leurs droits à l'indemnité en laquelle se résout alors
leur droit de propriété.

70. *Compétence des tribunaux pour déterminer cette largeur.* — Il résulte de ce que je viens de dire qu'après l'arrêté de reconnaissance d'un chemin rural ou pendant l'enquête qui le précède, s'il s'élève des difficultés sur la fixation de la largeur et l'emplacement des limites de ce chemin, il faudra se pourvoir devant l'autorité judiciaire pour faire juger ces différents, parce qu'il s'agit de statuer sur une question de propriété, pour le jugement de laquelle les tribunaux civils sont seuls compétents; aux arrêts de la Cour de cassation que nous citions tantôt, on peut joindre dans ce sens, les arrêts des 23 juillet 1839 , de Chazournes ; 10 août 1840, Baume ; 5 janvier 1855, Villote ; 9 avril 1862, Dassier, etc. Et remarquons que cela doit être entendu en ce sens que non–seulement les préfets n'ont pas les pouvoirs suffisants, en fixant la largeur d'un chemin rural, d'étendre la largeur que ce chemin était reconnu avoir au moment de l'arrêté, mais encore qu'ils ne peuvent pas déterminer cette largeur alors que les limites étant incertaines et contestées, il s'agirait seulement de rechercher ces limites pour donner au chemin, non point la largeur qu'il devrait avoir pour les facilités des communications, mais la largeur réelle qu'il a d'après les titres, la possession en un mot, la réalité des choses ; c'est ce que la Cour de cassation a formellement jugé dans l'arrêt de rejet de la chambre des requêtes du 9 décembre 1857 et le conseil d'Etat a été aussi explicite dans sa décision du 24 janvier 1856, Denizet.

71. *Fixation de la largeur d'un chemin rural un*

*moment placé dans la classe des chemins vicinaux;
compétence.* — Au cas où l'arrêté de classement d'un
chemin comme chemin vicinal n'a pas reçu d'exécution, et a été suivi d'un arrêté de déclassement qui a
rangé ce chemin parmi les chemins ruraux; il a été jugé que sa largeur devait être déterminée par l'autorité
judiciaire, non par application de l'arrêté de classement,
qui doit être considéré comme non avenu, mais surtout
par application des autres documents fournis au procès. (Req., 9 décembre 1857, commune de Doullens).

72. *Bases à suivre pour la détermination de la largeur des chemins.* — Les juges civils, appelés à déterminer la largeur des chemins par la voie contentieuse
et entre les intéressés qui les investissent de la connaissance des difficultés existant entr'eux, peuvent prendre
pour base de leurs décisions toutes les justifications sur
lesquelles peut se fonder le droit de propriété. Ils peuvent notamment prendre pour point de départ dans
cette fixation un ancien règlement qui était devenu une
règle pour une province, par exemple pour la Provence, le règlement des consuls d'Aix du 6 septembre
1729, sur la largeur des chemins appelés alors voisinaux. (Rejet, 10 août 1840, Baume).

73. *Largeur d'après les usages et les règlements locaux.* — La largeur fixée par les usages et règlements
locaux en cas d'insuffisance des titres et documents devant fournir au juge une base de solution, comme nous
venons de l'indiquer, il pourrait être utile de recher-

cher ces usages et de les indiquer ; mais ce serait là une étude bien longue, et nous ne pourrions la faire que d'une manière incomplète et incertaine.

D'après Fournel, *Traité du voisinage*, t. 1, p. **287**, qui s'appuie sur les arrêts du parlement de Paris des 15 mai, 22 août 1786, 27 mars et 2 mai 1788, les chemins de traverse dans le ressort de ce parlement devaient avoir 24 pieds s'ils conduisaient d'une ville à un bourg ou à un endroit où il y avait foire et marché , autrement il ne prenaient que 18 pieds , non compris dans l'un et l'autre cas des fossés de 3 pieds de large sur 2 de profondeur.

D'après un auteur provençal, Cappeau, *Législation rurale et forestière*, t. 1, p. 672, la largeur de ces chemins doit être au maximun de 6 mètres, et pour cette détermination Cappeau s'appuie moins sur les coutumes locales que sur les lois des 9 ventôse an XIII (28 février 1805), article 6 et 28 février 1808, art. 7. Bomy, également pour la Provence, assigne aux anciens chemins vicinaux une largeur minimum de 2 cannes (4 mètres) franc de rives et il ajoute que ce qui manque de cette largeur est censé avoir été usurpé par les voisins et doit être restitué par eux. *Recueil de coutumes*, p. 8, ch. 8 ; *Jurispr. féodale*, 1re partie, tit. 6, sect. 16, p. 103.

Dans la partie de notre étude consacrée aux chemins privés, nous aurons à indiquer certains usages locaux au sujet des servitudes de passage et on pourra recourir aux indications que nous donnerons à ce sujet, si on croit qu'elles puissent être utiles pour déterminer dans certains cas la largeur des chemins ruraux.

74. *Diminution de la largeur des chemins ruraux par décision administrative.* — Dans toutes les matières, il faut savoir apprécier le véritable caractère des questions qui se présentent ; dès que la propriété est incertaine et qu'il s'agit de l'apprécier, les tribunaux civils sont compétents ; mais s'il ne s'agit que d'appréciations qui peuvent se faire au point de vue de l'intérêt public ou de l'administration communale, sans toucher aux questions de propriété, l'administration conserve toute sa liberté d'action, ses droits et ses pouvoirs. Ainsi nous disions tantôt : s'agit-il de déclarer s'il y a intérêt pour la commune à ce que tel chemin soit reconnu chemin public alors que personne n'en prétend être privativement propriétaire ou possesseur, c'est à l'administration à statuer. Nous ajoutons ici : s'agit-il de restreindre la trop grande largeur d'un chemin rural dont les limites ne sont pas contestées et dont l'entretien sur une semblable largeur ne peut être que ruineux et mal fait, le préfet a qualité pour déterminer, dans un intérêt de bonne administration financière et de voirie, les limites de ce chemin, ou soit la partie réservée au public qui sera seule entretenue, et la partie qui restera une propriété privée communale susceptible d'être aliénée. La Cour de cassation a consacré implicitement cette règle lorsqu'elle a dit dans son arrêt de cassation du **17** mars **1837**, dans l'affaire Menesson. « Attendu en droit que toutes les voies publiques de communication qui ne sont pas rangées dans la classe des chemins vicinaux continuent d'être comme ceux-ci la propriété des communes où elles existent ; *qu'elles doivent conserver leur an-*

c'enne largeur tant que le préfet , usant du pouvoir que lui donne à cet égard l'art. 6 de la loi du 9 ventôse an III, ne l'a pas réduite. »

75. *Bornage.* — Plusieurs conseils généraux ont demandé dans diverses sessions que l'administration municipale fut obligée de procéder au bornage des chemins ruraux pour les défendre d'une manière efficace contre les empiètements dont ils sont trop souvent l'objet. Je puis indiquer notamment les vœux émis dans ce sens dans la session de 1860 par le conseil général de la Haute-Vienne, et dans la session de 1861 par ceux du Loiret et de l'Yonne. Malheureusement ces opérations, destinées à prévenir des usurpations, donnent souvent naissance à un grand nombre de procès fort coûteux qui peuvent même compromettre des facilités dont jouissent des habitants à titre de tolérance, et on comprend les hésitations des administrations municipales comme celles de l'administration supérieure. Qu'on me permette de citer au sujet du bornage des chemins ruraux le passage suivant d'un article signé A. M. et inséré dans les annales des chemins vicinaux, 2ᵉ partie, tom. 3 pag. 153, parce que j'y trouve des indications qu'il serait sage et utile de suivre.

« Le bornage des chemins ruraux est une des mesures les plus propres à assurer la conservation du sol des voies publiques. Les maires , représentants légaux des communes, ont qualité pour procéder à cette opération. Il est de principe , en effet , que tout propriétaire peut exiger le bornage de sa propriété ; et les communes ont

vis-à-vis des riverains d'un chemin rural , les mêmes
droits que les propriétaires ont vis-à-vis d'elles. Nous ferons observer, toutefois, qu'il ne nous paraît pas nécessaire que les fonctionnaires municipaux procèdent au
bornage des chemins ruraux par la voie judiciaire, c'est-
à-dire qu'ils fassent sommation à tous les riverains, par
ministère d'huissier, d'assister à cette opération. Ce mode
de procéder pourrait entraîner des frais considérables à
raison du grand nombre de parties auxquelles sommation devrait être faite. Nous pensons qu'ils peuvent employer , dans ce cas, la forme administrative , c'est-à-
dire faire remettre à chaque riverain, par l'intermédiaire
du garde champêtre, l'invitation de se trouver tel jour,
à telle heure, sur tel chemin, pour y faire la délimitation
de la voie publique et de la propriété. Si quelques-uns
des propriétaires n'obtempèrent pas à cette invitation,
le maire n'en doit pas moins procéder à la plantation
des bornes indiquant les limites de la voie publique ; et
si, ultérieurement, ces propriétaires pensent que les bornes ont été mal plantées et qu'on a réuni au chemin des
portions de terrain qui leur appartiennent , ils feront
valoir leurs droits, ainsi qu'ils pourront le faire à l'égard
du sol du chemin tout entier. Mais dans cette dernière
hypothèse , la commune aura toujours le côté le plus
favorable puisqu'elle sera défenderesse. La conséquence nécessaire du droit réciproque des communes et des
riverains, en cette matière, c'est que les conseils municipaux peuvent voter les fonds nécessaires pour faire
face aux dépenses du bornage ; mais ces fonds doivent
être votés en dehors et en sus des ressources spéciales

créées par la loi du 21 mai 1836 , qui sont exclusivement applicables aux travaux des chemins vicinaux. »

Lorsque le bornage n'a pas lieu amiablement et d'un commun accord , l'action en bornage doit être portée devant les tribunaux. Req., 15 novembre 1831, Larché.

76. *Rectification.* — Lorsque la direction et la largeur d'un chemin rural ne sont point contestées, il peut être de l'intérêt de la commune et d'un des riverains que ce chemin soit rectifié sur la partie de son parcours où il touche ce riverain. Dans ce cas les parties étant d'accord , rien ne s'oppose à ce que cette rectification ait lieu en suivant toutefois, en ce qui concerne la commune , les formalités prescrites par la loi, qui exigent en pareil cas une délibération du conseil approuvée par le préfet.

A la suite de la demande qui avait été présentée par un particulier à l'effet d'obtenir l'autorisation de redresser un chemin rural qui longeait sa propriété , le maire de la commune avait fixé par un arrêté les conditions suivant lesquelles ce redressement devrait avoir lieu , et par un jugement qui se trouvait passé en force de chose jugée , l'autorité judiciaire avait condamné ce particulier à exécuter ce travail conformément aux prescriptions de cet arrêté. *Dans ces circonstances* il a été jugé que le propriétaire ne pouvait être admis à attaquer pour excès de pouvoir , soit l'arrêté du maire , en se fondant sur le défaut de concours du conseil municipal , soit la décision ministérielle qui avait rejeté son recours contre l'arrêté du maire. en se fondant sur ce que cette décision serait en contradiction avec une autre décision ministérielle rendue antérieurement. C. d'Etat, 20 juin 1865, de Morsan.

§ 8. — Dépendances des chemins ruraux.

77. *Dépendances des chemins ruraux.* — Je me suis occupé jusqu'ici des difficultés que peut faire naître la reconnaissance des chemins ruraux, la fixation de leur largeur, en un mot des questions de propriété qui peuvent être soulevées à l'occasion du sol même de ces chemins. Supposons l'existence de ces chemins légalement établie et leur reconnaissance comme chemins publics non contestée, et demandons-nous ce qu'il en sera de certaines difficultés qui peuvent encore être soulevées à l'occasion de quelques-unes de leurs dépendances.

78. *Murs, ponts, talus,* etc. — Les murs qui soutiennent les chemins, les talus qui leur servent d'acotement, les ponts sur lesquels ils traversent des cours d'eau ou des ravins sont les accessoires indispensables des chemins, ont été établis avec les chemins eux-mêmes et font partie d'une même propriété. Ce sont là des règles applicables à toutes les routes sans distinction. (Dalloz, n° 1352. Ainsi jugé pour les berges par arrêt de la ch. des requêtes du 3 mars 1846, Kerantem).

79. *Distinction en ce qui concerne les rives et talus.* — Toutefois, un chemin rural étant le plus souvent établi sans travaux d'art et à la suite d'un passage immémorial, il faudrait se garder de lui attribuer toujours, en dehors des terrains livrés à la circulation et qui primitivement ont été le plus souvent pris aux particuliers sans indemnité, des portions de terrain qui ne seraient pas des accessoires indispensables. Ainsi, pour l'établissement du chemin a-t-on établi un remblai, évidemment les rives ou talus de ce remblai seront une dépendance de la voie rurale et par suite la propriété de la commune, mais si le chemin est établi à l'extrémité d'un champ, le long d'une rive, cette rive, bien que soutenant le chemin, sera présumée une propriété privée. Il ne faut jamais perdre de vue, dans ces questions, l'origine des chemins ruraux et n'attribuer aux communes, en dehors de ce qui est indispensable à la destination du chemin, que ce qui est prouvé formellement être leur propriété.

80. *Terres en friche au pied des murs soutenant un*

chemin rural. — Il est des pays où l'on est dans l'habitude de laisser entre les murs de soutènement, placés sur la limite des héritages et la partie cultivée des champs voisins, une langue de terre en friche sur une largeur déterminée (règlement de 1757, art. 34, pour la Provence); ces précautions sont sages, puisquelles préviennent des éboulements, et dans le cas où il s'en présente, il ne peut y avoir aucune difficulté entre la commune et le riverain sur le point de savoir si la chute du mur est le résultat de la faute de ce dernier et le met dans le cas de faire les réparations nécessaires. Les propriétaires des champs bordant les murailles qui soutiennent les chemins feront bien d'observer cette règle. Mais si le mur soutenant une route vient à s'ébouler sur le fond adjacent sans qu'il y ait de la faute de la part du propriétaire de ce champ, la commune devra rétablir le mur et réparer le dommage causé. Proudhon *Domaine public* t. 2 n° 641.

81. *Murs de soutènement des terres riveraines.* — Les murs qui dominent les routes et servent à soutenir les terres qui leur sont supérieures sont, jusqu'à preuve contraire, la propriété des riverains, qui doivent veiller à leur entretien et à leur conservation. Cappeau *Législation rurale et forestière* t. 1, p. 673.

82. *Fossés.* — Les fossés qui bordent les chemins ruraux en font partie à titre de dépendance de ces voies, s'il résulte de l'inspection des lieux qu'ils ont été établis pour la conservation de ces chemins et non pour l'uti-

lité des fonds voisins. Cappeau, *Législation rurale et forestière* t. 1, p. 673.

La commune qui ferait creuser un fossé le long d'un chemin rural, devrait-elle laisser au-delà de l'arrête su_périeure du fossé, entre cette arrête et le fonds voisin, un terrain d'une largeur déterminée suivant les usages locaux ? L'affirmative est professée par Garnier (*Des chemins*, p. 319, 4ᵉ édition) et Dumay, sur Proudhon (t. 2, n° 478, p. 24), qui se fondent sur l'instruction ministérielle d'octobre 1824. Les usages locaux peuvent beaucoup influer sur la solution de la question ; mais ce qui ne me paraît pas admissible, et en cela je suis d'accord avec M. Dumay, c'est l'opinion de Garnier, qui prétend que l'obligation qui existerait dans ce cas pour la commune qui voudrait établir un fossé le long de son chemin n'existerait pas pour le riverain de ce chemin si c'était lui qui voulût établir un fossé, et que, par suite, il pourrait le placer immédiatement le long de ce chemin. Faut-il bien au moins admettre dans ce cas la réciprocité des obligations, et si l'on doit être moins exigeant pour quelqu'un, ce serait au contraire, selon moi, pour la commune dont la propriété publique mérite d'être sauvegardée à tous les points de vue.

83. *Arbres*. — Je ne m'occupe ici que des questions de propriété et non des servitudes ou charges qui, dans un intérêt public, peuvent être imposées sur la propriété privée ; je me préoccupe donc seulement de la propriété des arbres qui sont sur les chemins ruraux ou le long de ces voies.

En ce qui concerne la propriété des arbres radiqués, sinon sur le sol même du chemin, au moins dans les talus et dépendances, il faut faire une distinction entre ceux qui ont été plantés avant la loi du 26 juillet-5 août 1790 et ceux plantés ou qui ont crû spontanément depuis. Les premiers, d'après la loi du 28 août 1792, sont présumés appartenir aux riverains, et les communes ne peuvent les revendiquer qu'en justifiant de leur propriété par titre ou prescription.

Pour les seconds, il faudrait dire qu'aux termes des art. 550 et 555 du Code Napoléon, ils sont réputés propriétés des communes, et les riverains ne peuvent se les approprier qu'en établissant leurs droits.

Toutefois, il faut encore répéter ici ce que nous disions des talus, rives et vacants qui longent les chemins ruraux, et qui ne doivent être attribués qu'avec beaucoup de circonspection aux communes ; la même observation est en effet applicable aux arbres qui bordent ces chemins et sont plus ou moins radiqués directement sur leurs dépendances. Presque toujours il faudra considérer, comme appartenant aux propriétés riveraines , les arbres qui naissent le long des chemins ruraux. Généralement, ces chemins ont trop peu d'importance pour que les communes aient fait établir des plantations régulières sur leurs accottements, comme l'état l'a fait le long de quelques grandes routes. Lorsque de pareilles plantations existent sur les bords des chemins vicinaux, il est facile de reconnaître par les différences du mode de plantation , par les variations dans les distances, dans les essences, s'il ce sont les riverains qui les ont

établies. Quant aux arbres qui poussent naturellement,
surtout dans les terrains boisés et incultes traversés
par les chemins, il y a présomption de propriété en faveur des riverains ; car la commune ne détenant régulièrement, d'après la nature du terrain possédé, que
ce qui est nécessaire à sa destination, c'est-à-dire à la
circulation, n'est censée propriétaire que du terrain indispensable à cette destination, et les arbres ou arbus-
tes forestiers irrégulièrement venus et maintenus parce
qu'ils ne gênent pas la circulation, sont placés hors de
la propriété du chemin et font partie des héritages voisins sur lesquels se retrouvent les mêmes essences, les
mêmes natures de produits, et sur lesquels ces arbres se
nourrissent bien plus que sous le sol étroit et peu per-
méable d'un chemin public.

Au surplus, je ne puis à l'occasion de ces difficultés
que présenter des observations générales ; dans chaque
espèce, la vue des lieux, les actes de possession, les usa-
sages locaux, les circonstances particulières doivent im-
pressionner le juge et lui fournir la base de sa décision.
Des agents de l'administration forestière, dans un département du Midi, avaient conçu le projet de faire attribuer aux communes tous les arbres qui se trouvaient le
long de ces chemins. Ces arbres, d'essence forestière
qui s'étaient naturellement développés hors du sol destiné à la circulation, avaient été sans cesse considérés par
les propriétaires comme leur appartenant ; c'était même
à eux qu'on s'était adressé pour supprimer les branches
qui, avançant sur la voie publique, pouvaient gêner la
circulation ; ces propriétaires s'émurent des démarches

des agents forestiers, et sur leurs réclamations, la direction générale fit cesser ce zèle irréfléchi ; alors même que ces arbres eussent appartenu aux communes, à coup-sûr on n'a jamais eu l'idée de soumettre au régime forestier les chemins vicinaux qui traversent des propriétés privées, parce que le long de ces chemins se trouvent certains arbres d'essence forestière. La commune eût-elle été plus fondée, si elle avait agi directement ? Je ne le pense pas (voy. arrêt de Paris du 9 avril 1855).

Ajoutons qu'en cas de difficultés sur la propriété des arbres radiqués le long des chemins, c'est aux Tribunaux civils à statuer ; le Conseil d'Etat l'a reconnu, pour les chemins vicinaux notamment dans l'affaire *Dys*, jugée le 15 septembre 1831, et cette jurisprudence est incontestablement applicable aux chemins ruraux.

84. *Haies.* — Les haies, plantées le long d'un chemin rural, sont présumées être la propriété des riverains qui, ayant intérêt à défendre leurs champs et leurs récoltes contre ceux qui fréquentent ces chemins, sont ordinairement les auteurs de ces plantations ; que si exceptionnellement la commune venait elle-même à établir ces clôtures, elle pourrait en justifier.

85. *Alluvions.* — Quelquefois les chemins publics se trouvent établis le long d'un cours d'eau ; il peut dans ce cas se former successivement et d'une manière imperceptible, le long de leurs bords, des atterrissements et accroissements que l'on nomme alluvions ; à qui appartiendront ces alluvions ? Avant 1790, des

glossateurs et des arrêts attribuaient, dans ce cas, les at-
terrisssements des fleuves et rivières aux propriétaires
des fonds qui se trouvaient le long du chemin, du côté opposé à celui où coulait le cours d'eau. Voyez notamment Barthole *De fluminibus* lib. 1, p. 626 col. 1, et p.
628 col. 1. Vinnius, *de rer. div.* §22 ; Duperrier, quest.
not. liv. II quest. 3. Il ne peut plus en être de même
aujourd'hui en ce qui concerne les grandes routes et
les chemins vicinaux. L'art. 556 du Code Napoléon n'attribue les atterrissements et accroissements qu'aux riverains qui joignent immédiatement le fleuve ou la rivière ; l'Etat étant propriétaire des grandes routes,
comme les communes le sont des chemins vicinaux ,
c'est à eux qu'appartiennent les alluvions, lorsqu'elles
se forment le long des chemins qui longent immédiate-
ment·des cours d'eau. La Cour de cassation l'a ainsi
jugé notamment dans les arrêts des 12 décembre 1832,
commune de Roques, 16 février 1836, préfet du Loiret
et 26 avril 1843, Dugrivel ; Paris 2 juillet 1831, Labbé ;
Toulouse, 26 novembre 1832, Santous.

C'est également l'avis des auteurs, Daviel t. 1, n°
133 ; Chardon, *De l'alluvion* n° 159 ; Garnier, *Régime
des eaux* t. 1, n° 248 ; Proudhon, *Domaine public* n°
1271 ; Carou, *Actions possessoires* n° 179 ; Tardif et
Cohen sur Dubreuil *Législation des eaux* t. 1, n° 64 :
Taulier, *Théorie du Code civil*, t. 2, p. 277 ; Dumont,
Organisation des cours d'eau n° 58 p. 94 ; Demolombe,
t. x n° 46 p. 40 ; Dalloz n° 16, Massé et Vergé sur Za -
chariæ t. 2, p. 112 note 15.

Cette solution est applicable aux chemins ruraux ;

j'ai indiqué dès le début de cette étude qu'ils sont la propriété des communes, tandis qu'autrefois les auteurs ne considéraient ces chemins que comme des servitudes de passage qui ne déplaçaient pas la propriété, tout en modifiant considérablement l'usage de la chose. De cette propriété résulte aujourd'hui pour les communes l'obligation d'entretenir ces chemins, et lorsqu'ils sont le long des cours d'eau, de les défendre contre l'invasion des eaux, à charge, dans le cas contraire, d'acheter de nouveaux terrains pour établir une nouvelle voie. *Ubi onus ibi emolumentum ;* la qualité de propriétaire du sol du chemin rural doit faire attribuer à la commune la propriété de l'alluvion qui s'y annexe ; voilà la raison légale de décider ; l'obligation de défendre le chemin contre la rivière doit faire aussi attribuer à la commune les avantages qui résultent de ce voisinage ; c'est la raison d'équité qui conduit à la même solution. J'aurais, il est vrai, à reconnaître que l'organisation financière des communes leur permet rarement d'entretenir convenablement les chemins ruraux ; mais ces difficultés d'administration, ces questions de possibilité financière ne changent rien au droit en lui même, et nous savons que s'il résulte du défaut d'entretien de la voie un préjudice pour les riverains, la commune, propriétaire du chemin, sera tenue de la réparation du préjudice. Cour de cassation, 30 novembre 1858, Montenol.

§ 9. — **Dépens des contestations portées devant les tribunaux civils a l'occasion des chemins ruraux.**

86. *Les actions intentées par les communes ou contr'elles relativement aux chemins vicinaux doivent être jugées comme matières sommaires et urgentes.* — Nous avons dit que toutes les questions de propriété qui s'élèvent à l'occasion des chemins ruraux sont du domaine des tribunaux civils ; ajoutons en terminant pour clore cette partie de notre étude, que les dépens de toutes les actions civiles de quelque nature qu'elles soient, intentées par les communes ou contr'elles, relativement à leurs chemins vicinaux, doivent être jugées comme affaires sommaires et urgentes, et par suite être taxées comme en matière sommaire.

87. *Cette règle n'est pas applicable aux chemins ruraux.* — Cette règle établie par l'article 20 de la loi du 21 mai 1836 et que la Cour de Bourges a reconnu en 1840 serait applicable d'après elle et alors même que les chemins, à l'égard desquels le litige a existé, n'auraient pas été classés comme vicinaux : Bourges, 30 août 1843, Lallemand. Je dois cependant indiquer que M. Solon, *Code administratif,* p. 519, note, conteste cette application aux chemins ruraux, en soutenant qu'il s'agit dans ce cas d'une simple question de propriété privée, dans lequel les règles exceptionnelles de la loi de 1836 ne sont pas applicables. Je suis du même avis, s'il est vrai que la commune, en matière de chemins ruraux, n'agit point pour la défense d'un terrain qui rentre exclusivement dans le domaine de la propriété privée; il est incontestable, d'un autre côté, que pour donner aux affaires de cette nature le caractère d'affaires sommaires, il faut se fonder sur les travaux de la loi de 1836 qui n'a pour objet que les chemins vicinaux. Or, cette loi, pas plus en ce qui concerne les dépens que pour les autres cas, n'a eu pour but de régir les chemins ruraux qu'elle laisse sous l'empire du droit commun.

§ 10. — Mesures provisoires.

SOMMAIRE.

88. Mesures provisoires; compétence.

88. *Mesures provisoires; compétence.* — Nous avons eu plusieurs fois occasion de remarquer que les actes de l'autorité publique, portant reconnaissance des chemins ruraux, n'empêchaient pas les questions de propriété de se produire, et nous avons établi que lorsque ces questions sont vidées en faveur des riverains, cette reconnaissance restait sans effet, et le chemin conservait son caractère de propriété privée. Mais pendant procès l'autorité administrative peut-elle conserver provisoirement le chemin au public ?

Pendant longues années le conseil d'Etat a répondu affirmativement à cette question, tantôt en ordonnant lui-même au revendiquant de remettre les lieux en l'état primitif jusqu'au jugement du fond : 24 mars 1809, Proustau ; soit en reconnaissant le droit de l'ordonner, au conseil de préfecture : 11 avril 1810, Dupuis ; 18 août 1811, Robin ; au maire, 4 juin 1809, Chabrié ; ou au préfet, 16 mai 1810, Guyon ; 29 septembre 1810, Duchaume ; 13 janvier 1813, Beaufleury ; 18 juin 1821, Peterinck ; 16 février 1825, Presson ; 6 janvier 1830, Dupeyron ; tantôt en déclarant que la commune jusqu'à décision contraire devait rester en possession d'un chemin qu'elle prétendait être communal : 4 août 1812, Colonge ; 24 août 1812, Foucaud ; 18 mars 1813, Cazoni. L'arrêt de la Cour de cassation du 12 février 1834, Folliet, pouvait être invoqué en faveur de cette jurisprudence mais ; le conseil d'Etat par d'autres décisions et la Cour de cassation dans les arrêts les plus récents a refusé de reconnaître à l'autorité administrative le droit de prendre des mesures provisoires pour maintenir le public temporairement en jouissance du terrain contesté jusqu'à décision définitive. M. Dalloz, *Répertoire*, v° *voirie par terre*, n° 1451, dit qu'il préfère cette dernière solution. M. Herman, *Traité de voirie vicinale*, n° 935, sans partager cette préférence, dit : « Comme c'est l'autorité judiciaire qui est, en définitive, appelée à prononcer sur les contraventions de cette nature, nous croyons qu'il est prudent que l'autorité administrative s'abstienne de toute mesure provisoire qui pourrait être contredite par le jugement à intervenir ; il ne peut résulter de cette abstention un inconvénient bien grave pour les communications, puisqu'il ne s'agit que d'un chemin reconnu trop peu important pour être classé parmi les chemins vicinaux. »

Le maire n'aura donc d'autre voie à suivre que l'action devant les tribunaux, soit au possessoire, soit au pétitoire.

Il faut reconnaître que l'attente de la décision au fond pourra dans certains cas être très-préjudiciable à une agglomération plus ou moins grande d'habitants qui seront ainsi privés pendant assez longtemps de leurs moyens de communication, car on sait combien sont longs, au civil, les procès portant sur des questions de propriété, et qui en matière de chemins entraînent le plus souvent des descentes de juge, des rapports d'experts et des enquêtes.

Nous croyons que lorsque par une décision préfectorale un chemin aura été porté dans le tableau des chemins publics de la commune, le maire devra assurer la liberté de circulation sur ce chemin, jusqu'à ce qu'une décision de justice, faisant droit à l'exception élevée par l'habitant, ait paralysé l'effet de cet arrêté, et dans ce cas nous pensons que le maire a le droit de prendre toutes les mesures provisoires nécessaires, parce que la loi des 16-24 août 1790, non-seulement lui don-

ne le droit, mais lui impose le droit de veiller à la sûreté et à la commodité du passage sur toutes les voies
publiques. A cela on objecte que c'est la question par
la question et que la difficulté consiste toute entière à
savoir si le chemin ou le passage intercepté est public
ou non. A quoi je réponds : il est dans les attributions
de l'autorité administrative de reconnaître les choses
qui font partie du domaine public. Pas un tribunal ne
ferait une pareille reconnaissance si elle se présentait en
dehors d'une contestation judiciaire. Le préfet a donc
pu reconnaître la publicité du chemin, que les effets
de cette reconnaissance soient différents suivant qu'il
s'agira d'une grande route, d'un chemin vicinal ou d'un
chemin rural, soit ; mais jusqu'à ce que par voie d'exception une décision judiciaire l'ait rendue inefficace, elle
subsiste et elle doit être respectée. Entre une décision
de l'autorité compétente et une simple prétention d'un
administré, il ne me paraît pas que l'on puisse hésiter.
Je ne conçois pas pourquoi il en serait autrement si la
reconnaissance de publicité n'intervenait qu'au moment
où le trouble est apporté à la jouissance du public, les
pouvoirs et les attributions conférées à l'autorité administrative pour reconnaître les limites du domaine public général ou municipal sont ici les mêmes, et le droit
de surveillance sur la voirie rurale donné aux autorités
municipales par la loi de 1790 existe également. L'administration a donc suivant moi le droit de prescrire les
mesures provisoires pour assurer la libre circulation
sur les voies qu'elle reconnaît publiques, jusqu'à ce que
l'attribution de propriété à un tiers par les tribunaux

vienne détruire l'effet de cette déclaration de publicité. Ce droit, le maire l'a pour les chemins ruraux comme il l'a pour les moindres rues des plus petits villages, pour lesquelles on paraît cependant moins le lui contester, bien que la situation juridique soit la même.

Mais si le maire a ce droit comme le reconnaît M. Herman, *Traité de voirie vicinale*, n° 930, devra-t-il s'abstenir d'en user comme cet auteur le lui conseille, pour ne pas s'exposer à voir l'effet de son arrêté annulé par la décision judiciaire ? Je ne le pense pas. En ce qui concerne la déclaration de publicité, si cette crainte devait arrêter l'administration, elle ne devrait jamais la prononcer, car elle s'expose toujours à ce que sur un chemin d'une étendue plus ou moins grande un riverain puisse un jour revendiquer la propriété du sol occupé en tout ou partie par le chemin et s'il réussit, rendre illusoire la reconnaissance de publicité. En ce qui concerne l'arrêté ordonnant des mesures provisoires, l'administration n'a pas à redouter un échec, puisqu'elle ne prend une mesure qui n'aura de portée que jusqu'à décision judiciaire et qui dès-lors, au moment où cette décision interviendra, aura produit tout l'effet qu'on devait en obtenir; au surplus, si à ce point de vue l'objection devrait être acceptée, elle paralyserait toutes les procédures en référé, le juge de référé pouvant le plus souvent craindre que les mesures qu'il ordonne ne soient pas consacrées par le juge du fond.

Ce n'est pas que je veuille dire que le maire devra dans tous les cas faire cesser l'obstacle apporté par un riverain de chemin rural au passage exercé par les habitants, aux termes de l'article 3 du titre II de la loi du 16-24 août 1790, les maires ont le droit de prendre des arrêtés pour faire cesser sur-le-champ le dommage causé à la voie publique, s'ils estiment que l'urgence dont ils sont seuls les appréciateurs ne permet pas d'attendre que la justice ait prononcé. Dès-lors s'il n'y a aucune urgence à prendre des mesures préparatoires, ils devront s'abstenir, mais s'il y a urgence à empêcher que le sol d'un chemin déclaré public par l'autorité administrative soit défoncé, à ce qu'il soit intercepté par une construction, une barrière ou un fossé, etc., je pense que le maire pourra prendre un arrêté pour suspendre l'effet de ces entreprises, jusqu'à ce qu'il ait été statué par l'autorité compétente. C'est là une opinion que je soutiens d'autant plus volontiers que je la crois aussi légale en principe qu'utile et sage dans la pratique.

SECTION II. — **Régime des propriétés riveraines**.

SOMMAIRE.

89. Objet de cette section.

89. *Objet de cette section.* — Les riverains des voies publiques ont été soumis, dans un intérêt public, à de nombreuses charges que j'ai exposées, au point de vue des grandes routes et des chemins vicinaux, dans un traité spécial (*Servitudes de voirie*, 1855, 2 vol.). J'ai à me demander ici quelles sont celles de ces charges qui sont applicables aux riverains des chemins ruraux.

§ 1. — Constructions, alignement, permission de construire et réparer.

SOMMAIRE.

90. *De la nécessité de rapporter une autorisation préalable, et l'alignement; état de la question avant la* *loi de* 1836. — Une des plus importantes de ces charges est l'obligation de rapporter une autorisation préalable, lorsqu'on veut construire le long des voies publiques ; cette obligation pèse-t-elle sur les riverains des chemins ruraux ? Avant la loi de 1836 sur les chemins vicinaux, la question s'était présentée pour ces chemins ; elle était très controversée ; nombre de décisions du Conseil et d'arrêts de la Cour de cassation , notamment les arrêts des 14 septembre 1827 et 1er février 1833 , se fondant sur le principe qu'il est de droit public en France qu'aucune construction ne peut être légalement entreprise sur ou joignant immédiatement la voie publique qu'après avoir demandé et obtenu à cet effet l'autorisation du fonctionnaire compétent, soutenaient que les riverains des chemins vicinaux étaient tenus de se munir d'une autorisation pour construire le long de ces voies ; des auteurs partageaient cet avis ; d'autres soutenaient que cette obligation n'existait que dans les communes ou une prescription de l'autorité locale l'avait spécialement établie.

91. *État de la question en ce qui concerne actuellement les chemins ruraux.* — L'article 11 de la loi de 1836 a sanctionné l'existence de cette obligation à l'égard des chemins vicinaux ; mais la question subsiste entière pour les chemins ruraux. Peut-être devrait-on suivre le principe général que posait la Cour de cassation dans l'arrêt du 1er février 1833, Boudrel, que j'indiquais tantôt.

Le chemin rural est un chemin public, et à ce titre

8

la servitude d'alignement semble devoir être appliquée aux riverains. C'est l'opinion de MM. Jousselin, *Servitudes d'utilité publique*, t. 2, p. 425 ; Foucart, t. 3, n° 1355; Serrigny, *Questions de droit adm.*, p. 133, n° 85 ; Proudhon, *Dom. public*, t. 2, n° 583 ; Herman , *Traité de voirie vic.*, n° 940, et les dissertations insérées dans *le Courrier des communes*, année 1841, pag. 321 et suiv., les *Annales des chemins vicinaux*, 2ᵉ partie, t. 3, p. 150.

Je ne puis admettre, avec certains auteurs, que dans ce cas l'application de la servitude d'alignement puisse avoir pour résultat possible d'augmenter la largeur de la voie rurale en empiétant sur les propriétés privées , ce que j'aurai à faire remarquer de nouveau ; mais elle aura pour but et pour résultat de préserver ces voies contre les usurpations et les empiètements. Ce sera même un acte de prudence de la part du riverain de s'y soumettre, puisque dans le cas où il bâtirait sans autorisation, il pourrait, en empiétant de bonne foi sur le sol d'un chemin rural dont les limites ne sont pas nettement tracées, s'exposer à voir démolir ses constructions, si cet empiètement venait à être ensuite constaté. Cass., 25 mai 1849, Rousseau.

Je dois reconnaître que la Cour de cassation qui, dans plusieurs arrêts, et notamment par celui du 22 février 1839, Crepin, avait décidé que la prohibition de construire sans autorisation était applicable à tous riverains joignant une voie publique quelconque, a modifié depuis sa jurisprudence et en a restreint l'application, et de nos jours il a été décidé nombre de fois par elle que les ri-

verains des chemins ruraux n'étaient pas soumis à l'obligation de demander l'autorisation préalable de construire en vertu des règles générales de notre droit et en
l'absence de tout règlement administrtif local. Ch. crim.,
4 juillet 1857, Guerin ; 21 janvier 1859, Claudon ; 11
janvier 1862, de Turenne ; 20 février 1862 , Martin ;
19 juillet 1862, Laux ; 14 février 1863 , Poulain ; 17
juillet 1863, Raffard ; 2 mars 1865, Michaux ; 17 août
1865, Lallemand. Dans le même sens Braff , n° 316 ;
Chauveau, *Journal de droit adm.*, t. 5, p. 207, t. 6, p.
163, t. 11, p. 225 ; Lagarde, *Moniteur des trib.*, 1859,
p. 25. La même question va se reproduire au sujet des
plantations.

92. *L'obligation existe toutes les fois qu'un arrêté
municipal l'a imposée.* — Mais si la servitude d'alignement, soit en ce qui concerne l'obligation de demander
l'autorisation de construire, soit en ce qui concerne l'o-
bligation de rapporter l'alignement , n'existe pas pour
les riverains des chemins ruraux par la force seule des
règlements généraux , elle peut être imposée par les
maires au moyen d'arrêtés spéciaux.

La légalité de pareils actes semble aujourd'hui reconnue par tous : C. de cass., 10 juin 1843 , Des Cottes
Marcy ; 21 décembre 1844, Carrière ; 12 janvier 1856,
Blaise ; 25 juillet 1856, Nadaud Beaupré ; 21 janvier
1859 , Claudon ; 7 juillet 1860, Duplessis ; 11 janvier
1862, de Turenne ; 20 février 1862, Martin ; 19 juillet
1862, Laux ; 14 février 1863, Poulain ; 2 mars 1865,
Michaux ; 17 août 1865, Lallemand.

MM. Braff, n° 316 ; Chauveau Ad., *Journal du droit adm.*, t. 3, p. 402, t. 5, 207, et t. 6, p. 162 ; Lagarde, *Moniteur des trib.*, 1859, p. 45 : Foucart, 3, n° 1355; Solon, *Chemins vic.*, p. 86 ; Jousselin, t. 2, p. 425.

Tout en admettant que l'obligation de demander l'alignement existe même en l'absence d'un arrêté, M. Serrigny, *Questions de droit adm.*. p. 134, n° 87, dit: « Du reste, pour lever le doute, il est convenable que le maire, dans chaque commune, prenne un arrêté règlementaire à l'effet d'interdire aux riverains de construire le long de ces chemins ruraux sans avoir préalablement demandé et obtenu la permission. »

93. *Cette obligation peut-elle être imposée par un arrêté préfectoral ?* — M. Adolphe Chauveau, *Journal de droit adm.*, t. 5, p. 207, et t. 6, p. 163, cite un arrêté du préfet de Vaucluse, à la date du 26 mai 1856 qui, dans ce département, défend de faire aucune construction ou plantation le long des rues, promenades et chemins simplement communaux, sans qu'au préalable le riverain ne se soit pourvu auprès de l'administration municipale d'une autorisation écrite d'alignement, sauf recours devant le préfet. D'après M. Chauveau cet arrêté s'appliquant à tout le département, est légal et il faut bien procéder ainsi quand on ne peut vaincre autrement la négligence l'incurie et des administrations municipales.

La jurisprudence de la Cour de cassation reconnaît aux préfets le droit de prendre des arrêtés de police prescrivant des mesures de sûreté générale et de sécu-

rité publique pour toutes les communes du département.
Ce droit dérive de la nature de leurs pouvoirs , et je
crois qu'il s'étend en effet aux matières qui nous occupent , tant qu'ils conservent le caractère de généralité
d'application que présente l'arrêté du préfet de Vaucluse.

94. *Elle existe lorsqu'un arrêté municipal contient
une défense générale de construire sans autorisation.*
— Il a été jugé que l'arrêté qui porte la défense de
construire sans autorisation préalable le long des chemins vicinaux, rues, places, et autres voies publiques ,
comprend dans ses prescriptions les chemins ruraux.

95. *C'est au maire à donner la permission de bâtir
et l'alignement.* — Je ne vais point entrer ici dans
l'examen de toutes les questions concernant les alignements et permissions de voirie ; il est cependant certaines règles dont il est nécessaire d'indiquer l'application dans les matières qui nous occupent. Ainsi il faut
tenir que c'est aux maires de donner les alignements et
permissions de bâtir le long des chemins ruraux. Ici s'applique en effet dans toute sa vérité la règle posée par le
président Henrion de Pansey, *Du pouvoir municipal*,
chap. 8, *Chaque maire est voyer dans sa commune.*

Ils ne peuvent dès lors être donnés par le préfet, à
moins de refus du maire de statuer, refus régulièrement
constaté , comme il est dit en l'article 15 de la loi du
18 juillet 1837.

Ils ne peuvent être donnés par le conseil de préfecture

ni par un agent voyer; un adjoint et un conseiller municipal n'ont qualité qu'en cas d'empêchement ou d'absence du maire ou en cas de délégation.

J'ai examiné avec beaucoup de détails ces questions
dans mon travail sur les *Servitudes de voirie*, tom. 1.
Je ne puis reproduire ici les développements auxquels
a donné lieu leur examen de ces questions.

96. *Recours contre la décision du maire.* — Le recours contre la décision du maire doit, le cas échéant,
être portée devant le préfet : c'est la conséquence de
notre organisation administrative en France. La loi du
18 juillet 1837 a sanctionné au besoin ce droit dans les
articles 9 et 10, § 1. Il peut être formé par le demandeur en alignement, par des tiers et par le maire lui-
même.

Ce recours ne peut être porté devant le conseil de
préfecture, ni devant les tribunaux. Toutefois, sur ce
dernier point, nous verrons bientôt que l'arrêté pourrait
être indirectement réformé par l'autorité judiciaire, si
le maire, en le prenant, avait dépassé les limites des
pouvoirs que la jurisprudence semble réduire en ce qui
concerne l'application de l'alignement aux chemins
ruraux.

La décision du préfet peut être déférée au ministre.

Le développement et la justification des règles que
nous venons de poser, se trouvent dans les numéros 60
et suivants de nos études sur les *Servitudes de voirie*,
tom. 1.

97. *Formalités à remplir pour obtenir l'autorisation.* — Il résulte de l'examen que nous avons fait ailleurs, *Servitudes de voirie*, t. 1, p. 130 et suivantes, numéros 63 à 94, des diverses questions concernant les formalités à remplir pour obtenir l'alignement et la permission de construire :

1° Que l'autorisation peut être demandée par les propriétaires, architectes et ouvriers ;

2° Que la demande doit être faite par écrit, et indiquer suffisamment la nature des constructions à élever et préciser le lieu où on se propose de les édifier ;

3° Être écrite sur papier timbré ;

4° Que les autorisations doivent être formelles et données par écrit, emplacées au besoin par un agent de l'administration , sans qu'il soit besoin qu'elles soient signifiées ;

5° Qu'elles doivent être généralement sans réserves, ni conditions particulières ;

6° Qu'elles sont valables pour un an, en ce sens que les travaux doivent être commencés dans l'année de la délivrance de l'alignement ;

7° Que la bonne foi ne peut suppléer à l'autorisation;

8° Qu'il est utile, dès que les constructions sont commencées, qu'un agent de l'administration vienne s'assurer si on s'est conformé à l'autorisation obtenue au moyen d'un recolement.

98. *L'autorisation doit être donnée par écrit.* — L'autorisation doit être donnée sous forme d'arrêté, de décision administrative, d'acte administratif, peu importe ; mais comme nous venons de le dire, elle ne peut être ni tacite ni verbale, cela a été décidé nombre de fois en matière de grande voirie et de voirie urbaine. Les rédacteurs des *Annales des chemins vicinaux*, 2e partie, t. 3, p. 151, font observer que cette obligation est spécialement applicable aux chemins ruraux, et ils ajoutent que le propriétaire riverain d'un de ces chemins, qui aurait commencé ses constructions sans être muni d'une autorisation écrite, serait exposé à des poursuites.

Cela a été formellement jugé par arrêt de la cassation de la chambre criminelle, à l'encontre de M. de Suze qui, riverain du chemin rural n° 2 de la commune de Mur-de-Barrez, avait commencé des constructions en vertu d'une autorisation verbale. « Attendu, porte l'arrêt, que l'article 3 du règlement municipal défend aux riverains d'établir ou réparer aucune clôture sur les chemins ruraux sans demander l'alignement au maire, ce qui implique l'obligation de ne commencer les travaux qu'après l'avoir obtenue ; attendu que les alignements ne peuvent être vablement donnés que par écrit ; qu'un alignement verbal est sans valeur juridique ; que cependant il résulte des explications du prévenu, insérées au procès-verbal dont copie lui a été notifiée avec l'exploit d'assignation, qu'il a commencé la reconstruction d'un mur de clôture le long du chemin rural n° 6 sur un simple alignement verbal, dont le sens a été depuis le sujet d'une controverse entre les parties, et qu'il l'a continuée pendant trois semaines avant qu'intervint l'alignement écrit, lequel n'a été donné que le 29 avril 1862 ; qu'en procédant ainsi, de Suze a contrevenu à l'article 3 de l'arrêté réglementaire du 10 avril 1851 et encouru la peine de l'article 471, n° 15 du code pénal et que le juge de police a commis une violation de ces articles en prononçant un acquittement, casse, etc. »

99. *Il faut l'avoir obtenue avant de commencer les travaux.* — Et maintenant est-il nécessaire d'ajouter qu'il ne suffit pas d'avoir demandé l'autorisation, mais qu'il faut l'avoir obtenue avant de commencer les travaux pour ne pas commettre une contravention ? En matière de grande voirie et de voirie urbaine, l'affirmative ne peut faire doute, voyez : cons. d'Etat, 20 juillet 1832, Lara; 20 juillet 1832, Denis; 18 janvier 1845, Lordonné. Les anciens règlements sur la voirie actuellement en vigueur punissent en effet non point ceux qui construisent sans avoir demandé l'autorisation, mais *sans en avoir obtenu* les alignements et autorisations; déclaration du 10 avril 1782, arrêt du conseil du 27 février 1765. Si en matière de chemins ruraux le doute est permis, c'est que d'après la jurisprudence, les auteurs et même la circulaire de l'intérieur du 16 novembre 1839, « l'action de l'autorité administrative en ce qui concerne les chemins ruraux, n'est à peu près que préventive, c'est-à-dire qu'elle a pour objet de les défendre contre les anticipations et les dégradations. » Dans aucun cas, comme nous le verrons bientôt, l'administration ne peut par voie d'alignement augmenter la largeur de la voie publique ni la rectifier, dès-lors il semblerait qu'en ces matières il pourrait suffire que

l'administration fût avertie des projets de construction
pour veiller à ce que des anticipations n'aient pas lieu
sur la voie publique ; toutefois la Cour de cassation
dans l'arrêt du 23 janvier 1864, que nous rapportions
dans le numéro précédent, dit avec beaucoup de raison que le règlement qui défend aux riverains de faire
aucune construction sur les chemins ruraux, sans demander l'alignement au maire, implique l'obligation de
ne commencer les travaux qu'après l'avoir obtenu. Et
cette jurisprudence nous paraît aussi légale que sage
dans la pratique.

100. *L'alignement donné par le maire ne peut attribuer au chemin une largeur plus grande que l'étendue de la propriété communale.* -- En donnant l'alignement, les maires doivent s'arrêter aux limites ac-
tuelles de la voie publique qu'ils sont chargés de défendre contre toute usurpation ; mais ils ne peuvent forcer
les riverains à s'établir en arrière de ces limites pour
donner une plus grande largeur au chemin. C'est ce
qui résulte de l'ensemble des règles que nous avons posées concernant le régime des chemins ruraux. Ce principe est généralement admis par la jurisprudence et les
auteurs, comme cela résulte des indications données
dans le numéro qui suit. Par conséquent, le propriétaire que l'alignement donné obligerait à abandonner une
partie de la propriété à la voie publique, pourrait ne
pas en tenir compte et s'établir sur la limite de sa propriété, surtout si aucun arrêté spécial ne lui prescrivant de demander la permission de bâtir, il n'avait fait

sa demande que pour faire fixer d'une manière certaine la largeur reconnue du chemin devant sa propriété.
La demande d'alignement librement formée par le propriétaire, dans ce cas ne peut être considérée comme
un engagement de céder à la commune une partie de
son terrain, et l'arrêté du maire n'a pu légalement lui
en imposer l'obligation (rejet, ch. crim., 17 juillet 1863,
Raffard).

101. *Plans d'alignement*: *ils ne peuvent attribuer
à la voie publique des parcelles dépendant de la propriété privée.* — M. R. de Raze dans son travail sur
la propriété des chemins ruraux, p. 44 et suivants,
s'exprime ainsi au sujet des plans des chemins ruraux :

« Pour couronner cette organisation de la viabilité
rurale, pour sauvegarder les chemins, en maintenir à
tout jamais l'existence, la largeur, l'emplacement et la
direction, il devenait indispensable d'en fixer invaria-
blement, avec la propriété privée, les limites séparati-
ves que celle-ci ne pourrait jamais dépasser, en un
mot d'en arrêter l'alignement.

« Cet alignement fixé par l'autorité, en vertu des
pouvoirs à elle confiés par la loi, non-seulement en ce
qui concerne les rues et places dépendant de la voirie
urbaine, mais encore et aussi les chemins de toute espèce composant la voirie rurale, sanctionnés par la jurisprudence, enseignés par la doctrine, consiste en un
plan géométrique, figurant et cotant mathématiquement
les chemins et leurs limites par deux lignes parallèles à
leur axe.

« L'alignement figuré par ce plan est soumis d'abord au conseil municipal, qui l'examine comme ensemble. Le projet détaillé livré à une enquête régulière, reste déposé pendant quinze jours à la mairie et mis à la disposition des intéressés, prévenus à cet effet par les moyens accoutumés de publicité. A l'expiration de ce délai, un commissaire reçoit pendant trois jours les observations, réclamations et oppositions qui peuvent être faites.

« L'enquête close, le maire soumet les projets, les pièces à l'appui et les oppositions aux délibérations du conseil municipal.

« Le travail et l'instruction terminés dans la commune, les pièces sont adressées au préfet qui les approuve et en retourne, pour être déposée dans les archives de la commune, une copie officielle.

« Ces formalités préliminaires accomplies, il est pris par le maire, en ce qui concerne les chemins ruraux, un arrêté qui rend cet alignement définitif et obligatoire.

« Les parties intéressées ayant eu le droit et la possibilité de réclamer pendant le cours de chacune des opérations de l'établissement du cadastre, du tableau des chemins et du plan d'alignement, avant et même après leur clôture, pendant le délai imparti qui en a suivi le dépôt, il est de toute évidence que si elles ne l'ont pas fait, c'est parce qu'elles leur ont sciemment, volontairement donné leur consentement et leur approbation. »

J'ai cité ces lignes pour indiquer les formalités à remplir si une commune voulait faire arrêter le plan d'alignement de ses chemins ruraux, ce qui, il faut bien le reconnaître, se présente très-rarement ; mais plusieurs principes énoncés dans la citation en dehors des formalités à remplir sont formellement en désaccord avec la jurisprudence et la plupart des auteurs.

Ainsi la Cour de cassation décide journellement que les autorités administratives, dans l'alignement des chemins ruraux, ne peuvent attribuer à la voie publique que la largeur qu'elle doit avoir d'après ses limites vraies et certaines, sans pouvoir attribuer à cette voie des terrains appartenant à des riverains, ces terrains fussent-ils nécessaires pour faire disparaître les plis et coudes ou donner à la voie une largeur indispensable aux besoins de la circulation : C. de cass. ch. crim., 7 juillet 1854, Chambourdon ; 11 janvier 1862, de Turenne ; C. d'Etat, 2 septembre 1862, Chicard ; cass. ch. crim. 17 juillet 1863, Raffard ; 23 janvier 1864, de Suze. Cet avis, repoussé par M. Serrigny, *Questions de droit adm.*, n⁰ˢ 85 et suiv., p. 133 et suiv., est accepté par Chauveau Ad., *Journal de droit adm.*, t. 11, p. 225 ; Herman, *Voirie vicinale*, n⁰ˢ 914 et 941 ; par les rédacteurs des *Annales des chem. vic.*, 2ᵉ partie, t. 3, page, 151.

102. *L'autorisation préalable est-elle nécessaire pour exécuter de simples réparations à des constructions existantes ?* — Du moment que l'on reconnaît que l'obligation de demander l'alignement le long des chemins ruraux ne peut être imposée aux propriétaires riverains qu'afin de prévenir des anticipations, et qu'on

ne pourrait obliger ces propriétaires à reculer leurs constructions, il est évident qu'on ne peut défendre aux riverains de faire aux constructions existantes toutes les réparations qu'ils entendent y faire, même celles réputées confortatives, pourvu qu'il ne s'agisse pas d'additions aux constructions anciennes dépassant la ligne des constructions existantes et empiétant sur la voie publique. Il semble dès lors inutile de se pourvoir d'une autorisation préalable lorsqu'il s'agit de faire de simples réparations d'entretien ou de consolidation à d'anciennes constructions placées le long des chemins ruraux ; toutefois, comme les maires ont le droit de soumettre les riverains à l'obligation de réclamer ces autorisations, si un arrêté municipal existe et que le riverain ne s'y soit pas soumis, il pourrait encourir une peine, et il doit dès lors présenter sa demande et attendre la réponse avant de commencer ses travaux. Cela a été jugé, implicitement au moins, dans ce sens, par divers arrêts de la chambre criminelle, 11 janvier 1862, de Turenne, et le 23 janvier 1864, de Suze, pour ne citer que deux décisions récentes.

§ 2. — Plantations.

SOMMAIRE.

103. Autorisation préalable.
104. Pourvoi contre les arrêtés des maires.
105. La défense de planter sans autorisation ne s'applique pas à l'établissement de simples poteaux.

103. *Autorisation préalable.* — Ici, comme en matière de constructions, on tient qu'il n'est pas défendu de planter le long des chemins ruraux sans en avoir demandé l'autorisation, s'il n'existe pas d'arrêtés spé- ciaux enjoignant de se soumettre à cette formalité, C. de cass., ch. crim., 12 janv. 1856, Blaise ; 25 juillet 1856, Nadaud Beaupré ; 20 février 1862, Martin ; 17 août 1865, Lallemand. C'est admettre implicitement que la contravention existerait si on avait fait des plantations le long des chemins ruraux sans avoir demandé préalablement l'autorisation, alors qu'un arrêté municipal l'aurait ordonné et reconnaître à l'autorité municipale le droit de prendre un pareil arrêté.

104. *Pourvoi contre les arrêtés des maires.* — Bornons-nous à rappeler ici que le pourvoi contre les arrêtés des maires, pris en ces matières, doit être porté du maire au préfet et du préfet au ministre, lorsqu'on se

croit fondé à en demander le retrait ou la modification,
à moins que ces arrêtés ne contiennent des excès de pouvoir. Dans ce cas le recours contentieux administratif
est permis, et si la contestation est portée devant les
tribunaux civils, ceux-ci doivent ne pas s'y arrêter. Ce
sont là des principes généraux sur les attributions et
les pouvoirs des maires que nous indiquons sans les dé-
velopper, ne perdant pas de vue l'objet spécial de cette
étude.

105. *La défense de planter sans autorisation, ne
s'applique pas à l'établissement de simples poteaux.* —
Il a été jugé, le 17 août 1865, par la chambre criminelle de la Cour de cassation, dans l'affaire Lallemand,
que la défense édictée par un arrêté municipal de faire
des plantations sans autorisation le long des chemins ruraux, ne pouvait atteindre l'établissement de poteaux
placés par un riverain le long de ces chemins.

106. *Recepage et élagage.* — « Un obstacle qui
nuit souvent à la liberté du passage sur les chemins ruraux, portent les instructions ministérielles du 19 novembre 1839, est celui résultant de l'excroissance des
haies et des arbres plantés le long de ces chemins ; et
les maires ont toujours le droit et le devoir d'y pourvoir, car cela rentre dans la série des mesures que la loi
des 16-24 août 1790 les autorise à prendre pour assurer la sûreté et la commodité du passage sur les voies
publiques.... En conséquence, si les racines des plantations faites le long des chemins ruraux anticipent sur

le sol de ces chemins de manière à gêner la circulation, ou même à restreindre graduellement leur largeur , les maires peuvent et doivent prendre un arrêté pour ordonner le recepage de ces racines. De même si le branchage des haies ou des arbres, en s'avançant au dessus des chemins ruraux , fait obstacle au libre passage des voitures, les maires doivent en ordonner l'élagage. Le refus d'obtempérer à ces arrêtés serait constaté par procès-verbal et déféré au tribunal de simple police... »

Ces instructions indiquent suffisamment combien l'élagage et le recepage est nécessaire pour assurer la libre circulation sur les voies rurales, et nous ne sommes pas étonnés que des conseils généraux , dans plusieurs de leurs sessions , aient attiré sur ce point l'attention de l'autorité.

107. *Droit pour les maires de l'ordonner.* — Le maire a donc le droit et même le devoir, ajoute l'instruction ministérielle que nous venons de citer , de prendre des arrêtés pour ordonner l'élagage et le recepage des haies et arbres bordant les chemins ruraux et pouvant nuire à leur viabilité. C'est également l'avis des auteurs , parmi lesquels j'indique **MM.** Bost , nos 82 et 145 ; Dalloz, vo *Voirie par terre*, no 1370; *Annales des ch. vic.*, 2e part., t. 3, p. 152 ; la jurisprudence de la Cour de cassation s'est prononcée dans le même sens, ch. crim. rej. 2 janv. 1857, Benoit.

108. *Pas de contravention sans l'existence d'un arrêté municipal qui l'ordonne.* — Bien que d'après

9

les lois il soit défendu d'une manière générale d'encombrer les voies publiques et d'y rien faire qui entrave la circulation, on tient cependant que la gêne qui résulterait de l'excroissance des arbres plantés sur les bords d'un chemin rural, ou du développement de leur branche, n'engagerait pas assez directement le fait de l'homme pour motiver une poursuite contre le riverain, et on exige qu'il existe un arrêté préalable qui ordonne le recepage et l'élagage pour qu'il puisse être poursuivi s'il refuse d'obtempérer à cet arrêté. Bost, n° 82 ; Dalloz, n° 1368 et 1370. Ch. crim. rejet, 2 janvier 1857, Benoit.

109. *Les maires peuvent-ils prendre des arrêtés permanents en ces matières ?* — Les instructions ministérielles du 16 novembre 1839, au sujet des arrêtés pris par les maires pour le recepage et l'élagage des arbres bordant les chemins ruraux, portent : « Cet arrêté étant permanent, devrait être soumis, pour être exécutoire, aux formes prescrites par l'art. 11 de la loi du 18 juillet 1837. » — Les rédacteurs des *Annales des chemins vicinaux* pensent au contraire que le maire ne peut pas prendre en ces matières d'arrêtés permanents, qu'il ne peut prendre que des arrêtés spéciaux au moment où le mal se produit et est signalé, sans que ces arrêtés puissent avoir un caractère de permanence, t. 3, p. 152, et t. 7, p. 206. Il n'y aurait, suivant eux, d'exception à cette règle générale que dans le cas où il existerait dans le département, comme dans l'ancienne province de Normandie, par exemple, d'anciens règlements relatifs

aux plantations. M. Ad. Chauveau, *Journal de droit ad.*,
t. 5, p. 207, et t. 6, p. 162, admet au contraire la légalité d'un arrêté permanent pour l'élagage et le recepage. La matière est incontestablement de la compétence des maires, et leur pouvoir étant , en matière de
police , un pouvoir préventif et de règlementation
bien plus que de répression, il est aussi bien plus
légal qu'ils l'exercent d'une manière générale par des
défenses qui préviennent les inconvénients auxquels les
mesures prises doivent parer, que par des arrêtés pris
pour empêcher que les faits fâcheux pour la viabilité
publique se perpétuent lorsqu'ils se sont déjà produits.

110. *Exceptions de propriété.* — S'il est enjoint par
un arrêté municipal à des riverains d'un chemin, d'élaguer et receper les plantations faites le long de ce chemin, ceux-ci peuvent refuser d'obtempérer à cet arrêté
s'ils se prétendent propriétaires du chemin et qu'ils lui
contestent le caractère rural et communal à charge bien
entendu, de faire juger le bien fondé de leurs prétentions. Ch. crim. 10 octobre 1856, Dujonhamel; ch. civ.
cass. 13 décembre 1864, Aubier. Nous aurons d'ailleurs,
à indiquer ces diverses questions lorsque nous nous oc-
cuperons de la repression des contraventions, et les
exceptions que peut faire naître les poursuites de ces
contraventions.

111. *Réglementation des plantations, essences, distance de la voie publique.* — M. Herman *Voirie vicinale* nᵛ 939, et les rédacteurs des annales des chemins

vicinaux 2ᵉ partie t. 3, p. 152 et t. 7 p. 206 soutiennent que l'autorité administrative ne peut, à moins qu'il n'existe d'anciens réglements ou des usages locaux, rien prescrire quant à la distance des plantations, ni quant à l'espacement des arbres. Cette opinion semble s'appuyer implicitement sur la circulaire ministérielle du 16 novembre 1839. J'avais adopté l'opinion contraire dans la première édition, et j'y persiste aujourd'hui. En effet depuis, M. Dalloz nous semble avoir dit avec beaucoup de raison vᵒ *Voirie par terre* nᵒ 1369 : « les plantations rapprochées des chemins peuvent nuire considérablement à son état de viabilité en y entretenant une humidité constante. Or, l'autorité municipale, en ordonnant de faire ces plantations à une certaine distance du chemin prescrit une mesure destinée à contribuer au bon état de la voie, et par conséquent, ne fait à notre avis, que remplir la mission qui lui a été confiée de veiller à la sûreté et à la commodité du passage sur les voies publiques. D'ailleurs, la commune peut, en cas d'impraticabilité du chemin, être déclarée responsable du dommage causé aux propriétés riveraines par les voyageurs qui sont obligés de s'y frayer un passage, il est donc juste de lui reconnaître le droit de faire disparaitre ou au moins diminuer la cause qui tend à augmenter et à prolonger l'impraticabilité. « Aussi, l'avis de M. Dalloz est-il partagé par Ad. Chauveau *Journal du droit adm.* t. 5, p. 207 et t. 6 p. 162 ; Serrigny, *Questions de droit adm.* p. 133 ; *Courrier des communes* année 1841 p. 321 ; Jousselin t. 2, p. 425.

La Cour de cassation ne semble pas être d'un avis

contraire, car en relaxant des poursuites, un contrevenant qui avait établi ses plantations sur le bord d'un
chemin rural, elle dit dans son arrêt du 12 janvier
1856, Blaise ; « Que si un arrêté du préfet des Ardennes, en date du 10 août 1852, approuvé par le ministre
de l'intérieur le 1er décembre suivant, ordonne l'observation d'une distance d'un demi mètre pour la plantation de haies le long des chemins vicinaux, cette
mesure est particulièrement restreinte aux chemins de
cette classe ; qu'elle n'a pas été étendue, par un arrêté
de l'autorité municipale, aux chemins ruraux ou communaux, et que, dans le silence de celle-ci, comme
dans le silence de la loi, la sentence attaquée a pu dire
qu'il n'y avait aucune infraction punissable ; rejette. »
Il semble donc qu'on peut inférer de cet arrêt que si
un arrêté de l'autorité municipale avait fixé une distance
pour les plantations à faire le long des chemins ruraux
e fait reproché au contrevenant aurait cessé d'être légal, pour devenir délictueux. C'est-à-dire que l'arrêté
du maire aurait dû être respecté et exécuté et qu'il eût
été légal.

Toutefois M. Dalloz pense que le maire ne doit pas
fixer une distance supérieure à celle qui est déterminée par l'article 671 du Code Napoléon, le droit du
maire de veiller à la conservation du chemin ne pouvant aller jusqu'à lui permettre d'exiger des riverains
des sacrifices de propriété ou autres.

112. *Application des dispositions du Code civil sur
les distances à observer pour les plantations faites sur*

la limite de deux héritages voisins. — L'opinion que nous venons d'indiquer nous semble d'autant plus sage que si on ne l'adopte pas, il faudra tenir que le riverain d'un chemin rural pourra planter sur la limite extrême de son héritage, ce qui aurait les plus grands inconvénients, car on sait que l'article 671 du Code civil qui règle les distances à observer pour les plantations faites sur la limite de deux héritages voisins n'est pas applicable aux riverains des voies publiques. MM. Braff, n° 314 ; *Annales des chemins vicinaux*, 2° partie t. 3, p. 152 ; Dalloz *Voirie par terre*, n°s 630 et 1368 ; Bost, n°s 82 et 182 ; Garnier, p. 314. C. d'Etat 16 février 1826, Quesney ; C. de cass. ch. crim. 12 janvier 1856, Blaise.

113. *Arbres plantés sur le chemin.* — Si les arbres plantés sur le chemin rural lui-même, appartiennent à un riverain par concession ou à tout autre titre il peut les élaguer, les abattre sans autorisation, et les remplacer même, mais à condition d'avoir le consentement de la commune ; Bost, n° 84 ; Dalloz, n° 1366 ; à moins que son titre ne lui confère ce droit directement ; Dalloz, n° 1366.

Le maire peut toujours ordonner l'abattage de ces arbres, sauf indemnité si la sûreté du passage l'exige, parce que l'administration ne peut aliéner son droit de police sur les chemins publics : Bost n° 85 ; Dalloz n° 1366.

A plus forte raison, l'abattage peut-il être ordonné si la plantation a eu lieu sans droit ni titre ; Dalloz n° 1366, cass. ch. crim. 14 octobre 1854, Nicolas.

§ 3. — Carrières, excavations, caves sous chemins.

114. *Distances à laisser entre les carrières et les.chemins publics.* — «En ce qui concerne l'ouverture et l'exploitation des carrières, au moins dans certaines localités, ces travaux ne pourront être entrepris et poussés qu'à une distance déterminée des deux côtés des chemins à voitures de quelque classe qu'ils soient. Les chemins ruraux sont compris dans cette dénomination générale. » Jousselin *Servitudes d'utilité publique* t. 2 p. 425. Cette distance doit être de 8 toises d'après la déclaration du roi du 17 mars 1788 ; mais elle a été réduite par des réglements spéciaux applicables aux divers départements.

115. *Attributions des maires.* — Les maires ne peuvent prendre des arrêtés spéciaux pour modifier la distance déterminée par les règlements alors même que cette distance dans certains cas particuliers leur paraîtrait insuffisante pour garantir la sûreté de la voie publique ; parce qu'ils peuvent prendre des arrêtés pour assurer l'exécution des lois et réglements, mais ils ne peuvent modifier ces règlements, Dalloz, *Commune* nᵒˢ

658, 695 et suiv., *Voirie par terre* n° 1376 ; mais l'arrêté serait légal si respectant la distance déterminée par
les réglements, il se bornait à proscrire aux abords des
chemins certains modes d'exploitation dangereux pour
la sûreté publique. Dalloz, *loc. cit.* Bost n° 106.

Les maires peuvent aussi prendre des arrêtés pour
faire combler les excavations pratiquées près des chemins ruraux et qui menaceraient la sûreté des passants
et de la circulation argument; de l'arrêt de cass. du 17
mars 1838.

116. *Caves.* — Les sieurs Gallé et Consorts possé-
daient des caves établies sous un chemin rural appartenant à la commune de Turquant ; ils se plaignirent de
ce que des charrettes du sieur Robin, pesamment chargées, fréquentaient ce chemin, et menaçaient la solidité
de ces caves. Ils l'assignèrent devant le tribunal pour
qu'il lui fut fait inhibition de passer à l'avenir avec
charrettes sur ce chemin. Le tribunal ayant ordonné un
interlocutoire, appel fut émis de ce jugement, et la Cour
d'Angers, le 23 février 1843, décida que le sieur Robin, en se servant de ce chemin rural pour tous usages
n'avait pu encourir de reproches et que l'administration
seule aurait le droit de restreindre l'usage de ce chemin.
Il résulte de cette jurisprudence que si les sieurs Gallé
avaient pu acquérir par le temps un droit à conserver
leurs caves sous ce chemin rural, ce droit ne pouvait
aller jusqu'à les autoriser à apporter des entraves à la
circulation dans l'intérêt de la conservation de ces
caves.

§ 4. — Eaux, fossés (curage).

117. *Obligation pour les riverains de recevoir les eaux découlant des chemins ruraux.* — **Les** riverains doivent recevoir les eaux qui découlent du chemin ; bien que ce soient les dispositions du Code qui sont ici applicables, il ne faudrait pas les appliquer avec trop de rigueur, et on ne serait pas fondé à se plaindre de simples modifications que la destination du terrain en chemin peut faire éprouver aux pentes pour se refuser à recevoir les eaux des chemins ruraux. (Dalloz, v° *voirie par terre*, n°s 678 et 1334.

118. *Eaux descendant naturellement des propriétés*

riveraines sur les chemins. — Les eaux qui descen-
dent sur les chemins et provenant des propriétés riveraines, doivent être reçues sans qu'on puisse les faire
refluer sur le fond d'où elles proviennent, lorsque ce
n'est que par suite de l'état naturel des lieux que l'é-
coulement a lieu sur la voie publique; peu importe
qu'elles s'y rendent par la superficie du sol ou par in-
filtrations. C'est au propriétaire du chemin à le défendre par des fossés contre les effets dommageables de ces
eaux et à les diriger sans nuire à d'autres riverains.

119. *Écoulement des eaux pluviales et ménagères.*—
Les riverains peuvent même faire circuler sur ces voies
les eaux pluviales tombant des constructions élevées
sur leurs bords. Sauf aux maires à prescrire les mesures nécessaires pour que cet écoulement ait lieu sans
dommage pour le chemin. Quant aux eaux ménagères
on peut aussi tolérer qu'elles coulent le long des chemins, lorsque la conservation des chemins et la salubrité publique le permettront. J'ai développé plus longue-
ment, en essayant de les justifier, les règles que je pose ici dans mes études sur les servitudes de voirie, t. 2,
n° 515, p. 259 et suiv.

120. *Fossés des chemins ruraux.* — S'il est nécessaire pour l'assèchement des chemins et l'écoulement
des eaux d'établir des fossés, ils doivent être creusés
aux frais et par les soins de la commune sur le terrain
qui lui appartient, sans que les riverains puissent être
obligés par arrêté municipal de les ouvrir chez eux ;

Dalloz, n° 1371 ; Bost, n° 161. Si l'administration, au lieu de les établir sur le sol faisant partie du terrain communal, les ouvrait sur le sol dépendant du voisin, celui-ci pourrait les combler impunément. (Rej. ch. crim., 4 janvier 1862, Desguez).

D'un autre côté, bien que nous ayions dit tantôt que les riverains sont tenus de recevoir les eaux découlant du chemin, si l'établissement de fossés se prolongeant assez longtemps sans déversoirs ou ponceaux sous le chemin pour dévier les eaux, rendait ces eaux nuisibles aux voisins, ceux-ci seraient en droit d'obtenir la réparation du dommage causé ; sans que suivant moi ils pussent faire détruire un ouvrage destiné à assurer la viabilité d'un chemin public et l'empêcher d'être une mare ou un bourbier impraticable au lieu d'être un chemin viable.

121. *Curage des fossés établis par la commune.* — Si le fossé a été établi par la commune et lui appartient, c'est à elle à pourvoir au curage à ses frais, et on ne peut mettre ce soin à la charge des riverains (arrêt de rejet ch. crimin. du 5 janvier 1855, Villote ; Garnier, *Législ. et jurisp. nouvel. sur les chemins,* p. 116) ; si la commune les laissait dans un tel état d'abandon qu'il pût en résulter un préjudice pour les riverains, ceux-ci pourraient obtenir des dommages-intérêts (C. de cass., 30 novembre 1858, comm. de Planzat).

122. *Rejet des terres sur les propriétés riveraines.* — Les terres provenant du curage ne peuvent être rejetées sur les terres voisines sans le consentement des propriétaires. (Dalloz, n° 1372 ; Bost, n° 168).

Mais en fait le rejet est généralement si peu onéreux et quelques fois même si avantageux que le plus souvent la commune n'éprouvera aucune difficulté quant à ce.

123. *Enlèvement par les propriétaires des terres provenant du curage.* — D'un autre côté, les riverains pas plus que tous autres ne peuvent sans autorisation s'approprier les terres provenant du curage des fossés des chemins ruraux effectué par les soins de la commune. (Dalloz, n° 1372 ; ch. crim., 10 janvier 1863, Laporte).

124. *Fossés établis par les riverains.* — Les riverains des chemins ruraux peuvent établir eux-mêmes des fossés le long de ces chemins.

Ces fossés doivent être creusés à leurs frais.

Ils peuvent être établis sur la limite extrême de la voie, sans laisser d'espace libre entre eux et la voie, à moins que le contraire ne soit établi par des anciens usages ou d'anciens règlements locaux. (Req., 3 janvier 1854, Bacquelin-Goy).

Les propriétaires de ces fossés sont chargés de leur entretien.

Il appartient aux maires d'ordonner, en vertu du décret des 16-24 août 1790, le curage des fossés appartenant à des particuliers et longeant les chemins ruraux, lorsque ces fossés, par leur mauvais état d'entretien, peuvent nuire à la viabilité du chemin.

Il a été jugé qu'ils pouvaient aussi empêcher ce cu-rage, si l'approfondissement des fossés en gênant l'é-coulement des eaux et les rendant stagnantes, crée des exhalaisons malsaines. (C. de cass. ch. crim., 11 fé-vrier 1830, Boudret).

Si la profondeur de ces fossés créait des dangers pour la sûreté de la voie, le maire pourrait ordonner qu'ils fussent fermés le long de la voie par des pieux. (C. de cass., 4 janvier 1840, Lacoste).

125. *Conduite d'eaux privées le long des chemins.* —Un auteur provençal fait remarquer que dans ce pays on peut, d'après d'anciens règlements remontant à la reine Isabelle, à la date du 9 décembre 1440, dériver les eaux privées pour l'irrigation des terres par les che-mins publics, pourvu qu'on ne nuise ni aux chemins ni aux riverains. Bomy, *Coutumes de Provence*, p. 12 ; Jullien, *Cout. de Prov.*, t. 2, p. 508 ; Cappeau, *Légis-lation rurale et forestière*, t. 1, p. 321, n° 109, p. 674, n° 26. A défaut de coutumes locales ce droit ne saurait être revendiqué suivant moi. Toutefois l'auto-rité municipale doit se prêter à toutes les concessions utiles à l'agriculture sans être dommageables au public, au moyen d'autorisations spéciales et fondées en droit, surtout depuis la loi du 29 avril 1845. Ces autorisations au besoin peuvent n'être accordées que d'une manière précaire et révocable si on craint qu'elles puissent com-promettre l'intérêt public ou communal. (C. d'Etat, 8 mars 1860, Sillé).

Ces autorisations, non plus que l'usage même immémorial de la part d'un propriétaire de se servir des eaux qui coulent le long d'un chemin public, ne l'autorisent pas à les faire déverser sur le chemin, en les détournant de leur cours naturel pour arroser ses propriétés, et s'il inonde et dégrade ainsi le chemin, il est passible des peines portées par l'art. 479, n° 11 du C. pén. (C. de cass. ch. crim., 3 oct. 1859, Verny Lamothe).

126. *Droit des propriétaires sur un cours d'eau dont leurs héritages sont séparés par un chemin public.* — Je suis naturellement amené à faire remarquer ici, bien que cela sorte un peu de mon sujet, que celui dont la propriété est séparée d'un ruisseau par un chemin public, ne saurait être considéré comme un propriétaire riverain d'un ruisseau. Il ne peut donc à ce titre se servir des eaux de ce ruisseau pour l'irrigation. Toulouse, 26 novembre 1832, Santous; Bordeaux, 2 juin 1840, Briand; MM. Daviel, t. 2, n° 598; Garnier, des *Cours d'eau*, t. 3, n° 771.

127. *Eaux pluviales découlant des chemins publics.* — Jusqu'ici, je ne me suis occupé que de l'obligation où sont les propriétaires riverains des routes de recevoir l'écoulement des eaux pluviales; l'emploi de ces eaux peut, pour certains d'entre eux, être une chose utile et ils peuvent non-seulement ne pas souffrir de cet écoulement, mais encore avoir intérêt à le recevoir.

Quel sera leur droit?

La question doit être examinée sous deux points de vue: ou il s'agit de régler ce droit pour les riverains

entre eux, ou de reconnaître ce qu'il est, par rapport à
l'administration.

J'examinerai d'abord la question sous le premier point
de vue, et pour ce faire je me bornerai à ce que je disais
à ce sujet dans les *Servit. de voirie,* t. 2, n° 514, p. 256
et suiv., l'arrêt de la Cour de cassation du 22 avril 1863,
Alric, rendu à l'occasion des eaux découlant d'un chemin public étant venu depuis me confirmer dans mon
opinion.

Les eaux pluviales, tant qu'elles sont sur la voie publique, ne peuvent avoir de caractère privé ; elles appartiennent au premier occupant, qui a le droit de les dériver sur sa propriété, et c'est seulement lorsqu'elles
sont tombées dans la propriété privée, qu'elles devien-
nent choses privées ; le non exercice de la faculté accordée à tous de faire usage de la chose publique, ne
faisant perdre aucun droit, le propriétaire d'un fonds
supérieur, qui aurait négligé de prendre les eaux, ne
peut en être empêché lorsqu'il veut le faire, un autre
riverain ne peut s'y opposer en lui opposant que son
fait lui occasionnera un dommage, ou en excipant de la
prescription ; peu importerait même que le propriétaire
inférieur eût fait des travaux pour employer les eaux à
son profit. A moins de titre ou de convention contraire
entre les particuliers, ce sont là des principes admis depuis longtemps, et il suffit de faire connaitre les autorités nombreuses qui les ont défendus pour être persuadé
qu'ils ne peuvent pas être utilement attaqués aujourd'hui.

C'était l'opinion des anciens auteurs, parmi lesquels
je citerai, entr'autres : Henrys, t. 2, liv. 4, quest. 35 et

189 ; Bretonnier sur Henrys, quest. 189 ; Balbus, 2, p.
4 ; Coquille, *Coutume du Nivernais* ; Cœpola , *de Servit.*;Du nod, *Traité des prescriptions*, part. 1re, chap.
12 , p. 88 , qui s'appuie sur un arrêt du parlement de
Besançon ; la règle avait été posée dans les art. 120 et
121 du Code rural ; elle est adoptée sans difficulté par
les auteurs modernes , entre autres Carré , Henrion de
Pansey et Curasson (ce dernier, t. 2, p. 299), dans leurs
travaux sur les *Justices de paix* ; Pardessus , *Traité des
servitudes*, t. 1, n°s 79 et suiv. ; Garnier, *Eaux* , t. 3 ,
n° 717 ; Duranton, t. 5, n° 159; Zachariæ, t. 2, § 236,
n° 3 ; Troplong , *Prescription* , n° 147 ; Proudhon ,
Dom. public, t. 4, n° 1318 ; Daviel, *Cours d'eau*, t. 2,
n° 795 ; Solon, *Servitudes*, n° 46. Voy. encore les arrêts
de la Cour de cass. des 21 juillet 1825 , rej., ch. req.
Boissière ; 14 janv. 1829, rej., ch. civ., dames Peynier;
22 avril 1863 , Cass. , ch. civ. , Alric ; de la Cour de
Rennes, du 10 février 1826, Desmars ; de celle de Limoges, de 22 janv. 1839, Bonnet ; 14 juin 1840, Boni-
fardière ; de celle de Bordeaux , du 26 juillet 1866 ,
Lafon.

La divergence ne naît que lorsque les eaux pluviales
découlent, non de la voie publique, mais d'une propriété
privée ; c'est un cas dont il ne peut être question ici.

Mais ce droit qui existe entre les riverains n'empêche
pas l'administration de disposer des eaux comme bon
lui semble, nonobstant toute opposition et toute possession contraire, nonobstant même des ouvrages qui, s'ils
étaient faits sur la route, constitueraient, quelle que fût
la durée de leur existence, de véritables contraventions

qui entraîneraient une répression. M. Duranton conteste
ce droit à l'administration, *Droit français*, t. 5, n° 159
« Les eaux pluviales, dit-il, sont au premier occupant
et par droit de nature et par la disposition du Code civil, conséquemment, l'administration ne doit point en
priver ceux à qui elles appartiennent..... ; et si elle le
faisait, le propriétaire, lésé dans ses droits, pourrait
incontestablement se pourvoir même devant les tribunaux. » C'est là méconnaître le droit qu'a incontestablement l'administration de disposer le sol des routes comme bon lui semble, dans l'intérêt de la viabilité, et ou-
blier que celui qui ne fait qu'user de son droit ne peut
être entravé dans cet exercice, alors surtout que c'est
dans un intérêt public qu'il agit. Aussi, l'opinion de M.
Duranton n'est-elle point généralement partagée. L'autorité municipale ou préfectorale est chargée de pourvoir à tout ce qui est relatif à la propreté et à la salubrité des voies publiques ; elle peut donner, par suite,
certaine direction aux eaux pluviales, et assigner le lieu
où elles se déverseront, sans que les propriétaires, qui
jouissaient auparavant des eaux, puissent l'en empêcher
et réclamer une indemnité, parce qu'ils n'ont pu acquérir ni droit ni servitude sur la route, que leur jouissance
est une simple tolérance, et parce que l'administration
n'a fait qu'user de son droit : Pardessus, *Servitudes*, t. 2,
p. 79 ; Dumay sur Proudhon, *Dom. publ.*, t. 2, p. 450.
On va même jusqu'à dire que, pour assurer l'exécution
des mesures de police qu'elle a prises, relativement à
l'écoulement des eaux, l'administration pourrait adjuger

à un individu la possession des eaux pluviales , comme cela a lieu pour les boues et immondices, et que l'adjudicataire, pendant tout le temps de son bail, serait seul propriétaire des eaux. Cependant , lorsqu'il existe des habitudes prises depuis longtemps et qui ne nuisent pas à la viabilité des routes , il sera le plus souvent d'une sage administration de les conserver, et il est du devoir des administrateurs supérieurs , surtout si les changements étaient apportés par une administration municipale, de s'assurer, avant de les approuver, si c'est réellement un motif d'intérêt public qui les a fait adopter.

Les autorisations qui peuvent être données aux riverains des chemins d'y faire certains ouvrages pour jouir des eaux pluviales, ne peuvent constituer ni des droits ni des servitudes, ce sont des facilités temporaires données aux administrés, et qui sont de leur nature essentiellement révocables.

Les concessions d'aux pluviales recueillies sur les chemins , faites par les anciens seigneurs , ne sont pas des titres valables. (Trib. de Saint-Etienne, 8 février 1849 , Corrompt).

§ 5. — Extraction des matériaux pour l'entretien des chemins ruraux.

SOMMAIRE.

128. *Le droit de fouiller les terres et d'en extraire des matériaux pour l'entretien des routes existe-t-il pour les chemins ruraux?*—Les anciens arrêts du Conseil des 2 octobre 1667, 3 décembre 1672, 22 juin 1706 et 7 septembre 1755, autorisent les entrepreneurs des chemins, à prendre la pierre, le grès, le sable et les autres matériaux nécessaires à la construction et à l'entretien de ces chemins dans les lieux qui leur seraient indiqués par les actes administratifs. Le Code rural de 1791, titre 1, sect. 6, art. 1, et les articles 55 et suiv. de la loi du 16 septembre 1806, ont sanctionné ce droit au profit des grandes routes ; la loi du 21 mai 1836, art. 17, l'a reconnu en faveur des chemins vicinaux.

Existe-t-il pour les chemins ruraux ?

M. Ad. Chauveau m'avait fait l'honneur de me consulter, dans le temps, sur cette question ; j'avais cru devoir y répondre négativement ; **M. A.** Godoffre, chef de division à la préfecture de la Haute-Garonne, avait fait une réponse dans le même sens. Mais **M.** Albert Christofle, auteur d'un savant ouvrage sur les travaux publics, avait été d'un avis contraire, et c'est à ce dernier avis que s'était rangé **M. Ad.** Chauveau lui-même ; on pourra trouver le développement des opinions que nous venons de signaler dans le *Journal de droit administratif*, t. 11, p. 174 à 183, art. 13, n°s 132 à 136.

Je regrette vivement de ne pas être de l'avis de MM. A. Christofle et Ad. Chauveau, mais je persiste dans l'opinion que j'avais en 1863.

Faut-il bien, quelles que soient ses tendances et ses appréciations, être de l'avis de tout le monde quand la

doctrine et la jurisprudence s'accordent à considérer
sous un même point de vue une situation juridique. Les
auteurs et la Cour de cassation se refusent d'une manière formelle, à placer les chemins ruraux sous le même
régime que les autres voies publiques classées comme
grandes routes, rues ou chemins vicinaux, il y a dans
les motifs de cette appréciation des considérations fort
graves et qui ne manquent pas de bases dans les textes
même des lois; l'administration, avec des nuances, est
en principe du même avis. Mais, d'un autre côté, il est
impossible de ne voir dans les chemins ruraux que des
propriétés communales privées, devant être soumises
au régime exclusif de la propriété privée. Cette situation
a fait créer pour eux, en doctrine et en jurisprudence
civile et administrative, une sorte de régime mixte,
d'après lequel les chemins ruraux sont privés de la plupart des moyens exceptionnels dont peuvent bénéficier
les grandes routes et les chemins vicinaux pour leur
établissement, leur élargissement, leur confection et
leur entretien; mais, d'un autre côté on leur a conservé
la surveillance et la protection spéciale non-seulement
du maire comme administrateur de la commune, mais
encore comme représentant de l'autorité publique, et en
se fondant sur la loi des 16-24 août 1790 et sur diverses dispositions du Code pénal au titre des contraventions, on a reconnu à l'autorité administrative une action
préventive qui lui donne le droit et lui impose même
le devoir de défendre ces chemins contre les anticipations et les dégradations et de faire disparaître les obstacles qui seraient de nature à gêner la sûreté et la com-

modité du passage sur ces voies, non point seulement par des actions privées et civiles, mais par mesure administrative et par des arrêtés généraux trouvant leur sanction dans les peines encourues par les contrevenants que l'on peut amener devant les tribunaux de répression.

Or le droit d'extraction de matériaux ne rentrant nullement dans la nature de ce régime exceptionnel, ne saurait être reconnu en faveur des chemins ruraux.

Ce droit ne me paraît d'ailleurs fondé ni sur l'ensemble des lois qui déterminent le régime des chemins ruraux, ni même sur les textes qui autorissent spécialement les fouilles et extractions de matériaux pour l'entretien des routes. Il est évident, en effet, que les anciens arrêts du Conseil rendus à ce sujet n'étaient applicables qu'aux chemins dont les mêmes arrêts donnaient la classification et parmi lesquels ne se trouvaient pas les chemins que nous plaçons aujourd'hui dans la classe des chemins ruraux. Le conseil d'Etat, avant la loi de 1836 refusait de les appliquer aux chemins vicinaux, comme le prouvent ses décisions des 18 juillet 1820, 16 janvier 1822, 31 juillet 1822 ; et les lois rendues depuis 1790 ne parlent de cette servitude qu'au point de vue des grandes routes. Cela résulte implicitement de la loi du 16 septembre 1807, et de celle de l'an VIII sur la compétence des conseils de préfecture, et formellement de l'art. 1, sect. 6, tit. 1 du Code rural de 1791.

Nous sommes d'autant plus fondés à soutenir que la servitude de fouiller et extraire des matériaux sur les terres riveraines désignées par l'administration n'existe pas pour les chemins ruraux que depuis que nous avons émis cet avis nous l'avons vu partager par M. Dalloz, *Rép.*, v° *Voirie par terre*, n° **1385**.

129. *Droit de passer sur les terres voisines en cas d'impraticabilité des chemins.* — Il est aujourd'hui de doctrine et de jurisprudence constantes que l'on peut se frayer un passage sur la propriété riveraine d'un chemin public lorsque ce dernier est impraticable, que cette impraticabilité provienne de ce que la route a été complètement emportée, ou qu'elle soit simplement accidentelle.

Cette doctrine et cette jurisprudence sont fondées sur l'article 41 du titre 2 de la loi des 28 septembre, 6 octobre 1791, qui n'a fait elle-même que sanctionner une nécessité à laquelle il aurait bien fallu se soumettre, alors même qu'elle n'aurait été écrite dans aucune de nos lois. Aussi a-t-elle été reconnue dans toutes les législations. Voyez pour l'Angleterre l'acte III de Georges IV, chap. 126, n° 111. La loi 14 § 1 au dig. liv. 8, tit. 6, *quemadmodum servitutes amittantur*; Dupont, art. 17, *Cout. de Blois*; Delalande, *Cout. d'Orléans*; d'Argentré, art. 54, *Cout. de Bretagne*; Basnage, Bérault, Godefroy, Flaust, art. 622, *Cout. de Normandie*; Domat, tit. 2, sect. 13, n° 8; Poquet de Livonnière, règle 17, tit. *des Servitudes*; Dubreuil, *Cout. de Provence*, édit. 1815, p. 25; Legrand, *Cout. de Troyes*; Ferrière, v° *chemin*, et de nos jours Neveu-Derotrie, les *Lois rurales*, p. 86; Toullier, t. 3, n°557; Pardessus, *Servit.*, n° 226; Husson, t. 2, p. 506; Proudhon, *Dom. public*, t. 1, n° 264; Jousselin, t. 2, p. 546; Garnier, *Traité des ch.*, p. 25 et 495, et *Législ. nouvel. sur les ch.*, p. 267; Sauger, *Louage*, n° 579; Dalloz, v° *Voirie par terre*, n° 1401; et mes *Servitudes de voirie*, t. 2, n°s 564 et suiv.; arrêts de la Cour de cassation des 29 messidor an 8 et 14 thermidor an 13; 11 août et 21 nov. 1835, 24 décembre 1839, Blandin et Radais; 17 février 1841, Lecamus; 21 juin 1844, Prestat; 27 juin 1845, Wehrung; 12 novembre, 1847, Luttel, et les arrêts cités sous les numéros qui suivent.

130. *Ce droit existe-t-il sur les chemins ruraux?* — Je trouve dans le *Journal des conseillers municipaux* de 1843, p. 365, une consultation dans laquelle

on soutient que cette charge n'est pas applicable aux riverains des chemins ruraux, il est vrai que la consultation distingue diverses classes de chemins ruraux, et que si elle veut parler des chemins privés, je n'ai ici ni à contredire l'opinion de ces auteurs, ni à l'approuver. Ces Messieurs se fondent pour soutenir la négative sur ce motif notamment, que l'entretien des chemins ruraux ne sont point une charge communale et que par suite les communes ne seraient point obligées de payer le dommage qui résulterait pour les riverains du passage exercé sur leurs fonds. Avant de rechercher à la charge de qui sera l'indemnité qui pourra être due dans ce cas, voyons si le droit au passage existe.

La servitude sanctionnée par la loi des 28 septembre, 6 octobre 1791 est mentionnée dans le titre des biens ruraux et de la police rurale ; elle est édictée d'une manière générale, sans distinction, pour tous les chemins publics. Il est, en effet, difficile d'admettre des distinctions dans l'application d'une règle fondée sur la nécessité. Une pareille disposition a son principe dans un droit naturel, le droit de passer, la nécessité sociale de maintenir la libre circulation du public. Les chemins ruraux sont destinés à mettre un canton rural, un hameau en communication avec un village, une ville, un abreuvoir, une chapelle, une grande route ; il est impossible de supprimer des communications de cette nature, sans les plus graves inconvénients. Aussi est-on généralement d'avis qu'il est permis de passer sur les fonds voisins en cas d'impraticabilité des chemins ruraux : rej., 16 août 1828, Charpentier ; 11 août

1835, Delpy ; 24 décembre 1839, Blandin ; 21 juin 1844, Prestat ; 20 juin 1857, Bergeron ; *sic* Solon, *Che-*
mins vic.. p. 88 ; Foucart, t. 3, n° 1356 ; Jousselin, t. 2, p. 427 ; Dalloz, *Rép..*, v° *Voirie par terre*, n°ˢ 1398 et suivants ; Limon, *Usages du Finistère*, p. 117 ; Ne-veu-Derotrie, *Les lois rurales*, p. 85 6 ; Bourguignat, *Traité du droit rural*, p. 78. La Cour de cassation a décidé il est vrai le contraire par un arrêt de rejet du 17 février 1841, Lecamus, dont M. Garnier *Législ. nouvel. sur les ch.*, p. 268, adopte la doctrine, mais comme on vient de le voir, cet arrêt est en dissidence complète quant à ce avec la propre jurisprudence de la Cour suprême.

131. *Le droit existe, que les fonds riverains soient clos ou non.* — Une fois qu'il est reconnu en principe que cette charge est applicable aux riverains des chemins ruraux, il faut admettre les solutions diverses auxquelles ont donné lieu les difficultés qu'a fait naître dans la pratique cette charge.

Ainsi le droit de se frayer un passage sur les fonds riverains existe alors même que ces fonds seraient clos. Il résulte formellement de l'article 41, titre 2, de la loi des 28 septembre-6 octobre 1791, que tout voyageur peut déclore un champ pour se frayer une route lorsque le chemin public est impraticable, peu importe la manière dont la clôture est faite, mur, planches, haies, fossés ; il est bien entendu toutefois que le droit de déclore ne donne pas celui de renverser en tout ou partie des bâtiments.

Mais de ce que la loi de 1791 porte que le voyageur pourra, en cas d'impraticabilité de la route, se frayer un chemin sur le fonds riverain après avoir fait une brèche, pourrait-on en conclure qu'il n'aurait pas le droit de passer si l'héritage voisin n'était pas clos ? Je ne cite cette objection que parce que M. Dupin, dans son réquisitoire présenté à la Cour, dans l'affaire jugée le **27** juin 1845, a cru devoir la prévoir, et voici comment il y répond : « On n'objectera pas sans doute que l'article 41 ne considère comme licite que le fait de déclore un champ pour y passer, à raison de l'impraticabilité du chemin ; car, il est évident que si le droit que donne la loi, dans un esprit d'intérêt général, va jusqu'à permettre dans ce cas de renverser une clôture, le fait de passer sur un terrain non clos, dans le même cas, est à plus forte raison un fait licite. Aussi est-ce avec ce caractère de généralité que la jurisprudence de la Cour a considéré que devrait être appliqué l'article dont il s'agit, dans son arrêt dn 26 mai 1836. » *Servitudes de voirie*, t. 2, n° 569.

132. *Quels qu'en soient les propriétaires.* — La faculté de passage peut être exercée sur les bois et forêts de l'Etat, des départemeuts, des communes et autres établissements publics, soumis ou non au régime forestier, comme sur les bois des particuliers. (Rej. 16 août 1828, Charpentier).

Elle peut être également exercée sur les biens des mineurs, femmes mariées sous le régime dotal et autres incapables.

133. *Qui peut l'exercer ?* — L'expression *voyageur*, dont se sert la loi de 1791, ne doit pas être entendue dans un sens restreint. Elle comprend, dans sa généralité même les habitants qui voudraient aller d'un point à l'autre de leur commune ; elle s'entend de toute personne qui a besoin de se servir du chemin rendu impraticable, qu'il s'agisse de simple passage, des besoins d'une exploitation rurale ou d'un transport quelconque. Dumay sur Proudhon, t. 2, p. 811, 814 ; Garnier, p. 496 ; Bost, n° 195 ; Dalloz, n° 1404 ; Jousselin, t. 2 p. 427 ; Féraud-Giraud, *Servit. de voirie*, n° 570 ; Garnier, *Des chem.*, p. 496, et *Législ. nouv. sur les chem.* p. 267 ; ch. civ. cass., 10 janvier 1848, Coulon ; crim. rej., 20 juin 1857, Bergeron ; 1 juin 1866, Chambert.

134. *De quelle manière peut-il s'exercer ?* — Le passage sur la propriété voisine peut être employé pour le même usage auquel était destinée la route devenue impraticable ; ainsi il sera permis, suivant les cas, d'y passer à pied, avec des bêtes de somme et même avec des charrettes. Garnier, *chemins*, p. 496 ; Dalloz, n° 1405 ; ch. crim. rej., 21 juin 1844, Prestat ; cass., 27 juin 1845, Wehrung ; rej. 12 nov. 1847, Luttel.

Le voyageur, en se frayant un passage sur le fonds riverain, doit, autant que possible, choisir le trajet le moins dommageable au riverain, pour ne point être accusé d'avoir agi *animo nocendi*, et si un chemin est déjà pris sur l'un des fonds riverains, il ne peut être permis d'en établir un second sur le fonds opposé, de manière à ce qu'il subsiste en même temps un double passage ; ce qui n'empêche pas, lorsque l'impraticabilité se renouvelle périodiquement, que le chemin ne puisse être pris alternativement à droite et à gauche, comme Toullier faisait remarquer que cela se passait en Bretagne.

Lorsque l'un des héritages riverains est clos et que l'autre ne l'est point, c'est sur ce dernier qu'il faudra autant que possible établir de préférence le chemin.

Il peut être pris sur des terres ensemencées, plantées d'arbres ou de vignes, ou chargées de récoltes. (Ch. crim., rej., 21 juin 1844, Prestat; crim. cass., 27 juin 1845, Wehrung).

Sur des terrains en nature de bois et soumis au régime forestier. (Rej., 16 août 1828 et 21 novembre 1835 ; Grenoble, 9 mai 1834, Cavrot et Frenois).

Mais non sur un terrain qui ne toucherait pas à la route. (Dalloz, n° 1406).

135. *Qui reconnaît l'impraticabilité ?* — J'ai sans cesse rappelé dans les paragraphes précédents qu'il n'était permis de passer sur les fonds riverains d'une route que dans le cas où la route était impraticable. On comprend, dès lors, combien il est important de se fixer sur l'autorité compétente pour apprécier ce point de fait.

M. Garnier, dans son *Traité sur les chemins*, p. 26, attribue au préfet la reconnaissance de cette impraticabilité. Je crois envisager la question sous son véritable point de vue, en faisant observer que dans aucun cas on ne peut imputer à celui qui passe sur le fonds riverain une contravention de voirie, et par suite un fait de la compétence de l'administration, ni des tribunaux administratifs. En effet, la loi défend à qui que ce soit de passer dans les champs où il n'a pas acquis par un moyen légal le droit de passage ; elle défend, particulièrement au voyageur qui suit un chemin public, de sortir de sa route et de se frayer une voie nouvelle dans les propriétés privées. La loi, en disposant ainsi, n'a nullement en vue un intérêt de voirie ou de circulation, un acte d'administration, elle veut sauvegarder la propriété privée contre les dommages que lui porteraient des personnes qui ne la respecteraient point ; il est indubitable que ce n'est point à l'administrations ni aux tribunaux administratifs à réprimer les atteintes portées à la propriété privée des particuliers, et que ce soin ne peut appartenir qu'aux tribunaux ordinaires, de sorte que l'individu qui, en quittant la route sur laquelle il se trouvait, grande route, chemin vicinal ou chemin rural, peu importe, s'introduit dans une propriété riveraine, commettra une contravention du ressort des tribunaux de simple police, et, pour la répression de cette contravention devra être cité devant ces tribunaux. Il est de règle en France que c'est au juge du fait à connaître de l'exception ; si le contrevenant, devant le tribunal de simple police, allègue qu'en sortant de la voie publique et en suivant la propriété privée riveraine il a fait un acte licite, parce que la route était impraticable, c'est au juge appelé à statuer sur le fait à reconnaître s'il doit admettre l'exception et à apprécier s'il doit ou non condamner. Aussi voyons-nous que l'article 41, titre 2, de la loi des 28 septembre-

16 octobre 1791, a laissé au juge de paix de canton le
soin de décider si le chemin public était ou non impraticable. Dans les diverses espèces déférées à la Cour de
cassation, et que nous avons citées précédemment, les
tribunaux de police ont toujours apprécié la question
d'impraticabilité, et jamais la Cour de cassation n'a
considéré ce fait comme un abus de pouvoir. Je ne vois
pas pourquoi on devrait s'écarter de cette opinion, que
j'ai déjà défendue dans les *Servitudes de voirie*, t. 2,
n° 572.

136. *Est-il dû une indemnité au riverain ?* — Le
passage sur les fonds riverains en cas d'impraticabilité
des routes, leur cause un préjudice dont les riverains
doivent être portés à demander la réparation ; sont-ils
fondés, dans ce cas, à demander une indemnité ? Il en
est qui refusent toute indemnité ; le passage est suivant
eux le résultat d'une force majeure qu'on ne peut reprocher à personne, et celui qui en souffre doit en supporter sans se plaindre les conséquences. D'autres distinguent ; ainsi **M.** Proudhon, *Domaine public*, n° 264,
dit : « S'il n'y a point eu de clôture brisée, il n'est point
dû d'indemnité au propriétaire du fonds puisque la loi ne
lui en accorde qu'en cas de renversement de sa clôture, et non pour le simple fait de passage qui ne peut
entraîner qu'un faible dommage. » Si j'admettais une
distinction, je préférerai distinguer entre le cas où l'impraticabilité est le résultat exclusivement d'un fait de
force majeure et celui où il est dû au défaut d'entretien ou au vice de construction du chemin.

Dans l'ancien droit, le système de l'indemnité paraissait généralement prévaloir. M. Toullier, de nos jours, s'est exprimé ainsi, t. 2, n° 557 : « Si la voie publique est momentanément devenue impraticable, par quelque cause que ce soit, le propriétaire riverain doit donner un passage sur son fonds ; mais il doit être indemnisé par la Commune, si c'est un chemin vicinal, ou par tous ceux qui doivent contribuer à la réparation du chemin, si l'entretien est à la charge des particuliers. »

Plusieurs auteurs se sont prononcés dans le même sens (Garnier, p. 26 ; Pardessus, *Servitudes*, n° 226 ; Henrion de Pansey, des *Justice de paix*, chap. 22, § 3 ; de Villeneuve, *Recueil d'arrêts*, observations sur l'arrêt de rejet de la chambre des requêtes du 11 août 1835 (aff. Delpy) ; Dalloz, n° 1410 ; voyez encore, sur cette question, la *Revue de législation et de jurisprudence* de Wolowski, t. 4, p. 238). Nous ne pouvons que partager l'avis de ces jurisconsultes, comme nous l'avons déjà fait, *Sevitudes de voirie*, t. 2, n° 573. Le principe de l'indemnité est posé dans la loi de 1791, titre 2, art. 41, et lorsque cet article a parlé surtout du cas où il faudrait déclore la propriété voisine pour se frayer un passage, la loi a eu un but démonstratif, mais non restrictif. On ne peut rien reprocher au voisin ; si on commet, dans un intérêt public, des dégâts chez lui, le droit à la réparation est ouvert, quelle que soit l'importance de ces dégats. Il est d'ailleurs inexact de dire que le simple passage à travers un champ, lorsqu'on n'a point été obligé, pour l'exercer de briser des clôtures, ne peut entraîner qu'un faible dommage, car le passage peut s'exercer alors à travers des semis et des plantations, et causer un préjudice réel très-grave dont l'effet peut se faire sentir au même moment et dans l'avenir. Aussi M. Dumay, t. 1, note, au n° 264 p. 335, dans l'édition du *Domaine public* de Proudhon, qui a été donné à Dijon en 1844, ne balance-t-il pas à combattre l'opinion de cet auteur ou du moins la distinction qu'il veut établir en matière d'indemnité. La Cour de cassation, dans divers arrêts, a plus ou moins explicitement admis le droit à l'indemnité, dans le cas d'un dommage quelconque souffert par le riverain d'une route impraticable. (Cass., 14 thermidor an XIII, comm. de Saint-Hippolyte ; req., rej, 11 août 1835, Delpy ; req., rej., 24 décembre 1839, Blandain et Radais ; req., rej., 17 février 1841, Lecamus ; cass. crim., 27 juin 1845, Wehrung).

137. *Qui doit la payer.* — Il est indubitable que celui qui est chargé de pourvoir à l'entretien de la route devra supporter l'indemnité qui pourra être due, or, comme nous établirons plus tard que l'entretien des chemins ruraux est une charge communale, c'est à la commune à payer l'indemnité due aux riverains qui ont supporté un dommage à la suite de l'impraticabilité de ces chemins, comme c'est à elle de subir tous les dommages résultant en général du défaut d'entretien de ces chemins, ce que j'ai établi en m'appuyant sur les arrêts de la Cour de cassation des 17 mars 1837, 8 mai 1856 et 30 novembre 1858.

Il y a ici de plus un argument de texte à invoquer,

puisque l'article 41 du titre 2 de la loi de 1791, met ces indemnités à la charge des communes, et si je n'admets pas que cette indication doive sortir à effet lorsque le passage a lieu à raison de l'impraticabilité des routes qui n'ont aucun caractère communal, il est impossible de repousser l'application littérale de la loi pour ces dernières. C'est dans ce sens que la Cour de cassation l'a jugé à l'occasion des chemins vicinaux, dans ses arrêts des 27 juin 1845 et 10 janvier 1848, et spécialement des chemins ruraux dans ceux des 11 août 1835, 21 juin 1844 et 16 août 1848. Voyez dans le même sens, Proudhon, *Dom. public*, t. 1, n° 264 ; Toullier, t. 3, n° 557 ; Jousselin, t. 2, p. 428 ; Solon, *Ch. vic.*, p. 88 ; Foucart, t. 3, n° 1356 ; *Courrier des communes*, 1835, p. 171 ; Dalloz, n°ˢ 1412 et suiv. ; *contrà*, toutefois, Cappeau, *Législation rurale et forestière* t. 1, p. 682, n° 32 ; Bost, n° 191 ; Dumay sur Proudhon, t. 2, p. 815, et ch. civ. rej., 17 février 1841, Lecamus.

La dernière opinion repose sur cette idée, fausse suivant nous et que nous aurons à combattre, que les communes ne sont pas tenues d'entretenir les chemins non classés comme communaux et qu'elles ne doivent dès lors pas payer les dommages résultant de ce défaut d'entretien. Il faut distinguer à ce sujet entre les obligations générales, celles résultant du droit civil, réglant les rapports avec les tiers et celles résultant pour les communes des règlements intérieurs d'administration. On ne veut pas que les communes qui n'ont que des

revenus suffisants pour faire face aux dépenses obligatoires et à l'entretien des chemins vicinaux, portent
leurs fonds sur les chemins ruraux : c'est là une mesure
administrative commandée par une situation financière
qui ne modifie pas le droit de propriété des communes
sur les chemins ruraux avec l'obligation accessoire de
réparer les dommages résultant de cette propriété. Je
tenais d'autant plus à insister sur ce point que M. Dalloz a paru croire, v° *Voirie par terre*, n° 1414 que
j'étais de ceux qui pensent que les communes ne pouvant employer librement leurs fonds sur les chemins
ruraux ne sont dès lors pas tenues de réparer les dommages qu'ils occasionnent ; au n° 534 des *Servitudes de
voirie*, je n'ai entendu soutenir qu'une chose, à savoir que l'article 41 de la loi de 1791 qui met à la
charge des communes l'indemnité à payer pour passages sur les riverains des routes impraticables, ne devait pas être entendu d'une manière trop générale et au
point de mettre cette indemnité à la charge des communes lorsque l'entretien de ces routes n'est pas à leur
charge, comme cela a lieu pour les routes impériales et
départementales, qui n'appartiennent pas aux communes ; mais pour les chemins qui sont la propriété des
communes, tels que les chemins vicinaux et ruraux,
l'entretien est à la charge des communes, qui y pour-
voient dans la limite des crédits ouverts et des possibilités financières, et les conséquences du défaut de
réparation sont également à leur charge ; c'est ce que
j'ai d'ailleurs formellement soutenu au n° 698 t. 2 des

Servitudes de voirie, et dans la première édition de ce travail sur les chemins ruraux, p. 45.

138. *Qui doit la régler ?* — Si j'examinai la question d'une manière générale, au point de vue des diverses routes qui peuvent par leur impraticabilité donner l'occasion de passer chez les riverains et d'y causer des dommages, elle pourrait présenter des incertitudes sur le point de savoir qui des tribunaux administratifs ou civils serait compétent. Mais à l'occasion des dommages résultant du passage sur les terres riveraines d'un chemin rural la difficulté ne peut naître et la compétence administrative ne saurait être légalement revendiquée.

139. *Difficultés sur la nature des chemins ; compétence.* — Ce serait à l'autorité administrative à prononcer préalablement sur le caractère de la voie, si la commune, menacée de voir mettre l'indemnité à sa charge sur le motif que le chemin sur le bord duquel le passage a eu lieu était communal, soutenait que c'est une grande route dont l'entretien est à la charge de l'Etat. Arrêt de cass. du 14 thermidor an XIII, comm. de Saint-Hippolyte. *Sic* Jousselin, t. 2, p. 428.

§ 7. — Droits concédés sur les chemins ruraux.

140. *Droits qui peuvent être concédés aux riverains
sur les voies rurales.* — Il est des droits que l'existence
même des voies rurales ouvre aux riverains, tels que
les droits de jour, de vue, d'accès, d'écoulement des
eaux des toits, et qui n'ont point besoin pour être
exercés d'une autorisation spéciale. Il en est d'autres,
au contraire, dont l'exercice est soumis à une autorisation préalable, tels par exemple que le droit d'établir
des acqueducs, des ponts et passages souterrains. Ces
permissions ne doivent être données que dans des conditions telles que la sûreté du passage sur les voies publiques et leur conservation ne soient pas compromises,
et avec obligation de la part des intéressés d'entretenir
les travaux et de leur faire subir les modifications que,
dans un intérêt public, l'autorité municipale jugerait
utile d'imposer ; mais il ne faudrait pas déployer en
ces matières un rigorisme préjudiciable aux intérêts
privés sans utilité pour l'intérêt public, et les administrations municipales doivent au contraire profiter du

moyen que leur offriront quelquefois ces chemins et les fossés qui les bordent pour faciliter notamment les travaux d'irrigation et d'asséchement que le morcellement des terres et le mauvais vouloir de certains propriétaires pourraient entraver.

141. *Modifications apportées par arrêté aux conditions de ces concessions.* — Des charges nouvelles ne peuvent être imposées par un arrêté ultérieur aux conditions imposées dans une concession faite sur un chemin rural par une commune à un tiers. Ainsi dans une espèce où il est intervenu entre une commune et l'exploitant d'une carrière bordée par un chemin communal, une permission à celui-ci de percer le rocher gisant sous le chemin, afin de poursuivre au-delà l'exploitation commencée, à la condition que la galerie souteraine serait ouverte aux frais de l'exploitant et qu'il paierait le prix dès lors fixé des pierres extraites, les droits et obligations résultant de cette convention et de l'exécution qu'elle a reçue pendant plusieurs années ne sauraient être modifiés par un arrêté municipal ultérieur qui viendrait imposer au particulier des obligations nouvelles, aggravant celles précédemment convenues, spécialement en établissant une taxe sur les pierres passant sous la galerie. (Ch. civ. rej. 14 février 1865, comm. de Tabanac).

Il ne faudrait pas cependant donner une extension abusive à la règle que nous venons de poser, et si au lieu de modifier des conventions tenant à l'intérêt privé, le maire avait usé du pouvoir de police qu'il tient de la loi dans un intérêt de sûreté des voies publiques, son arrêté eût été obligatoire, sauf dans certains cas le droit à une indemnité qui pourrait s'ouvrir au profit de la personne qui aurait à souffrir de l'exécution de la mesure prise par le maire.

SECTION III. — **Entretien et réparation des chemins ruraux**.

—

§ 1. — Utilité de cet entretien.

SOMMAIRE.

142. Utilité de cet entretien.
143. Comment il devrait s'effectuer.

142. *Utilité de cet entretien.* — Nous avons déjà eu souvent occasion de faire remarquer l'importance des chemins ruraux et d'indiquer que l'existence de communications faciles entre la ferme, la forêt et la voie vicinale ou impériale est une des premières nécessités pour l'agriculture et les populations rurales. Nous n'insisterons pas ici sur ces vérités que personne ne conteste et dont le développement entrerait plutôt dans le cadre d'études agronomiques que judiciaires, mais nous ne pouvons nous empêcher de déplorer que la plupart des chemins ruraux soient impraticables une grande partie de l'année, ou ne puissent être fréquentés que par des charrettes peu chargées, et en faisant courir des dangers aux récoltes, aux attelages et aux conducteurs.

143. *Comment il devrait s'effectuer.* — La circulation sur ces chemins n'étant pas active, leur entretien serait facile à peu de frais et pourrait être dès lors une charge peu lourde quoique très-profitable. Je tiens en effet que l'entretien des voies rurales doit être fait avec sagesse, sans luxe, de manière à assurer les communications seulement. Les sinuosités sont ici indispensables, il faut savoir accepter les rampes même fortes : il suffit qu'en toute saison la voie donne un passage sûr aux gens et aux bêtes. Je connais des communes où quelques jours de travail de mois en mois, consacrés par le cantonnier communal aux chemins ruraux, suffisent pour assurer leur viabilité. Que faut-il en effet le plus souvent pour que ces chemins soient toujours praticables? Dévier par quelques coups de pioche les eaux qui ravinent, jeter çà et là quelques terres ou graviers, déplacer quelques gazons, etc. ; toutes choses qui faites à temps assurent le parcours d'un chemin, qui deviendrait impraticable si les réparations ne suivaient pas immédiatement certaines détériorations.

§ 2. — A la charge de qui est l'entretien.

SOMMAIRE.

144. Est-il à la charge des riverains ?
145. Il est à la charge de la commune.
146. Cette règle s'applique aux dépendances des chemins tels que les fossés et travaux d'art.
147. Ponts établis par des tiers.
148. Rétablissement des communications interrompues par des travaux publics.
149. Murs de souténement.
150. Qui peut ordonner des travaux de réparation et d'entretien sur les chemins ruraux ?

144. *L'entretien est-il à la charge des riverains ?* — En se fondant sur cette règle d'équité qui veut que ce soient ceux qui sont plus directement appelés à profiter d'une chose qui soient chargés de sa conservation et de son entretien, on a soutenu que c'était aux riverains des chemins ruraux à les entretenir. Cette opinion, souvent combattue par le *Courrier des communes*, se trouve défendue dans un article inséré, année 1848, p. 194, elle est soutenue par Berquier, *Guide des maires*, page 374 ; *La mairie pratique*, p. 454 ; elle essaie de s'appuyer sur un arrêt de rejet du 17 février 1841, Lecamus. Les conseils généraux consultés par le ministre, entrant dans la voie que semblait leur ouvrir la circulaire qui les investissait de la question ont été généralement d'avis que si ce n'est pas la règle adoptée par nos lois, ce devrait au moins être celle qu'ils serait juste qu'elles vinssent sanctionner. Ad. Chauveau, *Journal de droit adm.*, t. 2, p. 393.

145. *L'entretien est à la charge de la commune.* — On a répondu que les chemins ruraux n'étant pas à la disposition et à l'usage exclusif des riverains, mais appartenant aux communes et étant destinés à l'usage du public sans distinction, la dépense de leur entretien ne pouvait être laissée à la charge des riverains ; que la commune qui retirait des habitants les redevances nécessaires pour faire face aux charges et besoins publics était seule obligée à réparer et à entretenir ses chemins ruraux. Et lorsque, armés de l'arrêt de la Cour de cassation du 17 février 1841, les défenseurs de l'opinion contraire disaient : Aux termes de la loi du 21 mai 1836 les chemins vicinaux légalement reconnus sont *seuls* à la charge des communes, on leur répondait : Ouvrez la loi de 1836, l'art. 1er porte : *Les chemins vicinaux légalement reconnus sont à la charge des communes, sauf les dispositions de l'art.* 7 (relatives aux chemins de grande communication). Cette disposition met bien à la charge des communes les chemins vicinaux, parce qu'en faisant une loi sur ces chemins, il fallait bien dire à la charge de qui serait leur entretien, mais elle ne dit pas que les autres voies publiques qu'elle n'avait pas à réglementer et qui appartiennent aux communes, rues, places ou chemins ruraux, seront entretenus par les riverains. Il est évident encore, ajouterons-nous, que cet entretien ne pourra avoir lieu au moyen des ressour-

ces spéciales créées pour la réparation des chemins
vicinaux par la loi de 1836 ; mais qu'importe sur quels
fonds doit être fait cet entretien, qu'il soit obligatoire
ou facultatif, il ne s'agit pas moins ici d'une propriété
publique communale dont l'entretien, en règle générale,
doit être à la charge de la commune, quelles que soient
en fait ses ressources et ses possibilités.

Aussi, de nos jours, reconnaît-on généralement que
c'est aux communes à entretenir leurs chemins ruraux
et que les communes ne peuvent s'en exonérer en mettant tout ou partie de cet entretien à la charge des propriétaires riverains qui auraient un intérêt particulier
au bon état de viabilité de ces voies. Avis du conseil
d'Etat du 21 août 1839 ; instr. min. de l'intérieur du 16
novembre 1839 ; arrêt de la chambre civile de la Cour
de cassation du 11 août 1835, Delpy ; ch. crim., 5 janvier 1855 Villotte ; ch. crim., 20 juin 1857, Bergeron,
Ch. civ., 30 novembre 1858, comm. de Planzat ; Caen,
1er mars 1839 ; Limoges, 19 janvier 1860 ; *Courrier
des communes*, années 1836 p. 171, 1840, p. 39, 1841,
p. 325 ; Solon, *Droit adm.*, p. 529 ; Devilleneuve,
Recueil des lois et arrêts, en note de divers arrêts et
notamment 1840, 1re partie p. 559 ; *Annales des chemins vicinaux*, 2e partie, t. 3, p. 149 ; Dalloz, vo *Voirie
par terre*, 1377 et suiv. ; Proudhon, t. 2, n° 614 et
suiv. 638 ; Bost, n° 30 ; Dufour, *Droit adm.*, t. 3,
p. 403 ; Ad. Chauveau, *Journ de droit adm.*, t. 2,
p. 291 ; Rousset, *Dict. de voirie*, p. 66 ; Solon, *Chem.
vic. et rur.*, p. 85. J'ai défendu cette opinion dans les
Servitudes de Voirie, t. 2, nos 698 et 700.

146. *Cette règle s'applique aux dépendances des chemins tels que les fossés et travaux d'art.* — Si les communes sont en principe tenues de l'entretien des chemins ruraux, c'est à elle qu'incombe la charge d'entretenir les fossés (arrêts de la Cour de cassation des 5 janvier 1855, 13 août 1857 et 30 novembre 1858), et généralement tous les travaux d'art, murs, ponts, etc. qui en dépendent.

147. *Ponts établis par des tiers.* — Toutefois si les communes sont obligées d'entretenir les ponts construits par elles sur les chemins pour faciliter la circulation et les défendre contre les attaques des eaux, elles ne sauraient être tenues de l'entretien de ces mêmes ponts s'ils avaient été construits dans un intérêt privé pour la conduite des eaux d'un canal ou l'écoulement des eaux d'un fonds ; dans ce cas, les travaux construits par des tiers et dans leur intérêt devraient être entretenus par ces tiers. Dumay sur Proudhon, t. 2, n° 477, p. 23 ; *Courrier des communes*, 1845, p. 362 ; Bost, n° 34 ; Dalloz, n° 1383.

148. *Rétablissement des communications interrompues par des travaux publics.* — Il est possible que par suite de l'exécution des travaux publics, tels que canaux et surtout chemins de fer, des chemins ruraux soient coupés et que la communication soit momentanément interrompue, elle doit être rétablie aux frais de la caisse qui pourvoit au paiement de ces tavaux, et par les soins de ceux qui les exécutent d'après les plans approuvés par l'autorité compétente ; mais une fois les communications rétablies si l'entretien des objets d'art dépendant du canal ou du chemin de fer reste à la charge du concessionnaire, l'entretien du chemin proprement dit, des rampes et remblais et du sol de ce chemin indépendant du canal et du chemin de fer, bien qu'il ait été modifié par celui qui a exécuté les travaux publics, ne peut être laissé indéfiniment à la charge de ce dernier, et il retombe, après l'exécution des raccordements et du rétablissement de la voie et sa mise en état à la charge du propriétaire de cette voie rurale, ou soit de la commune s'il s'agit d'un chemin rural. (Paris, 12 novembre 1853).

149. *Murs de soutènement.* — Les murs de soutènement de la voie sont à la charge du propriétaire du chemin que ces murs soutiennent et la commune, s'il s'agit d'un chemin rural, doit non-seulement rétablir le mur s'il s'écroule, mais encore réparer le dommage que la chute peut occasionner, à moins que la chute ne soit le résultat des entreprises du riverain.

En ce qui concerne les murs qui soutiennent au contraire les terres riveraines, c'est aux propriétaires à les tenir en bon état de conservation, à déblayer immédiatement la route et à les rétablir au plutôt si en s'écroulant ils gênent la circulation.

150. *Qui peut ordonner des travaux de réparation et d'entretien sur les chemins ruraux ?* — Nous allons avoir à rechercher quels sont les voies et moyens que les communes ont à leur disposition pour faire face aux travaux d'entretien des chemins ruraux. Nous devons nous borner à poser ici quelques règles : ainsi ces travaux ne peuvent être faits que sous la surveillance et le contrôle de l'autorité supérieure, lorsqu'ils sont exécutés par la commune ; c'est une conséquence forcée de l'état de minorité des communes placées sous le pouvoir tutélaire de l'administration supérieure d'après l'ensemble de nos lois administratives.

D'un autre côté cette dépense n'est point obligatoire mais simplement facultative, par suite, aux termes de la loi sur l'administration communale, l'autorité ne peut contraindre les communes à la faire malgré elles. (Dalloz, n° 1378).

Enfin l'autorité judiciaire ne pourrait elle-même ordonner des travaux de cette nature du moins directement. Un riverain ayant eu à se plaindre des dommages causés par le défaut d'entretien d'un chemin rural avait actionné une commune devant l'autorité judiciaire et un jugement du tribunal de Clermont-Ferrand avait alloué des dommages-intérêts au plaignant et ordonné l'exécution de certains travaux pour prévenir le retour de ces dommages. La cause fut portée en appel puis en cassation où se débattirent diverses questions que nous n'avons pas à indiquer ici ; renvoyée devant la Cour de Limoges, un arrêt fut rendu le 19 janvier 1860 par les chambres réunies, on y lit : « Attendu que pour assurer l'exécution de son jugement, le tribunal a autorisé de Montonel, dans le cas où la commune de Planzat ne ferait pas dans un délai déterminé les travaux ordonnés, à les faire exécuter lui-même, et que cette disposition, en autorisant éventuellement à opérer des travaux sur un terrain communal, entreprend sur le pouvoir administratif, et qu'il convient d'adopter un autre mode d'exécution. Confirme au principal ; dit que dans le cas où la commune ne ferait pas exécuter les travaux ordonnés dans le délai de quarante jours à partir de la signification de l'arrêt, elle serait passible de 5 fr. de dommages-intérêts par chaque jour de retard. »

§ 3. —Voies et moyens ; concours des riverains ; syndicat.

SOMMAIRE.

151. *Voies et moyens.* — Après avoir posé la règle que l'entretien des chemins ruraux est une charge communale et qu'il doit avoir lieu par les soins et sous la surveillance de l'autorité municipale, reste à expliquer comment s'appliquera cette règle dont la difficulté d'exécution viendra le plus souvent de l'impossibilité où seront la plupart des communes d'avoir les fonds disponibles.

152. *Les communes ne peuvent employer à l'entretien des chemins ruraux les ressources créées pour les chemins vicinaux.* — M. Dumay sur Proudhon, *Domaine public*, t. 2, nᵒˢ 614 et suivants et 638, en se fondant sur les articles 2 et 3 section 6 de la loi du 6 octobre 1791 pense que le préfet peut ordonner pour les chemins publics communaux autres que les chemins vicinaux, toutes les mesures capables d'assurer les fonds nécessaires à leur entretien et à leur réparation.

Il admet que le vote des centimes additionnels, la contribution particulière par rôle, l'impôt de prestation en nature, sont applicables à ces chemins, sauf l'accomplissement préalable de certaines formalités suivant la voie à laquelle on a recours. En un mot, suivant lui, « dans tous les cas on doit procéder ainsi qu'on le fait quand il s'agit de réparations ou d'améliorations des chemins vicinaux, parce que, dans une hypothèse comme dans l'autre, les besoins et les intérêts des communes de la situation des biens sont absolument les mêmes, et les lois ne tracent pas d'autre marche à suivre pour y satisfaire. »

Tel n'est pas l'avis du ministre qui, dans son instruction générale du 24 juin 1836 sur l'exécution de la loi du 21 mai 1836 concernant les chemins vincinaux, interprétant d'une manière limitative l'article 1er de cette loi dit : « Les communes ne sont tenues d'entretenir que les chemins vicinaux légalement reconnus. C'est sur ceux-là seulement que peuvent être appliquées les ressources ordinaires et extraordinaires des communes ; c'est là seulement que les citoyens penvent être légalement requis de porter le travail personnel, la prestation en nature que la loi leur impose. Appliquer les ressources des communes à la réparation des chemins qui n'auraient pas été classés dans la forme voulue, serait s'exposer au reproche de faire une application irrégulière des revenus communaux et peut-être même à une accusation de détournement des fonds des communes ; requérir les citoyens de porter leurs prestations sur des chemins non classés, serait s'exposer à un refus de service qui trouverait sa justification dans le texte formel de la loi. » Ces instructions sont conformes aux instructions antérieures et notamment à celles d'octobre 1824.

Elles se trouvent complétées par l'instruction spéciale du 16 novembre 1839 basée sur l'avis du conseil d'Etat du 21 avril 1839. Le ministre, après avoir établi en principe que les chemins ruraux reconnus sont à la charge des communes, s'exprime en ces termes, pour indiquer comment l'obligation de les entretenir peut être remplie par elles :

« Les ressources créées par la loi du 21 mai, les

prestations en nature, les centimes spéciaux et même les centimes extraordinaires qui seraient imposés en vertu de l'art. 6 de la loi du 23 juillet 1824, sont exclusivement affectés à la réparation et à l'entretien des *Chemins vicinaux*. Ce n'est qu'en vue de ces chemins que le législateur a autorisé l'assiette et le recouvrement de ces impositions diverses, et, comme l'a rappelé l'instruction du 24 juin 1836, aucune partie de ces ressources ne pourrait être détournée pour être employée sur des chemins autres que les chemins vicinaux.

Les principes développés dans ces instructions ont été acceptés par tous les auteurs. Braff, n° 310, *Annales des chemins vicinaux*, 2ᵉ partie, t. 3, p. 147 ; *Journal des communes*, 1856, p. 327 ; 1858, p. 179 ; Bost, n° 158 ; Dalloz, nᵒˢ 885 et 1379 ; Dufour, t. 3, p. 393, n° 400 et p. 403, n° 403 ; Cotelle, t. 4, p. 365, n° 778 ; Rousset, *Dict. de Voirie*, p. 66.

153. *Quels fonds peuvent y être employés.* — L'instruction ministérielle du 16 novembre 1839 porte : « Il n'est qu'un seul cas où l'administration municipale pourrait faire quelque chose pour les chemins ruraux : c'est celui où une commune peut entretenir ses chemins vicinaux sur ses seuls revenus sans avoir recours aux prestations ni aux centimes spéciaux, et où, toutes ses dépenses obligatoires assurées, le conseil municipal voudrait affecter quelques fonds à l'entretien des chemins ruraux, sous l'approbation, bien entendu, de l'autorité qui règle le budget ; mais ce cas sera bien rare, puisque, ainsi que cela résulte du rapport présenté par le minis-

tre sur le service vicinal de 1838, il n'y avait dans toute la France que 1391 communes qui avaient pu assurer, sur leurs seuls revenus, l'entretien des chemins vicinaux. Presque partout, il faut donc le reconnaître, les communes seront dans l'impossibilité de rien faire pour la réparation des chemins ruraux, et c'est une conséquence de la classification de nos voies publiques secondaires qui a mis à la charge des communes les plus importantes de ces voies de communication sous le titre de *chemins vicinaux*. Si un chemin rural venait, par l'effet de quelque circonstance, à acquérir assez d'importance pour que son entretien fût indispensable ou seulement utile aux intérêts de la commune, on pourrait, en remplissant les formalités voulues, le porter dans la catégorie des chemins vicinaux, ce qui permettrait alors de pourvoir à son entretien sur les ressources créées par la loi du 21 mai 1836. »

Conformément à ces instructions on professe que les communes ne peuvent employer à la réparation et à l'entretien des chemins ruraux que les fonds restant libres après satisfaction des dépenses obligatoires et des dépenses nécessaires à la viabilité des chemins vicinaux. Bost, n° 32, Dalloz, n° 1381, *Annales des chemins vicinaux*, 2ᵉ partie, t. 3, p. 147; Cotelle, t. 4, p. 365, n° 778; Dufour, t. 3, p. 403, n° 403; Rousset, *Dict. de Voirie*, p. 66. Explications données au Sénat dans la séance du 23 juin 1862, *Moniteur* du 24, p. 925.

154. *Insuffisance de ces ressources.* — La part faite aux réparations et à l'entretien des chemins ruraux sur

les finances municipales par les règlements et instructions ministérielles, est presque nulle. C'est là un régime financier bien fâcheux, car il maintient dans une inviabilité funeste les chemins destinés à l'agriculture et ceux qui sont appelés à rendre les services les plus importants aux nombreuses communes rurales. Aussi, les conseils généraux, mis en demeure de s'expliquer par la circulaire du ministre du 22 juin 1853, ont-ils vivement réclamé contre le maintien du *statu quo*, et les journaux agricoles notamment se sont fait les échos des plaintes des agriculteurs, entre autres le *Journal d'agriculture pratique*, année 1852, t. 2, p. 428.

155. *Impositions extraordinaires.* — Pour parer à ces inconvénients, on s'est demandé si les communes ne pouvaient pas recourir au vote d'impositions extraordinaires, de manière à ne pas nuire aux exigences des services communaux et vicinaux, en faisant face d'un autre côté à un service d'un intérêt majeur pour les habitants. L'administration dans ses instructions paraît repousser en principe ces moyens, auxquels on ne peut recourir d'après Bost, n° 31 ; Braff, n° 310 ; Chauveau Adolphe, *Journal de droit adm.* t. 2, p. 292.

Nous avons été frappé des observations suivantes insérées dans les *Annales des chemins vicinaux*, 2° partie, t. 3, p. 148, M. Dalloz est arrivé à adopter l'opinion qui en découle, n° 1380, et nous nous y rangeons volontiers :

« Dans l'état actuel de la législation, est-il dit dans les *Annales*, il est donc généralement impossible aux communes d'appliquer à l'entretien de leurs chemins

ruraux aucune portion de leurs ressources ordinaires ou
spéciales, mais les conseils municipaux ne pourraient-
ils, avec le concours des plus forts contribuables, voter
à cet effet des impositions extraordinaires? La circulaire
du 16 novembre 1839 dit que les impositions de cette
nature, votées en exécution de l'article 6 de la loi du
28 juillet 1824, ne peuvent être employées que sur des
chemins vicinaux. Nous comprenons parfaitement qu'on
ne puisse donner une autre destination à ces impositions, qui sont votées en vertu d'une disposition de loi
concernant les chemins vicinaux, et qui ont, dès lors,
pour objet de subvenir à une dépense obligatoire en
principe. Mais toutes les impositions extraordinaires ne
sont pas destinées à pourvoir à des dépenses obligatoires. L'article 40 de la loi du 18 juillet 1837 prévoit
le cas où des communes demanderaient à s'imposer ex-
traordinairement pour des dépenses non obligatoires,
or c'est le cas qui nous occupe ; et nous ne voyons en
droit aucune raison qui puisse s'opposer à ce que les
demandes de cette nature soient favorablement accueil-
lies. Le conseil d'Etat, il est vrai, a émis, dans sa séance
du 21 août 1849, l'avis qu'il n'y avait pas lieu d'autoriser une imposition extraordinaire votée par une
commune pour la réparation de ses chemins ruraux. Il
s'est fondé sur ce que les communes devaient appliquer
leurs ressources de toute nature à la mise en l'état de
viabilité des chemins vicinaux, avant de s'occuper de
l'amélioration des autres voies publiques. En fait, le
conseil d'Etat nous paraît avoir raison ; il est rationnel,
ainsi que nous l'avons déjà fait observer, de commencer

d'abord par réparer les voies de communication les plus importantes ; mais il ne serait peut-être pas toujours sans inconvenient d'appliquer cette doctrine d'une manière trop absolue. Telle circonstance en effet pourrait se présenter où une commune se trouverait dans l'obligation de recourir à une contribution extraordinaire. Ainsi, par exemple, si pour rétablir la circulation interceptée par suite d'un accident quelconque, une commune se voyait dans la nécessité d'opérer le redressement d'un chemin rural, comment pourvoirait-elle aux dépenses de cette opération si le recours à une imposition extraordinaire lui était interdit? En vain dirait-on que le chemin peut être déclaré vicinal; la commune peut avoir intérêt à ne pas se créer l'obligation d'entretenir un chemin d'une étendue peut-être considérable. Il serait bien rigoureux de lui imposer cette charge pour la mettre à portée de rétablir la circulation interceptée. Aussi nous pensons que l'imposition extraordinaire dont nous venons de parler n'a pas été autorisée parce qu'elle s'appliquait d'une manière générale à tous les chemins ruraux de la commune ; mais qu'il n'en eût pas été ainsi si elle avait eu pour objet des travaux à exécuter sur un chemin déterminé, et dont la nécessité eût été bien constatée. Il faut donc conclure de ces observations que le vote d'une contribution extraordinaire, en cette matière, n'est pas absolument interdit ; mais qu'au point de vue d'une bonne administration, l'autorité supérieure a le droit d'apprécier dans quels cas il y a lieu d'y donner suite. »

156. *Concours des riverains sous la législation actuelle.* — Par une circulaire en date du 22 juin 1853, le ministre de l'intérieur appelle l'attention des conseils généraux sur la question de l'entretien des chemins ruraux. Le ministre paraît établir en principe que les dépenses d'entretien ne peuvent être supportées par les communes et il demande s'il ne conviendrait pas de les rendre obligatoires pour les propriétaires intéressés ainsi que cela se pratique pour le curage des cours d'eau non navigables ni flottables, ou simplement facultatives. Si la majorité des conseils généraux s'est prononcée pour l'entretien à la charge des propriétaires intéressés, les avis ont été loin d'être précis sur l'adoption des règles qui devaient servir à la mise en pratique de ce système et aucune décision n'ayant été prise, on est resté sous le coup des anciens règlements.

Ici l'opinion de l'administration est formelle, l'instruction ministérielle du 16 novembre 1839 porte : on a demandé si dans l'impossibilité d'user, pour l'entretien des chemins ruraux des ressources réservées aux chemins vicinaux, l'autorité n'aurait pas le droit d'astreindre à pourvoir à cet entretien les sections de communes, ou, pour parler plus exactement, les propriétaires auxquels ces chemins ruraux sont nécessaires pour l'exploitation de leurs terres et le transport de leurs récoltes.

« L'absence de toute disposition légale sert de réponse à cette question. La loi du 21 mai 1836 a mis la réparation et l'entretien des chemins vicinaux à la charge des communes, et a voulu qu'en cas d'insuffisance des

revenus communaux, cette charge fut imposée directement aux citoyens au moyen de prestations en nature
et de centimes jusqu'au maximum fixé ; mais il n'existe
aucune loi qui permette d'imposer aux citoyens, d'une
manière obligatoire, l'entretien et la réparation des chemins non déclarés vicinaux, c'est-à-dire des chemins
ruraux. Il est à désirer sans doute que les particuliers
qui fréquentent habituellement les chemins ruraux pour
l'exploitation de leurs propriétés, comprennent assez
bien leurs intérêts pour se déterminer volontairement à
améliorer ces voies publiques, et s'entendent entre eux
à cet effet ; mais l'autorité ne peut intervenir ni pour
prescrire l'entretien, ni même pour rédiger ou rendre
exécutoires les rôles des contributions volontaires en
nature ou en argent que les propriétaires intéressés con-
sentiraient à s'imposer ; tout dans ces travaux doit être
libre en fait comme en droit. »

Les mêmes explications ont été données au Sénat dans
la séance du 23 juin 1862, *Moniteur* du 24 juin, p. 935,
par M. le sénateur de Ladoucette, à l'occasion d'une
pétition sur ces matières.

Le conseil d'Etat, dans son avis du 21 août 1839,
avait déjà dit : « que pour la réparation de ces chemins,
il ne pouvait être imposé aucune charge, même aux
propriétaires qui auraient un intérêt particulier à leur
bon état de viabilité. »

Et si on excepte Proudhon, *Domaine public*, n° 617,
et un arrêt de la Cour de cassation du 17 mars 1838,
(Coignes), statuant sur l'entretien des rues et non des
chemins ruraux, la doctrine s'est prononcée dans le

même sens que l'administration : *Annales des chemins vicinaux*, 2ᵉ partie, t. 3, p. 149 ; Bost, nᵒˢ 30 et 222 ; Bourguignat, *Droit rural*, p. 194 ; *Journal des communes*, 1861, p. 216 ; Dalloz, nᵒ 1382 ; Dufour, t. 3, p. 403, nᵒ 403 ; Rousset, *Dict. de Voirie*, p. 66 ; Solon, *Chem. vic. et rur.* p. 85 ; arrêt de rej., ch. crim. 5 janvier 1855 (Villote).

157. *Peut-il être demandé à des étrangers ?* — Si on ne peut forcer les riverains à contribuer à la réparation des chemins ruraux qui bordent leurs propriétés, àplus forte raison on ne pourrait pas forcer des étrangers à concourir à de pareils travaux.

158. *A ceux qui usent des chemins ruraux d'une manière anormale.* — Une décision du conseil d'Etat du 14 janvier 1824, a même décidé, à l'occasion des chemins ruraux sis dans la banlieue de Marseille, que l'entrepreneur de travaux publics, qui à cause d'une exploitation exceptionnelle endommagerait ces chemins, ne pourrait être tenu, à raison de cet usage excessif, de contribuer à leur réparation. Cette décision est bien rigoureuse. S'il est vrai que les chemins ruraux, comme les autres, sont établis pour être fréquentés et qu'on ne puisse reprocher à qui que ce soit d'en user, lorsque cet usage est excessif, et qu'il est si exceptionnel qu'il entraîne la dégradation complète d'une voie qui, jusque-là suffisait au but qui l'avait fait établir, il faut bien reconnaître que l'exploitation industrielle qui naît et se développe et qui peut se servir de cette voie publique sans que l'usage excessif qu'elle en fait puisse être défendu et puisse donner lieu à des poursuites devant le juge de répression pour dégradations, sera, au point de vue des réparations civiles, sous le coup d'une action si équitable, que je n'ose pas la considérer comme illégale; certainement la disposition spéciale de la loi de 1836 sur les chemins vicinaux ne sera pas applicable textuellement, mais la règle sur laquelle repose cette disposition est une règle de justice dont on pourra, ce me semble, se prévaloir avec raison même en faveur des chemins ruraux. L'exploitation industrielle qui aura le plus grand intérêt à ce que la viabilité soit maintenue sera le plus directement intéressée à contribuer à son entretien, et en cas de refus de sa part, si l'autorité municipale ne pouvait empêcher le parcours du chemin rural, elle pourrait, dans l'intérêt de la conservation de la voie, prendre des mesures qui pourraient gêner l'exploitation en apportant des limites au poids des chargements, au nombre des colliers, etc.

159. *L'administration doit user de son influence pour déterminer le concours des riverains.* — Si comme nous l'avons reconnu l'administration locale ne peut forcer les riverains à contribuer à l'entretien et aux réparations des chemins ruraux, elle doit profiter de sa légitime influence pour les engager à lui prêter leurs concours, notamment à l'époque où les travaux des champs étant impossibles, les riverains peuvent utilement consacrer, sans perte de temps pour eux, quelques moments pour assurer la libre circulation sur des voies d'un intérêt direct pour eux.

160. *Initiative des riverains pour effectuer les réparations.* — L'initiative prise par les riverains des chemins ruraux pour les entretenir et les améliorer doit être secondée au lieu d'être arrêtée. Le ministre, dans ses instructions du 16 novembre 1839, dit en effet qu'il est à désirer que les riverains s'entendent entr'eux pour améliorer ces voies publiques, et la circulaire du 22 juin 1853 porte : « que la réparation et l'entretien des chemins ruraux n'étant pas entrepris à un point de vue d'intérêt général, il est rationnel de laisser à l'intérêt privé l'initiative et la responsabilité des mesures qui doivent être prises à son profit exclusif. » Cela paraît très-simple et, sauf les considérants qui déterminent l'opinion ministérielle, très-acceptable. La mise en pratique sera quelque fois difficile ; chacun entend les réparations à sa manière et les chemins ruraux deviendront tout aussi mauvais si chacun les répare à sa façon, que si personne n'y touche, et nous verrons bientôt que cette observation est d'autant plus juste qu'elle a frappé le législateur de 1865, lorsqu'il a voté la loi sur les syndicats. Il faudra donc tout au moins que les réparations qu'on se proposera de faire soient signalées à l'admission, approuvées par elle et surtout surveillées par elle ou ses délégués dans l'exécution, ce qui ne laissera pas que de faire naître le plus souvent bien des difficultés.

161. *Syndicats.* — J'ai déjà dit qu'aux termes des instructions ministérielles de 1839 et de l'avis du conseil d'Etat du 21 août 1839, en l'état de notre législation, « l'administration ne saurait autoriser légalement pour l'entretien des chemins ruraux la formation de syndicats. » Aussi est-il inutile de s'occuper de ces associations au point de vue de la législation existante. Il est vrai, depuis ces documents et les ouvrages qui les ont pris pour base des règles qu'ils posent, il a été promulgué une loi nouvelle sur les syndicats, mais cette loi n'a point modifié la situation au point de vue des chemins ruraux.

En effet, l'article 1er porte bien ; « Peuvent être l'objet d'une association syndicale, entre propriétaires intéressés, l'exécution et l'entretien de travaux...... . 8° de chemins d'exploitation et de toute autre amélioration agricole ayant un caractère d'intérêt collectif. » Mais par les mots chemins d'exploitation il faut entendre uniquement les *chemins privés* appartenant à divers propriétaires. Plusieurs députés auraient voulu étendre la disposition aux chemins *ruraux* ayant un caractère public et appartenant aux communes ; mais leur proposition n'a pas été admise. Voici comment s'est exprimé à ce sujet M. Sénéca, rapporteur : « La commission maintient la rédaction du n° 8 de l'article 6 et elle maintient la distinction qu'établit cet article entre les chemins d'exploitation et les autres chemins. Les chemins d'exploitation sont faciles à définir : ils sont ceux sur lesquels la commune n'a aucun droit de propriété. Je dirai que les chemins d'exploitation sont com-

me les chemins de vidange, dans les forêts, qui appartiennent à la forêt, et qui ne sont des chemins ni communaux ni vicinaux. Il y a des chemins ruraux mal
entretenus, j'en conviens, et qui servent à l'exploitation. Mais de ce que les chemins ruraux servent à l'exploitation, c'est faire une confusion étrange que d'en
conclure que ce sont des chemins d'exploitation. Il y a,
au contraire, des chemins d'exploitation proprement
dits qui ne sont que d'intérêt privé, et qui, pouvant
servir à plusieurs individus, engagent ces individus à
se réunir pour contribuer à leur entretien qui sera
ainsi mieux assuré..... Et maintenant, pourquoi ne vou-
lons-nous pas appliquer à d'autres chemins ce qui est
applicable aux chemins d'exploitation proprement dits,
aux chemins d'intérêt particulier? c'est parce qu'il y a
une autorité publique qui est chargée des chemins communaux. C'est au maire de la commune qu'il appartient
de veiller à l'entretien de ces chemins ; c'est un soin
qui n'appartient qu'à la commune. J'admets qu'il est
très-important que les chemins soient bien entretenus,
sans doute, mais ils doivent l'être par ceux qui ont mission de les bien entretenir, et non pas par voie d'usurpation de pouvoir public. Ne faisons pas de confusion
dans les mots ; ne confondons pas les chemins qui servent à des intérêts collectifs et ceux qui servent à des
intérêts communaux. »

Et maintenant qu'il est bien entendu qu'on ne peut,
sous l'empire de la législation existante, se constituer
en syndicat pour la réparation et l'entretien des chemins ruraux, je dois ajouter que plusieurs de ceux qui

se sont occupés de ces questions ont réclamé une loi qui constituât en association forcée les riverains des chemins ruraux pour pourvoir à l'entretien de ces chemins ; je citerai entr'autres M. Saint-Martin , juge de paix au Mans, *Des chemins vicinaux* ; M. le président Caze, article inséré dans la *Culture*, t. 5, 1863, p. 36, publication agricole à la rédaction de laquelle j'ai l'honneur de collaborer et qui est dirigée par M. Sanson ; M. Anastay, juge à Aix, *Projet de code rural*, titre 1er, t. 3, *Chemins ruraux* ; les conseils généraux de la Haute-Loire, de Vaucluse, des Pyrénées-Orientales, des Alpes-Maritimes, de l'Oise, la Drôme en 1862 et quelques autres, toutefois en minorité ; des pétitions ont été présentées dans ce sens au Sénat, notamment en 1862. (*Moniteur*, 24 juin 1862, p. 935).

Depuis quelques années l'opinion publique est favorable aux associations syndicales et ces tendances du pays se sont traduites par la loi de 1865. Je constate cet entraînement ; mais je ne le suis pas. Rien en principe de plus juste et de plus sage que l'association syndicale, je le reconnais, c'est l'union des mêmes intérêts pour augmenter les forces, pour réaliser des améliorations pour lesquelles chaque associé est sans pouvoirs et sans action suffisante, c'est de la décentralisation dans les meilleures conditions, ce sera si on veut le *self governement*, mais dans la pratique c'est le défaut de direction, ce sont les tiraillements de l'intérêt privé le moins dissimulé, les primes aux plus entreprenants , aujourd'hui les ressources imprévues et leur abus, le lendemain l'état de gêne et ses misères, les idées trop larges à côté des plus étroites. C'est fâcheux à dire, dans l'expérience du passé on ne trouve quelque chose de normal dans la marche des syndicats que lorsque l'administration les a absorbés, et je ne crois pas que placer sous une telle administration les chemins ruraux d'une commune, ce soit les placer sous un régime plus prospère que le régime passif qu'ils subissent.

Et d'ailleurs, ces associations comment les composer, y faire entrer les riverains seuls, mais ils ne sont pas les seuls intéressés, le riverain d'un chemin conduisant à un abreuvoir commun, à une chapelle, à un hameau, d'une route à une autre, etc. , doit-il seul supporter l'entretien de cette voie? y faire entrer tous les intéressés, mais quel habitant de la commune pourra-t-on se promettre d'en distraire justement? Qui composera le conseil d'administration de cette association? Les votes seront-ils produits par tête ou au *prorata* de l'intérêt? Faudra-t-il l'unanimité ou la majorité, et quelle majorité? Laissera-t-on le maître d'un vaste domaine peser sur les déterminations de l'assemblée ou faudra-t-il subir la loi d'un riverain dont personne jusque là ne soupçonnait la minuscule possession. Cette administration aura-t-elle à prélever sur ses ressources insignifiantes des remises à un receveur administratif, par la caisse duquel ses revenus auront à passer et aux agents voyers qui auront à surveiller ses travaux ; n'aura-t-elle pas aussi à donner des gratifications au secrétaire chargé de rédiger ses délibérations et jusqu'au valet de ville chargé des convocations.

Ce n'est pas que j'admette très-bien la réunion de quelques propriétaires s'associant volontairement pour une œuvre commune, sous la direction de l'un d'eux qu'ils acceptent dans une certaine condition. Mais ici à côté de l'association privée, faut-il bien placer l'action administrative, puisqu'il s'agit, ne l'oublions pas, de la viabilité publique qui rentre essentiellement et forcément dans ses attributions, et je ne vois donc dans cette combinaison rien qui puisse me satisfaire.

162. *Système à suivre.* — Un système qui me paraît beaucoup plus simple et préférable et parfaitement rationnel, c'est de laisser aux communes le soin d'entretenir et de réparer les chemins ruraux, elles y sont tenues comme propriétaires de ces chemins et comme chargées d'assurer la viabilité sur leurs territoires. Que les riverains, à raison de l'usage qu'ils font de ces chemins à un titre particulier, puissent être appelés, en vertu de dispositions nouvelles, à contribuer à entretenir, à raison des revenus cadastraux et dans des limites très-bornées, je l'admets; mais la charge d'entretien doit principalement peser sur la commune ; c'est à elle à y pourvoir sous la direction du maire et au moyen des agents communaux. Le procédé le plus simple à mettre en pratique c'est l'emploi des cantonniers suivant l'importance des communes. La commune est-elle peu étendue et n'a-t-elle qu'un cantonnier pour ses chemins vicinaux, elle le fait attacher au service vicinal pendant huit ou dix mois de l'année et l'emploie sur les chemins ruraux pendant les mois de congé pour les-

quels ce cantonnier est payé sur les ressources de la commune en dehors des fonds spéciaux. A-t-elle un territoire étendu, est-elle riche, quelle ait un ou plusieurs cantonniers ruraux, au besoin le bon vouloir des gardes peut être provoqué au moyen de subventions destinées à rémunérer quelques services exceptionnels qu'ils pourraient rendre sur les chemins ruraux. Lorsque la commune a des fonds disponibles, qu'elle les applique à améliorer ceux de ces chemins pour lesquels le concours des riverains sera le plus large.

163. *Classement parmi les chemins vicinaux.* — Enfin lorsqu'une commune, par suite de l'affectation spéciale de certaines de ses ressources et l'impossibilité d'avoir raison de certaines difficultés, ne pourra pas assurer la viabilité sur des chemins nécessaires à l'habitation, elle devra recourir au classement de cette voie comme chemin vicinal, et l'application de ce nouveau régime permettra de donner satisfaction aux intérêts publics communaux.

SECTION IV — **Police ; Contraventions.**

—

§ 1. — Pouvoirs de l'autorité administrative.

164. *Action préventive de l'autorité administrative.*
— Le ministre de l'intérieur, résumant ses instructions
du 16 novembre 1839 disait : « L'action de l'autorité
administrative, en ce qui concerne les chemins ruraux,
n'est donc à peu près que préventive, c'est-à-dire qu'elle
a pour objet de les défendre contre les anticipations et
les dégradations et de faire disparaître les obstacles qui
seraient de nature à gêner la sûreté et la commodité du
passage sur ces voies publiques ; toutefois, cette action
préventive importe assez aux intérêts agricoles, pour
qu'elle doive être exercée avec suite et fermeté. » La
circulaire du 24 juin 1836 contenait les mêmes idées.

165. *Sur quoi elle se fonde.* — Cette action et ce
pouvoir se fondent sur l'article 8 de la loi des 16-24

août 1790, qui comprend parmi les objets confiés à la vigilance et à l'autorité des corps municipaux *tout ce qui intéresse la sûreté et la commodité du passage dans les rues, quais, places et voies publiques.* Voyez *infrà*, n° 168.

166. *Par qui elle est exercée ; maires.*— Confié aux corps municipaux par la loi de 1790, ce pouvoir, par suite des modifications apportées à notre organisation administrative, est aujourd'hui passé dans les attributions des maires, soit au pouvoir administratif actif, par opposition aux corps administratifs délibérants. Il est exercé par le maire et à défaut par ceux que la loi spéciale charge de les remplacer d'après des règles générales sur l'administration municipale que nous n'avons pas à rappeler ici. Dufour, t. 3, p. 405, n° 404.

167. *Pouvoirs des préfets.* — Les préfets ne peuvent prendre des arrêtés de police pour la sauvegarde et la conservation d'un chemin rural appartenant à une commune spécialement (Solon, *chem. vic. et rur.* p. 85). A moins qu'ils n'aient à vaincre le refus ou la résistance du maire ; dans ce cas, après due constatation, il pourra agir directement ou par délégation, l'article 15 de la loi du 18 juillet 1837 nous paraît formel dans ce sens puisqu'il dispose que « dans le cas où le maire refuserait ou négligerait de faire un des actes qui lui sont prescrits par la loi, le préfet, après l'en avoir requis, pourra y procéder d'office par lui-même ou par un délégué spécial. »

M. Ad. Chauveau pense que les préfets pourraient directement prendre des arrêtés en ces matières, si au lieu d'avoir pour objet tel chemin déterminé, ou les chemins ruraux d'une commune, ils réglementaient les chemins ruraux d'un département, et il cite un arrêté pris dans ces conditions par le préfet de Vaucluse, *Journal de droit adm.*, t. 5, p. 207, et t. 6. p. 163. M. Dalloz, v° *Voirie par terre*, n° 1423, ne paraît pas partager l'avis de M. Chauveau, j'ai cependant cru devoir m'y ranger par des motifs que j'ai déjà indiqués.

Mais tout le monde sera d'accord pour reconnaître que, en l'absence d'un arrêté municipal spécial, on ne peut appliquer aux chemins ruraux les arrêtés pris par les préfets pour réglementer la voirie vicinale. Bost, n° 80 ; Dalloz, n° 1423 ; ch. crim., 30 mai 1840, Marette.

168. *Etendue du pouvoir des maires.* — M. Ad. Chauveau dit dans son *Journal de droit administratif*, t. 10, p. 359 « Il serait plus logique de considérer les chemins ruraux comme des propriétés ordinaires donnant lieu à une action civile et non à une action répressive, mais j'ai cédé à une jurisprudence constante de la Cour de cassation qui crée pour ainsi dire, comme les anciens parlements, une règle de simple police, règle acceptée généralement. » Je ne crois pas que cette base fut suffisamment solide pour y fonder un système juridique, et si on ne pouvait se fonder que sur les arrêts de la Cour de cassation pour constituer le pouvoir réglementaire et de police des maires en ces matières et le pouvoir répressif des tribunaux, il faudrait bien sortir d'une

pareille voie, aucuns tribunaux ne pouvant en France placer sous la juridiction repressive, des faits que la loi ne considère pas comme des délits, des crimes ou des contraventions. C'est en considérant les chemins ruraux comme des chemins publics, ce qui est leur véritable caractère, que l'on a pu les défendre au moyen de l'action préventive des maires et de l'action repressive des tribunaux, et sur ce point tout le monde est d'accord ; pourquoi sur bien d'autres points se refuse-t-on à leur attribuer le bénéfice des conséquences forcées auquel conduit la reconnaissance de publicité d'un chemin ?

Les maires doivent donc s'attacher à faire disparaître tous obstacles gênant la circulation sur les chemins ruraux et à les défendre notamment contre les anticipations et les usurpations ; avis du conseil d'Etat du 21 août 1839 ; instructions ministérielles des 24 juin 1836 et 16 novembre 1839 ; Dufour, *Droit adm.*, t. 3, p. 406, n° 404 ; Chauveau, t. 3, p. 405, t. 5, p. 207 ; Braff, n° 296 ; Dalloz, n° 1423 ; les nombreux arrêts cités ci-après.

Nous avons déjà indiqué l'étendue et la portée de leurs arrêtés en ces matières, concernant l'alignement et les autorisations de construire ; nous n'y reviendrons pas, nous bornant à renvoyer à ce que nous avons dit à ce sujet, *suprà*, n°ˢ 89 et suiv.

La portée de ces arrêtés au point de vue des questions de publicité et de propriété a fait également l'objet d'un examen particulier et motivera encore quelques observations lorsqu'il sera question des exceptions préjudicielles soulevées devant les tribunaux de police par les délinquants.

Les maires ne pourraient pas prendre des arrêtés qui restreindraient la circulation sur un chemin rural pendant une certaine époque, dans l'intérêt de la conservation des récoltes alors pendantes et pour prévenir les maraudages; (ch. crim. rej., 14 janvier 1848, Schitlighem ; Herman, *Voirie vicinale*, n° 913).

La circulaire ministérielle du 16 novembre 1839 fait justement remarquer que les arrêtés réglementaires pris par les maires en ces matières doivent, aux termes de l'article 11 de la loi du 18 juillet 1837, être adressés au sous-préfet ; que le préfet peut les annuler ou en suspendre l'exécution et qu'ils ne sont exécutoires qu'un mois après la remise de l'ampliation constatée par les récépissés donnés par le sous-préfet.

Lorsque l'action administrative n'a pas été suffisante pour prévenir les contraventions, elles doivent être constatées et réprimées conformément aux règles que nous allons indiquer.

§ 2. — Contraventions.

SOMMAIRE.

173. Violation des arrêtés municipaux.
174. Bonne foi.

169. *Des contraventions de police.* — Je n'ai pas à faire ici un exposé de toutes les contraventions de police prévues par le code pénal dans son livre IV, art. 464 et suivants, même en me limitant aux chemins et voies publiques en général, je ne puis que renvoyer aux traités généraux sur le code pénal, je me bornerai à relever quelques décisions intervenues en ces matières, concernant les chemins ruraux spécialement, qui paraissent être des antécédents utiles à consulter, en particulier pour les matières qui nous occupent.

170. *Anticipations.* — Les anticipations et usurpations sont les contraventions dont les chemins ruraux ont plus particulièrement à souffrir.

Il résulte des principes généraux qu'elles sont punissables alors même qu'elles n'auraient pas été défendues par des actes spéciaux, la loi punissant elle-même directement de pareilles entreprises sur les chemins publics.

Il a été jugé spécialement en ce qui concerne les chemins ruraux :

Que l'anticipation sur un chemin rural, dont la largeur est fixée par le préfet, constituait une contravention, alors même qu'il n'existerait pas un abornement déterminant les limites. C'est au riverain à rechercher et à faire déterminer où passent les limites, si cela est incertain, avant de commencer les travaux ; (ch. crim. cass., 8 août 1863, Corroy).

Il y a usurpation dans le fait d'avoir placé des chasse-roues le long d'un chemin public, devant une construction, peu importe l'usage, et on ne peut pas dire qu'ils ne rétrécissent pas la voie mais guident seulement les roues. L'administration est seule juge en pareil cas de savoir ce qui est utile ou nuisible à la viabilité ; (ch. crim. cass., 17 août 1865, Lallemand).

L'anticipation constitue une contravention, alors même qu'elle n'aurait pas entravé la circulation ; (ch. crim., 17 janvier 1845, Roche).

Il y a usurpation dans le fait d'avoir, en curant et réparant un fossé existant le long d'un chemin, anticipé sur sa largeur ; (ch. crim., 5 novembre 1825, Roger ; 13 novembre 1841, Bellonnet ; 13 décembre 1843, Chatou).

Dans le fait d'avoir planté une haie d'échalas penchant sur un chemin ou une haie morte, de manière à rendre la circulation plus difficile ; (ch. crim., 18 oct. 1836, Bernot ; 7 février 1856, Andréani).

De labourer une partie du chemin en labourant son champ ; (ch. crim., 30 mai 1846, Foulachon).

D'empiéter sur le chemin, bien qu'au moment de la constatation on ait restitué à la voie publique la partie usurpée ; (ch. crim., 4 avril 1851, Aribaud).

L'usurpation sur les dépendances du chemin, les berges par exemple, est une contravention comme l'usurpation sur le chemin lui-même ; (ch. crim., 27 juillet 1855, Cocher).

171. *Embarras ; dépôts.* — Il y a contravention de la part de quiconque embarrasse la voie publique sans nécessité, sans qu'il soit nécessaire d'un arrêté préalable qui défende de pareils actes, cette défense étant écrite dans la loi pénale ; (ch. crim., 30 juin 1843, Delorme ; 28 mars 1844, Morel ; 6 septembre 1844, Rivet ; 15 octobre 1852, Fleury ; 19 février 1858, Dufour).

Cette prohibition d'embarasser la voie publique s'entend de tous dépôts.

Même du dépôt de matériaux destinés à la réparer et amoncelés sans indication administrative sur un seul point ; (ch. crim., 16 décembre 1853, Barrois).

De dépôt de fumiers ; (ch. crim., 1er décembre 1848, Getten ; 20 décembre 1850, Bonnefoy).

De pailles et litières placées sur un chemin rural pour les faire pourrir ; (ch. crim., 9 juin 1854, Alligaud).

D'abandon de charrette attelée ou non ; (ch. crim., 3 octobre 1825, Pernette ; 23 mars 1832, Labille ; 3 décembre 1841, Louazel ; 28 octobre 1843, Grumeau ; 2 octobre 1851, Martin ; 13 mars 1856, Geffrani ; 21 août 1857, Sébor.

S'il y a eu nécessité d'effectuer le dépôt, il n'y a plus de contravention.

C'est aux tribunaux à apprécier si cette nécessité existe.

Elle ne peut s'entendre que d'un dépôt accidentel, momentané et de force majeure, mais non de dépôts journaliers, permanents et successifs, cela a été jugé très-souvent en matière de voirie urbaine et spécialement en matière de voirie rurale à l'occasion de matériaux déposés sur un chemin rural pour y être répandus et être incorporés avec lui ; (ch. crim., 16 décembre 1853, Barrois ; 8 mai 1856, Prégaton.

172. *Détériorations ; enlèvement de terres ; inondations.* — Toute détérioration des chemins ruraux est une contravention, si elle a lieu en dehors des actes que comporte ce chemin, d'après sa destination de voie publique.

Il n'est pas nécessaire pour qu'il y ait contravention que la viabilité ait été empêchée ou gênée ; (ch. crim., 17 janvier 1865, Roche).

La réparation de la dégradation avant jugement ne fait pas disparaître la contravention ; (ch. crim., 14 juillet 1849, Angelini).

L'enlèvement des terres et graviers sur un chemin rural est une contravention, et on ne peut se prévaloir pour la faire disparaître de l'usage général où on serait dans le pays de prendre des terres sur les terrains communaux, cet usage n'est pas pour cela applicable aux chemins publics ; (ch. crim., 1er mars 1844, 25 juillet 1856, Thonnel ; 2 août 1862, Esseline ; 2 août 1862, Lebrun).

Mais si l'usage de prendre des terres spécialement sur les chemins existe, la contravention disparaît ; (ch. crim., 2 décembre 1837, Gounelle).

Toutefois cet usage peut être abrogé par arrêté administratif, s'il est nuisible à la viabilité ; ch. crim., 1er mars 1844, Colon. Cet arrêt a été rendu en matière de voirie vicinale.

Le fait de celui qui ayant enlevé la terre la remplace-
rait par des cailloux qu'il prétendrait être plus avantageux pour la solidité et la viabilité du chemin, ne ferait
pas disparaître la contravention ; (ch. crim., 17 août
1865, Lallemand).

De même si on prétend que l'enlèvement des terres
et graviers a amélioré le chemin ; (ch. crim., 18 novembre 1838, Beaussier).

La contravention existe alors même que les terres enlevées proviennent des raclures des accottements mises
en tas par les cantonniers ; (ch. crim., 10 janvier 1863,
Laporte).

Ou qu'elles proviennent du curage des fossés ; (ch.
crim., 2 mai 1845).

La détérioration constitue une contravention, si elle a
lieu par suite de l'inondation du chemin public déterminé par l'établissement d'un barrage ; (ch. crim., 18
avril 1842, Vaudier ; 18 mars 1848, Barrau ; 30 décembre 1859, Ricord).

Ou résultant du déversement des eaux sur ce chemin pour l'arrosage des propriétés riveraines, quels
que soient les usages et le droit que le riverain puisse
avoir aux eaux d'un canal longeant le chemin ; (ch. crim.,
3 octobre 1835, Verny-Lamothe ; 4 juillet 1844, Tardif).

La dégradation des dépendances des chemins est
une contravention comme la dégradation du chemin
lui-même, ainsi jugé pour les fossés qui les longent et
en dépendent ; (ch. crim., 15 février 1856, Joly ; 5
juin 1856, Delort).

173. *Violation des arrêtés municipaux.* — Nous avons indiqué plus haut, n°ˢ 90 et suivants, les cas dans lesquels les maires peuvent prendre des arrêtés concernant les alignements et permissions le long des chemins vicinaux pour construire et planter. Les infractions aux arrêtés légalement pris constituent encore une série de contraventions punissables.

174. *Bonne foi.* — La bonne foi du contrevenant ne fait pas disparaître la contravention. C'est là une règle aujourd'hui admise par la doctrine comme par la jurisprudence ; j'ai fait remarquer dans mes études sur les *Servitudes de voirie*, t. 1, n°ˢ 90 et 337, qu'elle était applicable en matière de voirie, et des décisions en ont fait l'application spécialement à la voirie rurale ; (ch. crim., 25 mai 1849, Rousseau ; 29 juillet 1858, Brives).

§ 3. — Constatation des contraventions.

SOMMAIRE.

175. *Maires et adjoints.* — Les maires et adjoints doivent dresser ou faire dresser des procès-verbaux con-

tre ceux qui commettent des usurpations sur le sol des
chemins ruraux, qui les dégradent, soit par des enlèvements de pierres, terres et gazons, soit par des dépôts
ou de toute autre manière, en un mot contre tous ceux
qui commettent des contraventions ; loi du 18 juillet
1837, art. 10 ; avis du conseil d'Etat du 21 août 1839 ;
instr. min. du 16 novembre 1839 ; arrêt du conseil d'E-
tat du 16 novembre 1846, Coigny ; Husson, p. 1002 ;
Dumay sur Proudhon, t. 2, n°ˢ 613 et suiv. ; Jacques
de Valserres, *Manuel de droit rural*, p. 593 et suiv. ;
Jousselin, t. 2, p. 424 ; Solon, *Ch. vic.*, p. 88, etc. ;
Dalloz, v° *Voirie par terre*, n° 1425 ; *Annales des chemins vicinaux*, 2ᵉ partie, t. 3, p. 155.

176. *Commissaires de police.* — Les commissaires
de police ont aussi qualité pour constater les contraventions ; (avis du conseil d'Etat du 21 août 1839 ; Dalloz, n° 1425).

177. *Gendarmerie.* — Les gendarmes ont aussi le
droit de constater les contraventions commises sur les
chemins ruraux. Il leur était reconnu par la circulaire
ministérielle du 10 avril 1821, sous laquelle écrivait
dans le même sens MM. Cochet de Savigny et Perrève,
Dictionnaire de gendarmerie, 5ᵉ édition, v° *Voirie (petite)* ; il est écrit dans les articles 313 à 316 du décret
du 1ᵉʳ mars 1854 ; Dalloz, n° 1425.

178. *Gardes-champêtres.* — Il appartient également
aux gardes-champêtres (loi du 28 septembre, 6 octobre

1791, tit. 2, art. 1 et 40 ; C. d'instr. crim. , art. 16 ; avis du conseil d'Etat du 21 août 1839 ; *Annales des chemins vicinaux*, 2ᵉ partie, t. 3, p. 155 ; Dalloz, n° 1425), alors même qu'il ne s'agirait que de simples embarras passagers qui ne feraient que diminuer la liberté du passage, tel que le fait d'avoir répandu des herbes sur un de ces chemins pour faire du fumier ; (arrêt de cass. du 1ᵉʳ décembre 1827, Gourel).

179. *Agents du service rural.* — En un mot, comme le dit l'instruction ministérielle du 16 novembre 1839, les constatations doivent être faites par tous fonctionnaires ou agents ayant qualité pour verbaliser sur les délits ruraux ; (Dufour, t. 3, p. 405, n° 404 ; Solon, *Ch. vic*, p. 88).

180. *Défaut de qualité des agents du service vicinal.* — Les agents spéciaux créés pour le service de la voirie vicinale par la loi du 21 mai 1836 sont sans qualité ; Solon, *Ch. vic.*, p. 88 et *Code adm.*, p. 529 ; cass., 23 janvier 1841, vᵉ Jeannin ; et surtout en ce qui concerne les agents-voyers ; rej., 13 décembre 1843, Chaton ; et Dufour, *Droit adm.*, t. 3, p. 406, n° 404 ; *Annales des chemins vicinaux*, 2ᵉ partie, t. 3, p. 155 ; Dalloz, n° 1425.

On a désiré que ce défaut de qualité vînt à cesser à l'avenir, le conseil général des Ardennes dans sa session de 1864 a demandé que les cantonniers-chefs pussent constater les contraventions sur tous les chemins publics communaux. Peut-être serait-il en effet utile qu'une surveillance pût être exercée sur ces chemins par les agents voyers, mais aujourd'hui cette attribution ne leur est point donnée par la loi.

§ 4. — Mesures provisoires.

181. *Renvoi.* — Nous avons indiqué, *suprà*, n° 88, dans quelles limites se trouvait placée l'autorité administrative en ces matières, en ce qui concerne les mesures provisoires à prendre dans l'intérêt du maintien ou du rétablissement de la circulation sur un chemin public, lorsqu'elle était interceptée par une contravention.

§ 5. — Poursuites.

182. *A qui appartient l'action.* — Les poursuites sont exercées sur l'envoi des procès-verbaux faits par les fonctionnaires et agents ayant qualité pour consta-

ter les contraventions ; elles sont dirigées par les fonctionnaires chargés de l'exercice de l'action publique devant les tribunaux compétents.

183. *Parties civiles.* — Les simples citoyens n'ont
pas qualité pour agir, à moins qu'ils ne procèdent par
par la voie de l'action civile en se prévalant d'un droit
privé et personnel, auquel il aurait été porté atteinte
par le fait constituant une contravention.

§ 6. — Tribunaux compétents.

SOMMAIRE.

184. *Compétence du tribunal de simple police.* —
C'est aux tribunaux de simple police qu'il appartient de
connaître des contraventions commises sur les chemins
publics, cela résulte textuellement des dispositions contenues dans plusieurs des articles placés sous le livre 4
du code pénal, et il est incontestable que ces dispositions sont applicables aux chemins ruraux, la loi les
ayant édictées pour toutes les voies publiques commu-

— 208 —

nales qu'une législation spéciale n'a pas placées sous un régime exceptionnel. C'est ce que j'ai déjà fait remarquer, *Servitudes de voirie*, t. 1, p. 260, n° 148, t. 2, p. 541, n° 694. La jurisprudence de la Cour de cassation est formelle, comme on peut s'en convaincre en consultant les arrêts cités sous les numéros qui précèdent et suivent et c'est l'avis de l'administration et des auteurs ; (avis C. d'Etat, 21 août 1839 ; Ad. Chauveau, *Journal de droit adm.*, t. 3, p. 405, t. 5, p. 207, t. 10, p. 359 ; Dalloz, v° *Voirie par terre*, n° 1426 ; Dufour, t. 3, p. 393, n° 400 et p. 405, n° 404 ; Rousset, *Dict. de voirie*, p. 67 ; Solon, *Ch. vic. et ruraux.* p. 86.

185. *Usurpations et anticipations.* — En ce qui concerne les usurpations, la question de compétence a été assez longtemps controversée, la difficulté naissait de la combinaison de divers textes, notamment de l'article 8 de la loi du 9 ventôse an XIII et de l'article 479 du code pénal, mais la modification apportée en 1832 au texte de cet article a fait cesser la controverse et on reconnaît aujourd'hui que les tribunaux de simple police sont seuls compétents, à l'exclusion des conseils de préfecture, pour connaître notamment des usurpations et anticipations commises sur les chemins ruraux. Qu'on me permette de citer ici un grand nombre d'autorités qui se sont prononcées dans ce sens, cela indique d'un côté que la controverse a été sérieuse et qu'elle n'est actuellement plus possible ; avis du conseil d'Etat du 21 août 1839 ; instr. min. int. des 24 juin 1836 et 16 novembre 1839 : arrêts du Conseil des 23 juin 1819,

Chapuis ; 5 novembre 1818, Regnault ; 5 février 1834, d'Assouville ; 6 février 2837, d'Assonvillez ; 2 janvier 1836, Gruter ; 10 août 1843, Vergnes ; 18 janvier 1845, Poignant ; 26 juin 1845, de Charpin ; 6 février 1846, de Drée, etc. ; arrêts de la Cour de cassation des 21 avril 1841, 13 décembre 1843, 19 septembre, 20 août, 20 et 26 décembre 1851, 27 juillet 1854, 21 janvier 1859, etc. ; *Dict. de l'adm. française,* v° *Ch. vic.,* n° 179 ; Dufour, *Droit adm.,* t. 3, p. 405, n° 404 ; Jousselin ; t. 2, p. 425 ; Foucart, t. 3, n° 1355 ; Solon, *Ch. vic.,* p. 86 ; Bost, *Ch. ruraux,* p. 37 ; Herman, *Voirie vic.,* p. 341, n°s 921 et 922 ; *Courrier des communes,* 1845, p. 312 ; Le Berquier, *Guide des maires,* p. 123 ; Solon, *Code adm.,* p. 529, n° 3882 ; Dumay sur Proudhon, tom. 1, n° 465, t. 2, n° 618 et suivants ; Husson, t. 2, n° 1002 ; Serigny, t. 2, n° 708 ; *Annales des chemins vicinaux,* 2e partie, t. 3, p. 154 ; Braff, n° 312 ; Bourguignat, *Droit rural,* n° 615, p. 193 ; Dalloz, v° *Voirie par terre,* n° 1426 ; Bost, n°s 44 et 128.

186. *Dégradations.* — Le tribunal de simple police est également compétent pour connaître des dégradations, enlèvements de pierres, terres et gazons, etc. sur les chemins ruraux ; avis du conseil d'Etat, 21 avril 1839 ; circ. min. int., 16 novembre 1839; Herman, *Courrier des communes,* Berquier, Solon, Dumay, Husson ; *Dict. de l'adm. française;* Dalloz, Braff, Bourguignat ; *Annales des chemins vicinaux, loc. cit.*

187. *Embarras sur la voie publique.*—Des embarras et dépôts sur la voie publique ; arrêts de la Cour de cassation des 29 juin 1820, Bréau ; 19 juin 1846, Hervé ; 9 juin 1854, Alligand ; 8 mai 1856, Boyron.

188. *Violation de règlements municipaux.* — Des violations de règlements municipaux sur l'obligation de demander une permission avant de construire ou planter le long des chemins ruraux, sur le recurage des fossés longeant ces chemins, sur l'élagage des arbres et autres matières du ressort des autorités municipales : arrêts de la Cour de cassation des 10 juin 1843, Descottes-Marcy ; 21 décembre 1844, Carrière ; Herman ; *Courrier des communes*; *Annales des chemins vicinaux*; Braff, etc. *loc. cit.*

189. *Réparations civiles.* — Le juge de police compétent pour statuer sur les contraventions est également compétent pour statuer sur les réparations civiles auxquelles ces condamnations peuvent donner lieu ; Dalloz, n° 1426. Il doit dès lors, sur la demande qui lui en est faite, ordonner la restitution de terrains usurpés par les riverains et la remise des lieux dégradés en l'état où ils étaient avant la contravention ; Cour de cassation, 20 décembre 1851, Carrière ; 7 juillet 1860, Duplessis ; 14 février 1863, Barre ; 14 février 1863, Daguin ; 7 avril 1866, Trotier.

Toutefois les tribunaux de police ne peuvent connaître de l'action civile en réparation des dommages provenant des délits et contraventions qu'accessoirement à l'action publique et par le même jugement, de sorte que s'ils se sont abtenus de statuer sur ces réparations en déclarant la culpabilité et en prononçant la peine, ils ne peuvent être saisis de nouveau de l'affaire au point de vue des réparations seules ; rej., 7 juillet 1860, Chaumillon. Ils ne peuvent même, s'ils ont été investis en même temps des deux actions directement, surseoir à statuer sur les réparations en prononçant sur la contravention ; (ch. crim. cass., 7 juillet 1860, Duplessis).

Des auteurs pensent que dans ce cas il ne reste plus à la commune, qui n'a pas obtenu devant le tribunal de simple police la réparation du dommage, que la voie civile ordinaire devant les juridictions civiles. Je crois qu'avant de suivre ces voies ordinairement longues et coûteuses, il vaudrait mieux que le maire une fois la contravention constatée et prouvée invitât le contrevenant à réparer le préjudice causé par la contravention, et comme cette réparation consiste le plus souvent à mettre en état un chemin dégradé ou à lui restituer des parcelles usurpées, le maire, faute par le contrevenant de déférer à son injonction, pourrait prendre un arrêté pour prescrire cette mesure et poursuivre devant le tribunal de simple police le cas échéant pour contravention à cet arrêté, en demandant en même temps au tribunal de police la double consécration de cet arrêté au point de vue repressif et des réparations civiles.

§ 7. — Preuves.

190. *Preuve des contraventions.* — Aux termes de l'article 154 du Code d'instruction criminelle, les contraventions sont prouvées, soit par procès-verbaux ou rapports, soit par témoins à défaut de rapports et procès-verbaux ou à leur appui.

Ce n'est point ici le lieu de donner le commentaire de cet article sur lequel les criminalistes ont fait de véritables traités, aussi me bornerai-je à signaler quelques cas bien rares où son application aux contraventions commises sur les chemins ruraux, a donné lieu à des difficultés sérieuses et spéciales.

191. *Aveux.* — L'aveu du prévenu peut suffire pour déterminer la conviction du juge et pour servir de base à une condamnation. Toutefois, lorsque le prévenu d'anticipation sur la voie publique, après avoir prétendu qu'il est propriétaire du terrain sur lequel on lui reproche d'avoir commis l'usurpation, offre de céder une autre partie de terrain lui appartenant pour y établir la voie publique, cette offre n'entraîne pas de sa part nécessairement, la reconnaissance du fait de l'usurpation. (Ch. crim. 14 août 1813, Dubarret).

192. *Procès-verbaux dressés par les maires ; constatation de publicité du chemin.* — Il a été jugé que les procès-verbaux dressés par les maires, pour constater une anticipation sur un chemin rural, font foi de leur contenu lorsqu'il n'est pas fait la preuve contraire et à défaut de cette preuve, le juge de police ne peut relaxer le prévenu. Ch. crim. 21 janvier 1859, Claudon.

Cette règle est applicable même au cas où il s'agit de la constatation de la publicité du chemin, cette constatation ne peut être repoussée par le juge de police, s'il n'est pas fourni de preuve contraire. Ch. crim. 10 avril 1856, Gérard ; 8 août 1862, Cloup. Mais il en serait autrement si la preuve contraire était fournie. Ch. crim. 15 novembre 1860, Demars.

193. *Preuve de la publicité en dehors du procès-verbal.* — Si la constatation de la publicité n'était pas faite dans le procès-verbal, le juge de police ne pourrait refuser au ministère public le droit d'en fournir autrement la preuve. Un sieur Crouzier cité devant un tribunal de police pour avoir embarrassé la voie publique, a soutenu que les terres sur lesquelles des pierres avaient été déposées par lui, n'étaient pas une voie publique. En l'absence de document administratif propre

à établir la nature réelle du terrain, et pour suppléer à l'insuffisance du procès-verbal, le ministère public avait demandé à faire entendre des témoins, à quoi il fut autorisé par un jugement préparatoire.

Au jour du renvoi s'est présenté le maire de la commune assigné comme témoin, et malgré l'insistance du ministère public, à user du droit qu'il tenait de la loi et du jugement, le juge de police s'est refusé de recevoir la déposition du maire par le motif que la preuve testimoniale, était d'une part inadmissible pour établir la publicité du chemin, laquelle ne pouvait résulter que de la production de titres, d'arrêtés de classement ou autres, et d'autre part, de ce quelle était inutile, le prévenu produisant un extrait du plan cadastral comprenant le terrain dont s'agissait dans les propriétés imposées.

En l'état de ces faits dont je copie l'exposé dans l'arrêt de la Cour de cassation du 2 mars 1865, un pourvoi fut formé et la chambre criminelle de la Cour suprême a cassé le jugement de simple police, parce que, d'après elle, il reposait sur une double erreur de droit ; qu'aucune disposition de la loi n'interdit de recourir à la preuve testimoniale pour vérifier si un terrain qu'aucun arrêté administratif n'a classé pour les rues ou chemins d'une commune, constitue ou non une place ou voie publique ; que les tribunaux peuvent et doivent, en cette circonstance, user de tous les modes d'instruction qui sont à leur disposition pour parvenir à la connaissance de la vérité ; que d'un autre côté l'extrait du plan cadastral peut être pour le juge un élément de conviction, mais non une preuve de nature à exclure toute preuve contraire.

§ 8. — Exceptions préjudicielles.

SOMMAIRE.

194. *Règles générales concernant le renvoi à fins civiles.* — Lorsque le prévenu d'une contravention, reconnaissant le fait qui lui est imputé, répond à la poursuite : *feci, sed jure feci*, cette exception qui repose sur l'allégation d'un droit de propriété ou de possession forme une exception véritablement préjudicielle, car, en la supposant reconnue ou justifiée, elle est de nature à faire disparaître la contravention : elle oblige dès lors les juges saisis de la poursuite à surseoir au jugement du délit jusqu'après décision par le tribunal compétent. C'est une règle forcément admise en matière criminelle et qui se trouve textuellement écrite dans l'article 182 du code forestier.

Nous ne pouvons pas suivre dans tous ses développements cette règle de notre droit, nous nous bornerons à indiquer qu'il résulte de l'ensemble de la doctrine et de la jurisprudence que l'exception préjudicielle est admissible : 1° lorsqu'on excipe d'un droit de propriété ou autre droit réel ; 2° lorsqu'elle est fondée sur un titre apparent ou sur des faits de possession, équivalents personnels au prévenu ; 3° enfin, lorsque le titre produit ou les faits de possession articulés sont de nature à ôter au fait, objet de la poursuite, tout caractère de contravention.

Ainsi, en prenant un exemple dans la jurisprudence, intervenu sur des contraventions en matière de chemins ruraux, il a été décidé qu'il n'y avait pas lieu à renvoi à fins civiles dans le cas où un arêté ayant enjoint l'arrachage d'arbres plantés sur un chemin rural, le contrevenant n'exciperait point de la propriété mais seulement de la possession de ces arbres, dans ce cas la propriété n'étant pas contestée, la possession ne peut détruire la désobéissance à l'arrêté pris par l'autorité administrative et l'exception ne peut être admise puisque, prouvés que fussent les faits de possession allégués et non contestés, la contravention subsisterait toujours. (Ch. crim., 14 octobre 1854, Nicolas).

195. *Délai pour faire statuer sur l'exception.* — En ce qui concerne spécialement le délai dans lequel le contrevenant qui a soulevé l'exception devra faire juger par le tribunal compétent le mérite de cette exception, il est bon de faire observer que d'après l'arti-

cle 182 du code forestier qui est considéré comme applicable en toutes matières criminelles, le jugement de sursis doit fixer un bref délai dans lequel la partie qui aura élevé la question préjudicielle devra saisir les juges compétents de la connaissance du litige et justifier de ses diligences, sinon il sera passé outre. Toutefois, en cas de condamnation, le montant des amendes, restitutions et dommages-intérêts sera versé à la caisse des dépôts et consignations pour être remis à qui il sera ordonné par le tribunal qui statuera sur le fond du droit.

C'est par application de ces règles qu'il a été jugé par la chambre criminelle de la Cour de cassation les 4 décembre 1857 dans l'affaire Collier et 23 juillet 1858 dans l'affaire Tétart, que si le délai imparti à celui à qui on impute une contravention commise sur un chemin rural, pour se pourvoir à fins civiles, est expiré sans que les diligences aient été faites pour saisir le juge compétent, le tribunal de répression doit passer outre au jugement de la contravention et refuser d'accorder un nouveau délai.

196. *Exceptions de propriété.* — Quelques doutes s'étaient élevés sur la question de savoir si l'exception de propriété était recevable lorsque des poursuites sont dirigées contre un individu pour dégradation, usurpations ou toute autre contravention commise sur un chemin rural. Ces doutes provenaient de ce qu'il n'est jamais permis de disposer des choses que l'autorité publique a déclaré faire partie du domaine public ; mais lorsqu'il s'agit de chemins ruraux non classés comme

vicinaux, les actes de l'autorité administrative portant reconnaissance de ces voies n'ayant pas pour effet de placer dans le domaine public les propriétés privées sous la seule réserve d'une indemnité, il est généralement reconnu que celui qui sera poursuivi pour contravention sur un chemin rural sera toujours recevable à élever l'exception de propriété, puisque s'il la faisait juger à son profit la contravention disparaîtrait. La plupart des auteurs que nous allons citer indiquent que lorsque l'exception préjudicielle de propriété en matière de chemins ruraux est portée devant le juge de simple police, celui-ci doit, non point se dessaisir, mais surseoir à prononcer jusqu'à ce qu'il ait été statué sur la question préjudicielle par le juge compétent. C. d'Etat, 7 août 1810, Bonnet; 13 janvier 1813, Gaudricault; 11 avril 1810, Mouflette; trib. des conflits, 27 mars 1851, Delert; arrêts de la Cour de cassation, chambre criminelle des 7 messidor an iv, Robert; 27 germinal an ix, Savard; 9 fructidor an x, Giron; 26 frimaire an xi, Loché; 7 nivôse an xii, Jacotot; 22 frimaire an xiii, Boyer; 20 prairial an xiii, Avrillaud; 22 messidor an xiii, Dumesnil; 7 novembre 1806, Martin; 19 novembre 1806, Billon : 12 novembre 1807, Vaubert; 30 janvier 1808, Gobin; 5 janvier 1809, Darnis; 10 février 1809, Palle; 9 octobre 1810, Thieriot; 21 février 1811, Lecaron; 26 juin 1812, Frapin; 1 août 1823, Paulin; 30 juillet 1825, Méry; 19 juin 1829, Mangin; 10 juin 1843, de Bearn; 8 mars 1844, Sebastiani; 6 février 1845, Lettré; 26 septembre 1845, Gineste; 11 octobre 1845, Ganville; 1 mars 1849, Mi-

chel ; 1 mars 1849, Lanzai ; 6 septembre 1850, Plis-
son ; 3 avril 1851, de Saulxures ; 18 juillet 1853, Jourdan ; 29 juillet 1853, Cherfallot ; 27 juillet 1854, Raymond Parent ; 5 janvier 1855, Villotte ; 29 mars 1855,
Gaillard ; 19 avril 1855, Nicolas ; 12 janvier 1856,
Blaise ; 10 octobre 1856, Dujonhannel ; 17 juillet 1857,
Choquet ; 7 juillet 1860 , Duplessis ; 14 novembre
1861, Dubois ; 14 février 1863, Poulain. *Annales des
chemins vicinaux*, 2ᵉ partie, t. 3, p. 154 ; Dalloz, v°
Voirie par terre, n° 1427 ; Merlin, *Rép.*, v° *Chemin public*, n° 6 ; Henrion, *Comp. des jug. de paix*, ch. 22,
§ 1 ; Toullier, t. 3, n° 504 ; Proudhon, n° 621 ; Dumay
sur Proudhon, t. 2, p. 552 ; Garnier, p. 202 ; Curasson, *Comp. des jug. de paix*, t. 1, p. 87 ; Bost, n°ˢ 23,
60, 65, 94, 118, 131 ; Neveu Derotrie, *Droit rural*,
p. 332 ; Herman, *Voirie vicinale*, p. 344, n°ˢ 924 et
925 ; Husson, p. 1002 ; Solon, *Ch. vic.*, p. 87 ; Cotelle,
t. 4, p. 367, n° 785.

197. *Exception de possession.* — L'exception de possession annale, comme celle de propriété, est-elle également recevable et doit-elle motiver un sursis de la
part du juge de repression ?

Nous admettons que le contrevenant renvoyé à fins
civiles pour établir sa propriété peut agir au possessoire
pour arriver ensuite à faire reconnaître cette propriété
par le juge du pétitoire et en cela nous ne saurions dis-
céder de la jurisprudence de la Cour de cassation, at-
testée entr'autres par les arrêts des 22 mai 1863 et 13
janvier 1864, mais la Cour suprême va plus loin et

par sa jurisprudence la plus récente elle juge qu'on
peut exciper directement devant le juge de police de
la possession annale, c'est-à-dire obtenir de lui un
sursis pour faire statuer sur cette possession, décembre
1860, Roche; 14 novembre 1861, Dubois, etc. et par
suite, que lorsque la possession annale est juridiquement reconnue en faveur du prévenu, cette déclaration
est, comme celle de propriété, de nature à enlever au
fait poursuivi le caractère de contravention ; que dès
lors c'est à bon droit qu'en pareil cas le juge de police
se fonde sur cette reconnaissance pour acquitter le prévenu ; 1er décembre 1860, Roche; 23 janvier 1864, de
Suze. En l'état d'une jurisprudence si formelle et aujourd'hui si constante, il n'y a qu'à conseiller de s'y
soumettre, et moins que personne je ne songe à la
combattre. Si elle n'existait pas, je dirais qu'à la suite
du renvoi à fins civiles, la personne poursuivie pourra
se pourvoir au possessoire pour se donner le rôle de
défendeur sur l'action au fond, et que, à ce point de
vue, il peut lui être avantageux de suivre cette voie qui
ne lui est fermée par aucune disposition légale, mais
j'aurais ajouté que après la décision rendue sur le possessoire, elle ne pouvait se dispenser d'obtenir une décision sur la question de propriété, la possession dans ce
cas n'étant le plus souvent que le fait d'une contravention. Il est fâcheux que l'on puisse ainsi dire en définitive, je repousse la poursuite en usurpation en prouvant que j'ai usurpé et cela est d'autant plus regrettable
qu'en ces matières la surveillance étant presque nulle,

la découverte et la repression de la contravention peuvent se faire attendre d'autant plus.

En d'autres termes, sans la jurisprudence de la Cour de cassation, j'admettrais l'action possessoire pour arriver à une décision définitive sur la question de propriété, mais non comme un moyen non-seulement de prescrire la contravention, mais encore la réparation du préjudice causé à la chose publique et même la propriété. De même qu'en matière de chemins vicinaux on admet que l'on suive la voie possessoire pour arriver à une déclaration de propriété donnant lieu à une indemnité, je voudrais ici qu'on ne put suivre l'action possessoire que pour arriver à la détermination de la propriété qui, si elle était résolue en faveur du délinquant, ferait non-seulement disparaître la contravention, mais encore consoliderait la propriété entre ses mains. Au surplus, ce système va se reproduire plus tard avec plus de développements lorsque j'aurais à examiner la question de prescription des chemins ruraux au titre de l'aliénation de ces chemins.

198. *Exception de publicité du chemin.* — La loi pénale ne punit que les contraventions commises sur les chemins publics, il peut dès lors se faire que la personne poursuivie demande à être relaxée des poursuites, sur le motif que le chemin sur lequel la contravention aurait eu lieu n'est pas un chemin public.

On avait décidé plusieurs fois que dans ce cas le tribunal de repression devait surseoir à statuer et renvoyer devant l'autorité administrative pour qu'il fût

prononcé par elle sur la publicité du chemin. Ch. crim.,
7 février 1845, Rampon ; 12 juin 1845, v^e Lignon ;
26 septembre 1845, Gineste ; 11 octobre 1845, Lebrun ; 12 février 1848, Calmels.

Depuis, la Cour de cassation a adopté une jurisprudence contraire; cette jurisprudence se trouve ainsi for-
mulée dans l'arrêt de la chambre criminelle du 3 avril
1851, Brandeault de Saulxures : « La justice repressive, lorsqu'elle est légalement saisie de la poursuite
d'un crime, d'un délit ou d'une contravention devient
par cela même juge des exceptions invoquées en défense, toutes les fois que celles-ci n'ont pas été formellement réservées par la loi à un autre pouvoir ; qu'ainsi,
lorsque la publicité d'un chemin sur lequel a été commise l'infraction poursuivie en devient une circonstance
constitutive ou aggravante, le juge de l'action a compétence pour statuer sur l'exception de non publicité.
D'où il suit qu'en conservant dans la cause la connaissance de la question de savoir si le chemin du Prés du
Bois était public, le tribunal correctionnel jugeant en
appel de simple police s'est conformé aux vrais principes de la matière. »

C'est dans ce même sens qu'ont été rendus les arrêts
de la chambre criminelle des 12 août 1852, Beaulieu ;
15 octobre 1852, Tourneyre ; 29 juillet 1853, Cherfallot ; 9 février 1856, Troubadi ; 10 avril 1856, Gérard ;
20 février 1858, Mibert ; 4 décembre 1857, Collier ;
25 février 1858, Auché ; 22 juillet 1858, Costel ; 5
août 1859, Giraud ; 15 novembre 1860, Demars et
Bouchand ; 25 janvier 1861, Vilcoq.

Surtout en l'absence d'arrêté de classement, ch. crim. rej., 4 décembre 1857, Collier.

Et de tout autre acte administratif attribuant au chemin un caractère de publicité. (Ch. crim., **22** juillet **1858**, Costel ; 5 août **1859**, Giraud ; **21** novembre **1861**, Mazon ; 19 juillet **1862**, Laux).

Mais s'il existe un arrêté de classement, ce titre doit être respecté jusqu'à ce que l'autorité administrative supérieure l'ait réformé ou que l'autorité judiciaire en ait détruit la portée par suite de son appréciation en ce qui concerne la propriété. (Ch. crim., **20** novembre **1858**, Sermet ; Dalloz, *Voirie par terre,* n° 1438 ; Bost, n°ˢ 13 et 265).

Le tribunal de police ne dépasse pas ses pouvoirs s'il ne fait en pareil cas qu'appliquer les actes administratifs produits. (Ch. crim., **25** janvier **1861**, Vilcoq).

Il en serait autrement s'il y avait lieu à interpréter ces actes. (Ch. crim., 26 août **1859**, Sermet).

A défaut d'arrêté de classement et d'actes administratifs constatant la publicité, le tribunal de police a à rechercher et à juger au point de vue de l'affaire qui ui est soumise, si la publicité existe ou non, mais il ne peut se fonder sur le simple défaut d'actes administratifs pour déclarer l'absence de publicité. (Ch. crim., 10 avril **1856**, Gérard ; 21 janvier **1859**, Claudon ; 6 décembre **1851**, Jouet).

Si le procès-verbal constatant la contravention constate également que le chemin sur lequel elle a été commise est un chemin public, le juge de police lorsque la preuve contraire n'est pas faite ne peut repousser cette constatation de publicité. (Ch. crim. cass., **10** avril 1856, Gérard ; 23 juillet 1858, Tétard ; 8 mars 1862, Cloup).

Il aurait ce droit si au contraire la preuve contraire était rapportée. (Ch. crim., 15 novembre 1860, Demars).

Si le chemin avait été, de l'aveu de tous, un chemin public et que le contrevenant prétendît qu'il avait perdu ce caractère lorsque le fait qu'on lui reproche a été commis, ce serait à l'autorité administrative à déclarer si en effet ce chemin a perdu son caractère de publicité. (Ch. crim., **27** décembre 1856, Maillart).

Le sursis devrait être accordé si la personne poursuivie pour avoir intercepté en partie un chemin, tout en reconnaissant que ce chemin est public, soutenait être en droit d'en réduire la largeur en vertu de titres particuliers, ce serait alors une question de propriété et non de publicité qui serait à juger. (Ch. crim., **17** juillet 1857, Choquet).

Lorsqu'un particulier, poursuivi par un autre pour violation de propriété à la suite d'un fait de passage, soutient que le chemin sur lequel il est passé est un chemin public, c'est une véritable question de propriété qui s'élève entr'eux et non de publicité, et cette action est de la compétence du juge civil et nullement du tribunal de police. (Ch. crim., 14 germinal an XIII, Augy ; 28 août 1828, Goupil ; Dalloz, *loc. cit.*, n° 1445).

199. *Classe de la voie.* — Nous venons d'examiner les difficultés auxquelles peuvent donner lieu les exceptions de non publicité du chemin élevées par les contrevenants ; il est possible que la publicité n'étant point contestée, on soit en désaccord sur le point de savoir à quelle classe appartient la voie publique sur laquelle la contravention a eu lieu, rue, chemin vicinal, route, chemin rural. C'est dans ce cas à l'autorité administrative à résoudre préalablement la question qui n'est pas du domaine du juge de police. (Ch. crim., **7** février 1845, Rampon ; 13 juillet 1861, Chicard ; 8 août 1862, Cloup).

200. *Effets du renvoi à fins civiles.* — Le prévenu renvoyé sur sa requête à fins civiles doit justifier sa demande devant les tribunaux civils, et ne pourrait laisser cette preuve à la charge de celui qui poursuivait devant le tribunal de répression.(Ch. crim.,25 septembre 1835, Moreau; 17 novembre et 21 décembre 1860, 11 avril 1861 ; Bourguignat, *Des chemins ruraux*, p. 4, etc.)

Le tribunal de simple police, en prononçant le renvoi, ne pourrait mettre cette preuve à la charge du ministère public en lui accordant un délai pendant lequel, la commune ou lui, feraient la preuve de la propriété communale devant les tribunaux civils, en l'état de la prétention du contrevenant qui allèguerait que le chemin est sa propriété privée. (Ch. crim., 17 octobre 1834, Boilat).

Si des difficultés sont élevées par le contrevenant sur les limites d'un chemin rural, c'est encore à ce dernier qui présente l'exception, à rapporter cette délimitation, que l'on s'adresse pour la faire aux tribunaux ou à l'autorité administrative. (Ch. crim. 21 décembre 1860, Brassart).

Enfin et en un mot, c'est à celui qui obtient un sursis aux poursuites en soulevant une exception, à demander au tribunal compétent et à obtenir de lui la solution de la question réservée.

§ 9. — Prescription.

SOMMAIRE.

201. *Temps nécessaire pour prescrire* — Les contraventions de simple police seront prescrites après un an révolu à compter du jour où elles ont été commises, même lorsqu'il y aura eu procès-verbal, saisie, instruction et poursuite, si dans cet intervalle il n'est point intervenu de condamnation. (Code d'inst. crim. article 640).

202. *Prescription en cas d'usurpation.* — En se fondant sur cet article 640, la Cour de cassation juge que la prescription de la contravention consistant dans l'usurpation d'un chemin public au moyen d'ouvrages sur ce chemin, court à partir de la construction de cet ouvrage, et qu'on ne peut considérer cette usurpation comme une contravention successive et continue se renouvelant indéfiniment et ne pouvant se prescrire; cass., 16 décembre 1842 ; rej., 27 avril 1843 ; cass., 12 décembre 1845, 3 mai 1850, 13 mars 1852, 27 mai 1854, etc. Mais si la peine est prescrite, les tribunaux, à titre de réparation civile, doivent ordonner que les lieux soient remis par le contrevenant en l'état où ils étaient avant son fait, bien que cet acte, par suite du bénéfice du temps, ne puisse donner lieu à une condamnation à l'amende, parce qu'on ne peut acquérir des droits privés au détriment du public sur la chose publique, par le fait de l'inaction ou de la coupable négligence de celui que la loi charge de surveiller cette chose. Le principe a été admis par les arrêts de la Cour de cassation des 10 avril 1841, 29 juin 1844, 2 janvier 1847, 14 octobre 1852, etc. Si le défaut de surveillance avait permis à l'ouvrage de subsister pendant plus de trente ans, d'après l'avis de ceux qui admettent la prescriptibilité des chemins ruraux, non-seulement il devrait être maintenu, mais il ferait passer dans la propriété du riverain le sol sur lequel il aurait été établi.

Il est bien entendu que le juge de répression ne peut connaître de la demande en réparation dans le cas où la contravention a été prescrite par un an, que s'il a été investi par la citation première de la connaissance de la contravention elle-même. On ne pourrait former une demande distincte en réparation du préjudice devant le juge de police sans le saisir de la connaissance de l'action publique en répression ; rej. 27 mars 1852, Bastard. Nous allons avoir occasion de revenir sur ces questions.

§ 10. — Pénalités.

SOMMAIRE.

203. *Les pénalités sont édictées par le Code pénal.* — Les art. 471, §§ 4, 5 et 15, et 579, §§ 11 et 12 du Code pénal, déterminent les peines qui sont applicables pour les diverses contraventions commises sur les chemins ruraux.

204. *Dépôts, etc.* — L'art. 471 n· 4, est applicable notamment à ceux qui ont fait des dépôts de fumier et autres objets sur les chemins ruraux : cass. 16 décembre 1853, Barrois ; 8 mai 1856, Prigaton ; Dalloz,

n. 1424; alors même qu'il n'existerait pas des arrêtés spéciaux pour les défendre. (Cass., 11 janvier 1846, Barasseau, et 9 juin 1854, Alligaud).

Peu importe qu'une partie seulement du fumier eût été déposée par la personne poursuivie (cass. 28 août 1868), et que, depuis plus de trente ans, on fût dans l'habitude de faire de semblables dépôts (même arrêt).

Le même article est applicable à ceux qui ont intercepté les communications, (ch. crim, 5 août 1859, Giraud).

205 *Violation des arrêtés municipaux.* — L'article 471 n· 5 doit être appliqué entre autres à celui qui viole un arrêté municipal concernant la défense de construire ou planter sans autorisation préalable. (Ch. crim. 12 janvier 1856, Blaise; A. Chauveau, t. 6, p. 163; Dalloz, n· 1424).

L'article 475 n· 7 est applicable à ceux qui laissent divaguer des animaux malfaisants ou féroces sur des chemins ruraux; mais les porcs n'étant point placés dans cette classe, cette disposition de loi n'est pas applicable à leurs propriétaires, qui ne peuvent être poursuivis que s'il existe un arrêté spécial et pour contravention à cet arrêté, (cass., 9 décembre 1854, de Lahaye).

206. *Détériorations, usurpations, etc.* — La pénalité édictée par l'article 479 n· 11 est applicable à celui qui a barré un chemin rural, à celui qui l'a coupé (cass. 18 novembre 1853). ou dégradé (circ. minist., 15 nov.

1839 ; cass., 3 octobre 1835, Verny-Lamothe; Braff,
nᵒ 313 ; Dalloz, nᵒ 1424); à celui qui a usurpé sur sa
largeur (cass., 13 décembre 1843, Chaton ; 27 juillet
1854, Raymond; 17 août 1865, Lallemand ; circ. min.
16 nov. 1839 ; Braff, nᵒ 312 ; Bourguignat, *Droit rural*,
p. 193, n. 715 ; Dalloz, nᵒ 1424); qui a enlevé des arbres en dépendant. C'est le nᵒ 12 du même article qui
punit la contravention lorsqu'il y a eu des enlèvements
non autorisés de pierre, de gazon, etc. (cass. 14 juillet
1849 ; 2 mai 1845 ; 2 août 1862, Esseline ; 2 août
1862, Lebrun ; 10 janvier 1863, Laporte; 17 août 1865,
Lallemand).

207. *Peine édictée par l'article 471 du Code pénal.*
— L'art. 471 prononce une peine de 1 frᵒ à 5 fr.
d'amende.

208. *Par l'article 474.* — L'art. 474 porte que
l'emprisonnement pendant trois jours au plus aura toujours lieu, en cas de récidive, contre les personnes
mentionnées dans l'article 471.

209. *Par l'article 475.* — L'amende prononcée par
l'article 475 est de 6 à 10 fr. La peine de cinq jours
d'emprisonnement au plus est prononcée en cas de
récidive.

210. *Par l'article 479.* — L'art. 479 édicte contre
les contrevenants qu'elle désigne une amende de 11 à
15 fr. et un emprisonnement pendant cinq jours contre
les récidivistes.

211. *Réparation du dommage.* — La destruction des ouvrages portant préjudice à la voie publique doit être prononcée toutes les fois qu'il y a lieu : par exemple lorsqu'une construction empiète sur la voie publique (cass., 20 décembre 1851, Carrière; 26 juin 1850, veuve Auroy).

Le tribunal de police ne peut même, dans ce cas, donner un sursis pour effectuer cette démolition (C. de cass., 18 décembre 1840, 8 juillet 1843).

Mais, dit avec raison la Cour de cassation, dans son arrêt du 2 janvier 1847 (affaire Chefdebien) : « La démolition des constructions faites sans autorisation préalable le long des chemins publics, soit vicinaux, soit ruraux, ne doit, aux termes de l'art. 161 du Code d'instruction criminelle, être ordonnée par le jugement qui réprime le non-accomplissement de cette formalité que lorsqu'elles présentent un empiètement sur la largeur légale de la voie publique, puisque, dans le cas contraire, il n'en résulte aucun dommage pour la petite voirie. » (Décision semblable le 11 janvier 1862, de Turenne). Je me suis élevé, dans un article inséré dans l'ancienne *Revue de législation*, contre l'ancienne jurisprudence résultant de divers arrêts de la même cour, aux termes de laquelle la démolition devait être ordonnée dans tous les cas.

Le tribunal de police doit ordonner les autres mesures nécessaires pour réparer le préjudice causé par la contravention, comme cela a déjà été indiqué plus haut, n° 189. lorsque j'ai eu à examiner la compétence de ces tribunaux.

Cette réparation doit être encore ordonnée alors que le tribunal de police reconnaissant la contravention, déclarerait qu'il n'y a pas de peine à prononcer parcequ'elle est couverte par la prescription. (Ch. crim., 25 janvier et 30 novembre 1843 ; *Annales des chem. vic.* 2ᵉ partie, t. 3, p. 155).

D'un autre côté, si, lorsqu'il y a dommage, les juges ne peuvent se borner à appliquer la peine, et s'ils doivent encore prononcer la réparation, ils ne peuvent se borner à prononcer la réparation sans appliquer de peine (cass., 18 décembre 1846, Legeay).

212. *La loi de 1791 est inapplicable à ceux qui ont embarrassé les chemins ruraux.* — Je disais tantôt que l'art. 471, § 4 du Code pénal, qui punit ceux qui ont embarrassé la voie publique en y déposant ou y laissant sans nécessité des matériaux ou des choses quelconques qui empêchent ou diminuent la liberté ou la sûreté du passage, était applicable aux chemins ruraux. Cette opinion est contraire à celle qui a été professée par MM. Chauveau Adolphe et Faustin Hélie (*Théorie du Code pénal*, t. 6, p. 308, 3ᵉ édition), et Morin (*Répert. du droit crim.* vᵒ *Embarras de voirie*, nᵒ 2). Suivant ces auteurs, de pareilles contraventions tomberaient sous l'application du Code rural des 28 septembre - 6 octobre 1791, et les trois arrêts de la Cour de cassation des 1ᵉʳ décembre 1827, 15 février 1828 et 24 avril 1829 semblent donner à cette doctrine l'appui de leur autorité. Mais la règle que nous avons posée, admise par Henrion de Pansey, *Compétence des juges de paix*, chap.

12, §·2 ; Bourguignon, *Jurisprudence des Codes crimi-nels*, t. 3, p. 512 ; Garnier, *Des chemins*, p. 509, 3ᵉ édition ; Foucart, *Droit public*, t. 2, p. 403 ; Bost et Daussy, *Législation et jurisprudence des tribunaux de police*, p. 226 ; De Villeneuve, *Recueil des arrêts* année 1856, 1ʳᵉ partie, p. 383 note, est sanctionnée par la jurisprudence la plus récente de la Cour suprême, com-me cela résulte des arrêts des 6 février 1845, 9 juin 1854, 8 mai 1856, 2 janvier 1857, 28 août 1858.

§ 11. — Recours contre les jugements de simple police.

SOMMAIRE.

213. *Voies de recours.* — Les jugements rendus par défaut par les tribunaux de police peuvent être frappés d'opposition dans la forme et les délais déterminés par les articles 151 et suivants du Code d'instruction cri-minelle.

Les jugements rendus en matière de police pourront être attaqués par la voie de l'appel lorsqu'ils pronon-ceront un emprisonnement, ou lorsque les amendes, restitutions et autres réparations civiles excèderont la somme de cinq francs outre les dépens (art. 172 et suiv. C. instr. crim.).

Les arrêts et jugements rendus en dernier ressort, en matière de police, pourront être déférés à la Cour de cassation (art. 407, 413 et suiv., 416 et suiv. C. d'instr. crim.).

SECTION V. — **Suppression, aliénation, prescription**

—

§ 1. — Suppression, aliénation.

SOMMAIRE.

229. Actions possessoires.
230. Expropriation pour cause d'utilité publique.

214. *Inutilité de certains chemins.* — Le ministre de l'intérieur dans sa circulaire du 16 novembre 1839, en s'adressant aux préfets, leur dit : « Vous vous attacherez aussi à rechercher si tous les chemins portés au tableau des chemins ruraux dressé par la commune sont assez utiles pour devoir être conservés, ou si une partie ne pourrait pas être supprimée. Il est des communes où le nombre des chemins et des sentiers ruraux excède tous les besoins ; souvent on en voit plusieurs qui se rendent au même endroit, tandis qu'un seul suffirait. Il importerait de rendre à l'agriculture un sol qui lui est pour ainsi dire enlevé sans utilité. » Cette mesure a déjà été prescrite par les articles 3 et 4 de l'arrêté du gouvernement du 23 messidor an v.

215. *Légalité de la suppression et de l'aliénation.*— Les chemins publics communaux pourront donc être déclarés inutiles, l'affectation de leur sol à un service public pourra cesser et ils pourront être aliénés, sauf à remplir préalablement les formalités prescrites par les lois et règlements ; circ. 16 nov. 1839 ; art. 3 et 4 arrêté du gouvernement du 23 messidor an v ; arrêts de la Cour de cassation des 5 juillet 1836, 15 juillet 1851, 3 mai et 6 novembre 1858. Braff, n° 306 ; A. Chauveau, *Journal de droit adm.*, t. 3, p. 160 et 404, t. 10, p. 358.

216. *Formalités.* — Que le chemin ait été classé ou

non, il faut à cause de son affectation à un service public que le public puisse être entendu préalablement pour que l'administration soit suffisamment et légalement renseignée au sujet du déclassement et de l'aliénation. C'est-à-dire qu'il faut qu'une enquête ait lieu avec la publicité requise en pareil cas, après quoi le conseil municipal statue sous l'approbation du préfet. (Bost, nº 35, *Ecole des communes*, 1859, p. 95 ; Dalloz, nº 1387.

Cependant l'accomplissement des formalités préalables d'enquête que nous venons d'indiquer n'étant pas formellement prescrites en pareil cas par une loi, mais seulement par des instructions administratives, leur omission peut bien motiver un sursis à statuer de la part de l'administration supérieure ; mais si une décision était prise, il ne saurait à raison de ce être ouvert contr'elle un recours par la voie contentieuse. (Bost, nº 39 ; Dalloz, nº 1388 ; C. d'Etat, 22 février 1837, Fraissé).

Il a été spécialement jugé encore que la suppression peut être prononcée sans qu'il soit justifié de l'accomplissement préalable des formalités prescrites par la loi du 28 juillet 1824 sur les chemins vicinaux. (C. d'Etat, 5 mai 1865, Fontaine).

217. *Décision du conseil municipal.* — Par application de l'article 19 de la loi du 18 juillet 1837, on juge et on enseigne que le déclassement et l'aliénation ne peuvent avoir lieu que sur une délibération conforme du conseil municipal. Ce conseil devant délibérer sur les objets suivants : « 1º, etc...... 3º Les acquisitions, aliénations et échanges des propriétés communales,

leur affectation aux différents services publics et en général tout ce qui intéresse leur conservation et leur
amélioration.

Le préfet ne peut donc d'office ordonner la suppression et la vente d'un chemin rural, contrairement à une
délibération du conseil de la commune à laquelle appartient ce chemin ; C. d'Etat, 7 avril 1859, commune
de Grainville, ou des deux communes si deux communes ont la propriété d'un même chemin rural. (C. d'E-
tat, 16 février 1860, commune de St Just-en-Chaussée).

Mais si le chemin traverse le territoire de plusieurs
communes et s'il est sur le territoire de chacune d'elles
successivement la propriété exclusive de cette commune,
la suppression et la vente peuvent en être ordonnées
par le préfet sur la partie de la commune traversée dont
le Conseil a délibéré la vente du chemin. (C. d'Etat,
5 mai 1865, Fontaine. Bost, n° 42 ; Dalloz, n° 1390).

218. *Approbation par le préfet.* — Si le préfet ne
peut d'office ou contrairement à une délibération d'un
conseil municipal ordonner la suppression d'un chemin
rural appartenant à une commune, d'un autre côté la
délibération de ce Conseil tendant à la suppression et
à l'aliénation n'est exécutoire qu'après l'approbation
du préfet, conformément à l'article 20 de la loi municipale du 18 juillet 1837. (A. Chauveau, *Journal de
droit adm.*, t. XII, p. 339).

219. *Rétractation du vote sur le déclassement.* —
La commune peut rétracter son vote sur la suppression

avant comme après l'arrêté d'approbation, si son Conseil mieux instruit croit devoir maintenir comme chemin public la voie dont le déclassement avait été voté : Bost, n° 42 ; Dalloz, n° 1391. Le préfet peut également ment revenir sur sa première décision, sans que les riverains puissent se prévaloir d'un premier arrêté comme entraînant définitivement un déclassement sur lequel l'autorité ne pourrait pas revenir. (C. d'Etat, 23 juin 1849, Béranger).

220. *Emploi du prix de vente.* — Le prix de vente doit être perçu au profit des communes et versé dans la caisse municipale à titre de recette accidentelle, Braff, n° 307. Le conseil général du Gers demandait avec raison dans sa session de 1863 que le prix de ces ventes fut affecté spécialement à l'amélioration des chemins ruraux conservés. C'est là un conseil, sinon une obligation, utile à suivre.

221. *Mode de vente.* — Il faut rappeler ici que l'aliénation des biens des communes ne peut se faire qu'aux enchères publiques et en suivant des formalités spéciales tracées par les lois sur l'administration des communes. Mais n'y a-t-il pas une exception à ces règles, apportée au profit des riverains ?

222. *Droit de préemption ou de préférence des riverains.* — On s'est demandé si les riverains des chemins ruraux avaient un droit de préemption ou préférence ; on répondait négativement, parce que le droit

consacré en faveur des riverains des grandes routes et
des chemins vicinaux est un droit exceptionnel, qui ne
saurait exister qu'en vertu d'une disposition expresse
que l'on chercherait vainement dans notre législation
en ce qui concerne les chemins ruraux. Au surplus,
ajoutait-on, ce droit est le corrélatif de l'expropriation
pour cause d'utilité publique et des mesures de même
nature que les préfets sont autorisés à prendre en ce
qui concerne les chemins ruraux, mesures qui ne peuvent être appliquées aux chemins ruraux. C'est ce que
le ministre de l'intérieur a soutenu, notamment dans
l'affaire Glandaz, jugée le 18 décembre 1856 par le Conseil d'Etat.

C'est dans ce sens que se sont prononcés MM.
Herman, n° 919 et Bost, n° 40. M. Dalloz, en résumant les raisons données par les partisans de l'opinion
contraire à laquelle je me range, dit au n° 1394 : « D'a-
près la circulaire ministérielle sur l'application de la loi
du 21 mai 1836, les chemins vicinaux supprimés, à l'é-
gard desquels l'article 19 de cette loi établit le droit de
préemption, ne sont autres que les chemins qui n'auraient pas été déclarés vicinaux ou dont la déclaration
de vicinalité aurait été régulièrement rapportée, et dont
la suppression définitive aurait été reconnue sans inconvénient pour les communications. Or un chemin inutile,
qui n'a pas été déclaré vicinal, est évidemment un chemin rural. Il importe peu que l'article 19 de la loi du
21 mai 1836 ne parle que de chemins vicinaux , car
pendant longtemps l'expression chemin vicinal a été sy-
nonyme de chemin communal, et si, en 1836, la dis-

tinction entre ces deux sortes de chemins était faite dans les idées, elle n'existait pas toujours dans le langage, comme en témoigne la circulaire ministérielle elle-même. On doit donc croire que le législateur de 1836, en employant l'expression de chemins vicinaux au lieu de celle de chemins communaux, n'a pas pris garde au sens restreint qu'avait reçu peu à peu la première de ces expressions, il a voulu évidemment établir une règle d'équité applicable à tous les chemins communaux sans distinction. Qu'on remarque, d'ailleurs, qu'elles seraient les conséquences de la doctrine contraire ; il suffirait de faire passer à l'état de chemin rural un chemin qui aurait été classé pour que sa suppression ultérieure n'ouvrît pas la faculté de préemption au profit des riverains. Cela est-il admissible ? »

Aussi le droit de préemption au profit des riverains des chemins ruraux est-il généralement admis. (Trib. de Bordeaux, 16 août 1852, Venizaud ; Cour de cass., 19 mai 1858, Sœurs de la charité de Nevers. Braff, n° 309 ; Vitard, *Jurispr. rur.* p. 65 ; Les annotateurs du *Recueil des arrêts du Conseil*, 1856, p. 718 ; Ad. Chauveau, t. 12, p. 338 ; *Contrà*, Cotelle, t. 4, p. 365, n° 780).

Ajoutons que si la difficulté vient à se présenter et qu'elle soit portée devant les tribunaux administratifs, ceux-ci devront en réserver la décision à l'autorité judiciaire. (C. d'Etat, 18 décembre 1856, Glandaz ; 10 mars 1864, Jolly).

223. *Le maire peut-il acquérir des portions de che-*

mins ruraux déclassés ? — Aux termes de l'article
1596 du code civil, les maires ne peuvent se rendre
adjudicataires ni par eux-mêmes ni par personnes in-
terposées, des biens des communes, et cela s'entend
même des biens dits communaux qui sont affectés à la
jouissance promiscue de tous les habitants de la commune, C. de cass., 11 janvier 1843. Ils ne peuvent
dès lors se rendre adjudicataires des portions de chemins ruraux supprimés, si ces terrains sont vendus aux
enchères. Mais en serait-il de même si le maire agissait,
non point comme enchérisseur, mais comme propriétaire riverain, par voie de préemption ? il ne ferait alors
qu'user d'un droit, en quelque sorte foncier, inhérent à
sa qualité de riverain, qui ne pourrait être primé ni partagé par tout autre et dont il ne saurait être dépouillé
par sa qualité de maire. Cette opinion qui n'est pas entièrement conforme à une décision ministérielle insérée
dans l'année 1842, p. 318 du *Bulletin officiel du ministère de l'intérieur*, paraît cependant avoir été défendue par le ministre de l'intérieur dans l'affaire Périer,
jugée le 26 décembre 1862 par le conseil d'Etat. C'est
au surplus, comme le porte cette décision, à l'autorité
judiciaire à statuer sur une pareille difficulté.

224. *Caractère des actes administratifs supprimant les chemins et autorisant les ventes.* — Les actes
administratifs supprimant les chemins publics et autorisant les ventes sont des actes purement administratifs
et de tutelle et n'ont aucun caractère contentieux. Cette

observation a une très-grande importance par rapport aux conséquences qui en résultent.

225. *Recours.* — Le recours peut être porté de l'administrateur qui a pris la décision au même administrateur mieux informé, ou de cet administrateur à son supérieur, mais il ne peut être porté par la voie contentieuse devant le conseil d'Etat. (C. d'Etat, **22** février 1837, Fraissé; 25 novembre 1852, Lherminez; 24 janvier 1856, Denizet; 18 décembre 1856, Glandaz; 26 décembre 1862, Périer; **7** août 1863, Levêque; 25 février 1864, Kegel; 10 mars 1864, Jolly; 5 mai 1865, Fontaine. Dalloz, n°ˢ 1389 et 1397).

A moins que la décision attaquée, au lieu de se tenir dans les limites du pouvoir de tutelle et de l'appréciation administrative, ne contînt un excès de pouvoir pour avoir statué en dehors des limites assignées à l'autorité du fonctionnaire qui l'aurait prise, par exemple si l'arrêté de suppression avait été pris par le préfet contrairement à la délibération du conseil municipal; C. d'Etat, 16 février 1840, com. de St Just-en-Chaussée; **7** avril 1859, com. de Grainville. La même jurisprudence s'est établie en matière de suppression de voies publiques urbaines.

Il a été jugé, dans tous les cas, que l'action des tiers en modification de l'arrêté du préfet autorisant la vente n'était plus recevable lorsque l'acte de vente lui-même était passé et approuvé. C. d'Etat, 9 août 1855, com. de Neuvilley; 4 avril 1861, Gourraud; 26 décembre

1862, Périer ; 7 août 1863 , Levêque ; 27 décembre 1865, Sémard.

226. *Droit des tiers.*—Du principe que nous posions tantôt que l'autorisation administrative de vendre les terrains déclassés n'est qu'un acte de tutelle, il suit encore qu'elle ne préjuge en rien les droits et actions des tiers, que ceux-ci peuvent exercer au mieux de leurs intérêts. C. d'Etat, 24 janvier 1856, Denizet ; 18 décembre 1856, Glandaz ; 26 février 1857, Moreau ; 26 décembre 1862, Périer ; 7 août 1863, Levêque ; 25 février 1864 , Kegel ; 10 mars 1864 , Jolly. Braff, n° 307 ; Vitard, *jurisp. rurale,* p. 65 ; A. Chauveau, t. 3, p. 160, t. 10, p. 365, t. 12, p. 339 ; Bost, n° 39 ; Petit, *Revue critique,* t. 14, p. 280 ; Dalloz, n° 1388 et 1389.

227. *Questions de propriété.* — Ainsi si des riverains des chemins ruraux ou tous autres se prétendant propriétaires de ces chemins, excipent de leur propriété pour s'opposer à la vente, l'arrêté de déclassement autorisant l'aliénation ne les empêche pas de porter leur action devant l'autorité judiciaire, seule compétente pour reconnaître leurs droits et les assurer au besoin : C. d'Etat, 24 janvier 1856, Denizet ; 18 décembre 1856, Glandaz ; 26 février 1857, Moreau ; 25 février 1864, Kegel ; Braff, n° 307 ; Vitard, *Jurisp. rurale,* p. 65 ; Chauveau, t. 3, p. 160, t. 12, p. 339 et 340.

228. *Droits d'usage.* — Il a été jugé que l'aliénation d'un chemin rural faisait disparaître les servitudes des riverains à charge par la commune toutefois de les indemniser ou de leur fournir un autre passage (cass., 3 mai 1858, Joliot) ; de sorte que jusqu'à payement d'indemnité volontaire ou judiciaire, les riverains resteraient en jouissance des droits d'usage acquis sur les chemins ruraux (Dalloz, nᵒˢ 122 et 1392) ; mais moyennant indemnité on pourrait les leur faire perdre : req. 27 mai 1851, ville de Lons-le-Saulnier ; Douai, 26 juin 1858, Terninck ; Bost, nᵒˢ 38 et 41 ; *Ecole des communes*, année 1859, p. 95 ; *Journal des communes*, année 1859, p. 251. Dalloz, qui est de cet avis, nᵒ 1392, cite dans ce sens Demolombe, *Servit.*, nᵒ 699 ; Vazeille, *Prescription*, t. 1, p. 97, nᵒ 93 ; Chauveau, *Journal de droit admin.*, année 1855 (t. 3), p. 46, et 1859 (t. 8), p. 479.

M. Petit s'est vivement élevé contre cette doctrine, et je me suis expliqué dans les études sur les *Servitudes de voirie* (t. 2, p. 151, nᵒ 451), sur les limites dans les quelles elle doit, suivant moi, être restreinte.

Au surplus, c'est à l'autorité judiciaire à statuer sur les contestations qui peuvent naître à ce sujet, et sur le montant de l'indemnité qui peut être due. (C. d'Etat, 25 février 1864, Kegel).

Pour que les riverains d'un chemin rural déclassé et vendu soient recevables à réclamer l'exercice d'une servitude sur le sol de ce chemin ou une indemnité, il faut que le droit ait été acquis antérieurement au déclassement. Ainsi la Cour de Caen, le 27 avril 1857 (Duhamel), a décidé que le propriétaire d'un bâtiment rive-

rain d'un ancien chemin public, supprimé et converti
en propriété privée, n'a plus le droit d'ouvrir des portes sur ce chemin, alors même que la construction du
bâtiment aurait été commencée avant la suppression du
chemin.

229. *Actions possessoires.* — L'action possessoire ne
peut être intentée contre l'acquéreur d'une voie rurale supprimée, par un habitant de la commune en son
nom personnel et privé, cette action ne pouvant être
motivée que sur une servitude de passage, que ne peut
acquérir, d'après la Cour de cassation, un habitant, s'il
n'a pas un titre ou un fonds enclavé. Req., 8 avril 1856,
Saudemont ; 2 décembre 1856, Sylvain. C. d'Etat, 19
août 1808, Monneron. Dalloz, n° 1393, semble ne pas
partager complétement cet avis qui a été vivement com-
battu par M. Petit dans la *Revue critique*, t. 14, page
275, et t. 15, p. 533.

230. *Expropriation pour cause d'utilité publique.* —
Si l'Etat ou un commissionnaire d'une entreprise déclarée d'utilité publique s'empare du sol d'un chemin
rural pour l'établissement des travaux, il est dû une indemnité à régler d'après les prescriptions de la loi du 3
mai 1841. C. d'Etat, 1er mai 1858, com. de Pixiora ;
15 mai 1858, départ. de la Gironde ; A. Chauveau,
Journal de droit adm., t. 8, p. 317, n° 122.

Mais si un chemin de fer traverse à niveau le chemin
rural sans modifier son tracé, et en gênant seulement la
circulation, la propriété restant à la commune, il serait

dû, d'après M. A. Chauveau et l'arrêt du conseil du 1er mai 1858, une simple indemnité à régler par les tribunaux administratifs.

On peut invoquer les mêmes autorités à l'appui de l'opinion qui laisse le règlement aux mêmes tribunaux administratifs dans le cas où le chemin rural au lieu d'être supprimé, intercepté, ou détruit en partie, n'est que déplacé en vertu d'arrêtés administratifs.

§ 2. — Prescription.

SOMMAIRE.

231. *Le sol des chemins ruraux est-il prescriptible?* — Dans la première partie de cette étude, je crois avoir

établi que les communes peuvent exciper de la prescription comme moyen d'acquérir à leur profit les chemins ruraux. Puisque je m'occupe maintenant des modes d'aliénation de ces chemins, j'ai à me demander si réciproquement on ne pourra pas exciper de la prescription à l'encontre de la commune et si les possesseurs de partie des chemins ruraux ne pourront pas repousser la commune en excipant d'une possession trentenaire réunissant les conditions voulues par la loi pour prescrire.

232. *Argument tiré de la loi du* 21 *mai* 1836. — Je commencerai par répéter ici ce que je disais en 1850 dans mon travail sur les servitudes de voirie (t. 2, n° 687, p. 532). Pour soutenir que la prescription peut atteindre les chemins ruraux dont la publicité a été reconnue, on s'est fondé surtout sur cette considération que les chemins vicinaux ayant été seuls déclarés imprescriptibles, tous ceux qui n'étaient point classés dans cette catégorie ne devaient point profiter de l'exception et devaient tomber sous la loi commune de la prescription.

L'objection est-elle bien sérieuse? et malgré les arguments que l'on a voulu tirer des observations présentées par MM. Boyer, Girod de l'Ain et Roy à la chambre des pairs, lors de la discussion de la loi du 21 mai 1836, séance du 2 mai 1836, *Moniteur* du 3, p. 964, ne peut-on pas répondre que la loi sur les chemins vicinaux n'ayant qu'à statuer sur des matières spéciales, en établissant que les chemins dont elle s'occupait n'étaient point prescriptibles, n'a pas voulu priver des chemins dont elle n'avait pas à fixer le régime de ce bénéfice, pas plus que le lui attribuer, et qu'elle doit être mise entièrement de côté pour la solution de la question qui nous occupe?

233. *Argument contraire tiré de l'art.* 2226 *du Code civil.* — Laissons donc la loi de 1836 sur les chemins vicinaux de côté et examinons la question en présence des règles générales de notre droit. L'art. 2226 du Code civil porte que l'on ne peut prescrire le domaine des choses qui ne sont point dans le commerce. Les chemins, tant qu'ils ont le caractère de chemins publics, ne font point partie du domaine privé ; ils rentrent dans le domaine public, sont destinés et consacrés au service de tous ; personne ne peut en disposer à son profit comme à titre privé ; en un mot, ils sont hors du commerce et partant imprescriptibles.

234. *Imprescriptibilité.* — Le principe de l'imprescriptibilité des chemins publics est d'ailleurs ancien dans notre droit, il est admis par nos devanciers : Pothier et Dunod, pour ne pas remonter plus haut, l'ont formellement reconnu, et Denisart, dans son *Répertoire* au mot *Chemin*, nous dit : « Un chemin particulier devient chemin public par la seule possession du public, et quand il est une fois chemin public, il n'est plus sujet à prescription ; cela est décidé par plusieurs textes de loi. » Dans nos lois modernes, rien n'a abrogé ces anciennes dispositions. La loi sur les chemins vicinaux dont on excipe, n'a eu à réglementer que les matières relatives aux chemins qui portent ce titre et a laissé les autres sous le coup des règlements qui les régissaient déjà. Aussi voyons-nous biens des auteurs se ranger à cette opinion : Henrion de Pansey, *Justices de paix*, ch. 44. ; Carré, *Justices de paix*, t. 2, p. 1623 ; Dumay sur Proudhon, *Dom. publ.*, t. 2, nos 611, 612, etc. ; Troplong, *De la prescript.*, t. 1, nos 156 et suiv. ; Cotelle, *Gaz. des trib.*, du 3 février 1838, et *Cours de droit adm.*, t. 3, p. 362 ; Devilleneuve, *Recueil des arrêts*, année 1846, 1re partie, p. 289, note ; Serrigny, *Quest. de droit adm.*, p. 141 ; Solon, *Ch. vic.*, p. 85, et *Code adm.*, p. 528, note ; Husson, p. 1002 ; Foucart, 4e édit. t. 3, n° 1346 ; de Raze, *Revue crit.*, t. 23, 1863, p. 143 et suiv. ; Pardessus, *Des servit.*, t. 1, p. 489, n° 216 ; Flandin, *Revue crit.*, t. 16, année 1862, p. 302 ; Bourguignat, *Droit rural*, p. 161, n° 611 ; Fourtanier, *Journal d'agriculture pour le midi de la France* ; Isambert, *Voirie*, nos 374 et suiv. Cet auteur toutefois est d'un avis contraire sous le n° 398.

M. Mesnard a défendu avec beaucoup de force, de talent et de vérité cette opinion devant la Cour de cassation, et cette Cour l'a sanctionnée par son arrêt du 3 mars 1846 (de Kerautem), ainsi conçu : « Attendu qu'il résulte des faits déclarés constants par le jugement attaqué, que le chemin dont il s'agit a existé de tout temps comme voie publique sans cesse fréquentée par les habitants pour les besoins journaliers et nécessaire pour la communication de commune à commune ; que, dans de telles conditions, ce chemin a un caractère qui

le place hors du commerce et le rend imprescriptible
conformément aux dispositions de l'article 2226 du Code
Napoléon ; attendu que la loi du 21 mai 1836 n'a pu
porter atteinte aux principes consacrés par cet article ;
que si elle a déclaré (art. 10), que les chemins vicinaux
reconnus et maintenus sont imprescriptibles, il ne s'en
suit pas que les chemins non classés, mais non supprimés et de la nature de celui dont il s'agit dans la
cause, aient perdu le caractère de chose publique, qu'ils
doivent à leur destination et à l'usage qu'on en fait ;
que, dès lors, l'art. 2226 du Code Napoléon reste avec
toute son autorité pour les maintenir hors du commerce
et en protéger la conservation par le principe de l'imprescriptibilité ; attendu que le jugement attaqué constate, en fait, qu'il résulte des titres produits au procès
et de l'état des lieux, que les berges ont de tout temps
fait partie du chemin ;. que, par suite, il a pu décider,
comme il l'a fait, que les berges étaient imprescriptibles au même titre que le chemin dont elles font partie ;
que cette décision, loin de contrevenir aux textes de la
loi invoquée, en a fait, au contraire, une juste application ; rejette. »

La chambre des requêtes a rendu de nombreux arrêts
dans le même sens : 25 août 1825, 14 février 1842,
25 février 1858, 9 avril 1862, et elle posait en tête de
son arrêt (Gorse) du 24 avril 1855, ce principe : « Attendu, en droit, qu'un chemin public demeure imprescriptible tant qu'il conserve cette destination ; » Les
Cours de Bourges, 30 juin 1836, Dijon, 30 juillet 1840 ;

Besançon, 3 novembre 1843, Caen, 13 mars 1855, admettaient les mêmes principes.

235. *L'imprescriptibilité cesse si le chemin perd son
caractère de publicité.* — L'opinion que les chemins
ruraux sont imprescriptibles tant qu'ils conservent le
caractère de publicité est donc fondée en droit, en doctrine et en jurisprudence. Il est bien entendu que le
principe cesse d'être applicable lorsque le chemin n'est
pas un chemin public, et lorsque ce n'est point à l'encontre d'une voie présentant ce caractère qu'on excipe
de la prescription. Si le caractère de voie publique est
contesté, on aura à résoudre cette question préalable
avant d'examiner si l'exception de prescription est ou
non admissible. Ainsi, je soutiens que les chemins publics, même non classés comme vicinaux sont imprescriptibles ; mais je ne soutiens pas que des chemins
d'exploitation, par exemple, ou des chemins communaux abandonnés par le public par suite de l'ouverture
de nouvelles voies ou de toute autre cause, soient imprescriptibles ; car ces derniers sont dans le domaine
privé des citoyens ou des communes, et non dans le domaine public communal. Ainsi, le riverain d'un chemin
rural ne contestant pas le caractère de ce chemin, ne
prétendant pas sur lui de droit de propriété fondé sur
un titre, ne pourra pas acquérir par possession, au détriment du public, des parties du sol de ce chemin tant
qu'il n'est pas déclassé ou abandonné. En un mot, et
pour me résumer, les principes applicables aux voies publiques vicinales et autres, en ce qui concerne la pres-

cription, sont applicables aux chemins ruraux dès que leur publicité est légalement reconnue ou constatée.

236. *On ne peut ranger les chemins ruraux dans la classe des propriétés communales privées.* — On a voulu attaquer cette solution en posant en principe que les chemins ruraux n'avaient aucun caractère particulier qui les distingue des choses du domaine privé, et que, par suite, toutes les règles applicables à la propriété privée, et la prescription notamment, devaient leur être applicables. Je lis en effet dans un arrêt de la Cour suprême du 5 janvier 1855, qu'alors même que l'usage de certains chemins ruraux serait public, s'ils ne sont pas classés comme vicinaux, ils rentrent dans *la classe des propriétés communales particulières soumises aux règles du droit commun.* Mais alors pourquoi ces biens ne sont-ils pas soumis à la loi civile, et pourquoi le maire ne doit-il pas se borner à les faire respecter, comme tous les autres biens, privés, en assignant les usurpateurs et ceux qui les dégradent devant les tribunaux civils et les juges de paix? Pourquoi sont-ils placés sous la protection des tribunaux de police comme chemins publics? Pourquoi autoriser les maires à prendre des arrêtés pour réglementer les constructions et les plantations le long de ces chemins? La loi civile n'a-t-elle pas prévu les rapports qui doivent exister à ce sujet entre deux propriétaires riverains? Pourquoi, d'un autre côté, le maire ne pourra-t-il pas prendre, à l'occasion de cette propriété communale privée, des arrêtés qui empêchent le public d'y passer à certaines époques et dans certaines circonstances, etc. ? C'est que ces chemins, bien que non classés comme vicinaux, ne sont pas des dépendances du domaine privé communal, et que placés hors du domaine de propriété privée, les règles du droit civil ne leur sont point exclusivement applicables.

237. *Auteurs et arrêts qui ont adopté le principe de la prescriptibilité.* — Voilà pourquoi je suis de l'avis de l'imprescriptibilité ; mais je dois ajouter ici, pour éclairer mes lecteurs sur l'état de la question, que l'opinion que je soutiens avec bien des autorités n'a pas prévalu. Déjà, dans le troisième volume du *Journ. de droit adm.* (p. 405 et 407), M. Chauveau Adolphe a indiqué l'opinion contraire comme plus généralement suivie, et il a déclaré l'approuver, voyez encore t. 10, p. 357. Elle est adoptée par Garnier, *Suppl. au traité des chemins*, p. 31; Carou, *Act. poss.*, p. 201 ; Guichard, *Act. poss.*, p. 201 ; Aulanier, *Act. poss.*, p. 103 ; Belime, *De la possession*, p. 229; de Cormenin, *Gaz. des trib.* du 25 janvier 1838; Legoyt, *Dict. de l'adm. franç.*, vº ,*Ch. vic.*, nº 279; Dalloz, vº *Voirie par terre*, nº 1363 et *act. poss.* nº 326; Dufour, *Droit adm.*, t. 3, nº 360; Gaudry, *Traité du dom.*, t. 1, p. 234; Vuitry, conclusions dans l'affaire Delert, jugée par le tribunal des conflits, le 27 mars 1851; Garnier, *Législ. et jurispr. nouvelle sur les chemins*, p. 122; A. Desjardins, *Chemins ruraux*, dans le *Journal de l'Oise* du 18 janvier 1866. L'administration serait aussi de l'avis de la prescriptibilité, si on se rapporte à l'instruction du ministre de l'intérieur du 24 juin 1836 sur l'art. 10 de la

loi du 21 mai 1836. Enfin, si la chambre des requêtes
de la Cour de cassation repoussait la prescription, la
chambre criminelle et la chambre civile l'ont admise
dans un grand nombre de décisions, et la chambre des
requêtes a partagé cet avis elle-même : ch. crim., 10
avril 1841, Demonte; ch. civ., 6 juillet 1841; ch. civ.,
13 nov. 1849, Bernard; ch. civ., 3 juillet 1850, Du-
marau; ch. civ., 20 mars 1854; ch. crim., 5 janvier et
19 avril 1855, Villotte et Nicolas; req., 24 juin 1856,
com. de Brie Comte Robert; ch. crim., 1er décembre
1860, Roche; ch. crim., 14 nov. 1861, Dubois; ch. civ.
27 nov. 1861, Frais; ch. req., 10 février 1864, com.
de Crézancy; ch. civ., 17 août 1857, Pinta.

238. *Résultats fâcheux de cette opinion.* — Qu'on
me permette de reproduire, au sujet de cette jurisprudence, un conseil que donne aux administrateurs communaux **M. Bost**, dans un des manuels de son encyclopédie municipale : « Au milieu de ce conflit d'arrêts
fondés sur des raisons également puissantes (l'auteur
fait allusion à la jurisprudence diverse des chambres de
la Cour de cassation), nous ne pouvons nous empêcher
de reconnaître que la jurisprudence actuelle de la chambre civile et de la chambre criminelle a malheureusement pour effet de favoriser les envahissements insen-
sibles du sol communal et même l'interruption complète de certaines communications rurales que les riverains de ces voies peuvent se permettre. Cet état de
choses rend de plus en plus indispensable une extrême
vigilance de la part des autorités municipales, afin de

prévenir des usurpations aussi désastreuses pour les communes. »

239. *Nature des faits justifiant la prescription.* — Aussi la Cour de cassation semble-t-elle n'admettre, comme faits de nature à entraîner l'aliénation au moyen de la prescription, que ceux desquels il résulte non-seulement une prise de possession de la part du riverain, mais encore un abandon du chemin de la part du public, ainsi lorsque la publicité de ces chemins, le plus souvent basée en fait et non en titre, a cessé d'exister ; arrêts de la chambre criminelle du 24 avril 1855, Gorse, et de la chambre civile des 27 novembre 1861, Fraix, 17 août 1864, de Melon. C'est d'ailleurs le même principe qui a été sanctionné en matière de voirie urbaine, notamment dans les arrêts des 25 janvier 1843 et 18 mars 1845. Et à ce point de vue, nous ne pouvons que nous ranger à cette jurisprudence, c'est en effet le chemin public seul qui doit être l'objet de la protection spéciale de la loi et non celui qui a cessé d'avoir ce caractère ou qui ne l'aurait jamais eu.

240. *Vœux pour la déclaration d'imprescriptibilité des chemins ruraux.* — La nécessité de défendre les chemins ruraux contre les atteintes des riverains par l'assimilation complète de ces voies de communication aux autres voies publiques a été reconnu même par ceux qui pensent qu'en l'état de notre législation, ces mesures protectrices ne leur seraient pas accordées par nos lois. Dans un très-grand nombre d'articles insérés dans les journaux agricoles notamment, on a demandé que le Code rural ou une loi spéciale sur les chemins ruraux proclamât pour l'avenir cette imprescriptibilité. Saint-Martin, *Des chemins ruraux*, p. 15 ; A. Anastay, *Projet de code rural*, titre III des chemins ruraux, art. 19, etc., etc.

Un très-grand nombre de conseils généraux en ont émis le vœu dans diverses sessions, notamment ceux de l'Aube en 1861 ; de la Charente Inférieure, 1859 ; Deux-Sèvres, 1857, 1858, 1860, 1861, 1862, 1863, 1864, 1865 ; Gers, 1857 ; Hérault, 1864 ; Jura, 1864 ; Loiret, 1860 ; Lot et Garonne, 1864 ; Manche, 1859, 1860 ; Marne, 1863 ; Meurthe, 1859, 1861, 1864, 1865 ; Seine Inférieure, 1864, 1865 ; Vienne, 1858, 1859, 1861, 1862.

241. *Actions possessoires.* — Nous nous sommes déjà expliqués ailleurs sur la recevabilité des actions possessoires en ces matières et nous avons fait observer combien était large la jurisprudence de la Cour de cassation. Bien que dans notre opinion les chemins publics soient imprescriptibles tant qu'ils conservent ce caractère, nous admettons parfaitement que des questions possessoires puissent utilement se produire, nous sommes en effet d'accord pour reconnaître avec tout le monde que les actes administratifs ne sauraient dépouiller les propriétaires pour créer des chemins ruraux, et par suite que les tribunaux judiciaires en reconnaissant la propriété paralysent l'effet de ces actes qui n'interviennent que sauf les droits des tiers. Or,

pour la solution de la question de propriété, tous les modes de preuves autorisés par la loi et toutes les procédures admises par elle peuvent être invoqués et suivis par les intéressés. Dès lors lorsque la commune soutient qu'un chemin est public et qu'il est sa propriété, elle ne peut repousser les actions des tiers en excipant de cette publicité et de cette propriété, car c'est précisément ce qui est en question, et le tiers intéressé pourra établir par toutes les actions reçues en justice que ce chemin étant sa propriété, cette propriété est une propriété privée et non une propriété publique ni communale et qu'elle doit lui être conservée. Mais si la publicité n'était pas contestée, que le titre de la commune fût reconnu, qu'on admît que le chemin dont le riverain voudrait incorporer une partie à son fond eût conservé son caractère de chemin rural, soit de chemin public communal, que ce riverain se bornât à exciper pour se faire maintenir en possession et propriété, à l'encontre des titres de la commune, de sa possession annale et trentenaire, je ne puis admettre qu'il pût obtenir gain de cause. (Voyez *suprà*, n° **37** et suiv.; voyez Serrigny, *Questions de droit adm.*, p. **139** et suiv., n° **89**).

CHAPITRE II.

DES CARRAIRES

SOMMAIRE.

242. *Objet de ce chapitre.* — **Nous avons cru devoir** ranger sous un chapitre spécial les carraires, parce que ce sont des voies de communication d'une nature toute spéciale, dont il importait dès lors d'indiquer à part le régime spécial. Les carraires n'existent que dans une partie de la France, nous avons cru cependant devoir leur consacrer quelques lignes, elles ont fait l'objet des remarques de divers auteurs dans des ouvrages généraux sur le droit administratif ou la voirie. Comment les passer sous silence alors que j'écris ces lignes dans le pays même où elles existent et que je m'occupe spécialemeut des voies rurales.

243. *Ce qu'on entend par carraires.* — On appelle en Provence *carraires* les chemins servant au passage des troupeaux qui toutes les années remontent les départements des Bouches-du-Rhône, du Var, de Vaucluse et des Alpes-Maritimes, soit le littoral du Sud-Est, pour aller dans les Alpes passer la saison d'été. On donne également ce nom à des chemins qui servent habituellement de passage aux troupeaux d'une commune pour se rendre dans une partie de son territoire.

244. *Anciens règlements.* — De tout temps les carraires ont attiré l'attention de l'administration. Il en est déjà question dans un statut de 1235. Depuis, ces matières ont fait l'objet de plusieurs règlements; le plus important est celui qui fut homologué le 21 juillet 1783 par le parlement de Provence. Ce document déjà publié par M. Jousselin dans son *Traité sur les servitudes publiques* est ainsi conçu :

245. *Règlement du 21 juillet 1783.* — Extrait des

registres du Parlement. — « Dans l'assemblée particulière du pays de Provence du douzième juillet 1783, a été proposé et délibéré ce qui suit : M. Siméon fils, assesseur d'Aix, procureur du pays, a dit : l'assemblée générale du mois de janvier 1782 chargea MM. les procureurs du pays de présenter une requête au parlement, en règlement sur la largeur des carreirades ou chemins servant de passage aux troupeaux qui vont, en été, dépaître dans la haute Provence. Cette requête, dont les fins sont rappelées à la page 180 du procès-verbal imprimé, a été présentée par MM. nos prédécesseurs. Elle fut décrétée d'un soit montré à MM. les syndics de la noblesse. Il a été tenu plusieurs conférences entre les deux administrations, dans lesquelles on a arrêté le projet d'un règlement définitif dont la teneur suit :

« Art. 1. Les carraires seront rétablies dans tous les lieux où il doit y en avoir, par les consuls des communautés, de concert avec les seigneurs des lieux.

« 2. Les carraires générales, conduisant de la basse Provence à la haute, auront dans leur moindre largeur cinq cannes, sans que la plus grande largeur qu'elles peuvent avoir actuellement puisse être diminué : si ce n'est qu'elle excédât dix cannes, mesure à laquelle les plus grandes carraires seront réduites.

« 3. Les carraires particulières des communautés, pour aller joindre les carraires générales, auront deux cannes et demie, autant qu'il sera possible.

« 4. Dans les pays où les carraires changent, selon que le sol où elles passent est alternativement cultivé ou laissé en chaume, chaque année, et avant le 1er mai, les consuls, de concert avec le seigneur, feront marquer la carreirade où les troupeaux devront passer.

« 5. Il sera dressé rapport, dans chaque communauté, du rétablissement des carreirades. Un double de ce rapport sera envoyé au greffe du pays, un second double sera déposé au greffe de la juridiction dans les lieux où il y a des seigneurs, et l'original sera conservé dans les archives des communautés pour y recourir en cas de besoin.

« 6. Le rétablissement et le rapport devront être faits d'ici au 1er novembre 1783, à peine, contre les communautés et particuliers d'icelles qui n'y auront pas fait procéder, de ne pouvoir prétendre aucun des dommages qui auront été faits par les troupeaux dans leur terroir, et sauf plus grande peine contre les consuls et les communautés refusants.

« 7. Conformément aux règles déjà établies à cet égard, il ne pourra être exigé des bailes ou bergers aucune peine de ban pour les simples escapadures, ils seront tenus seulement du payement du dommage.

« 8. Il sera fait très-expresses inhibitions et défenses aux propriétaires riverains des carreirades, dont les biens sont défendus par des haies mortes ou autres clôtures, de les arracher dans la saison du passage des troupeaux, à peine de ne pouvoir répéter aucuns des dommages qui leur seront faits, de cinquante livres d'amende et d'en être informés.

« 9. Très-expresses inhibitions et défenses seront faites à tous consuls, officiers de justice, gardes-terres, soit des seigneurs, soit des communautés et à tous autres, de rien exiger des conducteurs de troupeaux, sous quelque prétexte que ce soit, à peine de restitution du double et d'en être informé, à l'exception du droit de pulvérage appartenant au seigneur des fiefs, à raison de six deniers par trentenier, en conformité des lettres patentes du mois de janvier 1764 et des droits de péage qui peuvent être levés sur le pied des tarifs insérés dans les arrêts du conseil, confirmatifs desdits péages.

« 10. Pour éviter les fausses déclarations des bailes et bergers sur le nombre de trenteniers qu'ils conduisent, et les retards qui peuvent résulter du compte que l'on est en droit de faire de leurs troupeaux lorsqu'on suspecte leur déclaration, ils seront obligés de prendre un certificat des seigneurs des lieux, de leurs préposés ou officiers de justice, et, à défaut, des consuls des lieux de leur départ, contenant le nombre de trenteniers qu'ils conduisent ; s'ils en reçoivent en route, ils s'en feront donner un nouveau certificat au bas de celui du départ ; lesdits certificats seront visés partout où les bailes passeront, l'expédition des certificats et visa d'iceux seront visés sans frais, les bailes paieront le droit sur le pied des certificats, et, dans le cas où il serait vérifié qu'ils auraient fait de fausses déclarations, ils seront condamnés par les juges des lieux à une amende de cent livres. Si, au contraire, leurs déclarations sont exactes à 29 bêtes près et qu'on ait retardé leur marche pour compter les troupeaux, on leur payera, pour les dommages-intérêts du retard, six liards pour chaque trentenier qu'ils conduiront.

« 11. Les bailes et bergers seront assujettis, au retour de la montagne, aux mêmes déclarations et certificats. Ils les feront décharger à mesure qu'ils quitteront des troupeaux dans leur route. Les certificats, tant en allant qu'en descendant, pourront être signés non-seulement par les consuls, mais, à leur défaut, par les greffiers des communautés, par les seigneurs ou par les curés, en attestant par ceux-ci l'absence des consuls.

« 12. Les propriétaires qui disputeront avec les communautés sur le rétablissement des carraires ne pourront provisoirement, et jusqu'à ce que le procès soit jugé, prétendre aucun des dommages qui seront causés dans la partie de leurs biens qui devra être comprise dans la largeur des carraires, sauf leurs droits contre les communautés si elles viennent à succomber.

« L'assemblée a unaniment approuvé le projet de règlement définitif ci-dessus........ » Suit l'homologation par le parlement de Provence, à la date du 26 juillet 1783, qui confirme ledit règlement, sauf en ce qui concerne le délai donné par l'article 6 pour le rétablissement des carraires, qui est prorogé jusqu'au 1er avril 1784.

246. *Exécution du règlement de 1783.* — En exécution de l'arrêt de 1783, il fut fait des rapports par experts sur l'état, direction, situation et largeur des carraires qui traversent les communes suivantes, situées aujourd'hui dans le département des Bouches-du-Rhône et spécialement dans l'arrondissement d'Aix.

Berre, Bouc-Albertas, Cabriès, Châteauneuf-les-Martigues, Fuveau, Gignac, Gréasque, Jouques, Lambesc, Lançon, les Pennes et Septèmes, Marignane, Martigues, Meyrargues, Peyrolles, Puyloubier, Rognac, Rousset, Saint-Cannat, Saint-Victoret, Trets, Vauvenargues, Vitrolles.

Ces pièces existent dans les archives de la préfecture et des copies certifiées furent remises aux communes. (*Statistique des Bouches-du-Rhône*, t. 3, p. 641).

247. *Il est encore en vigueur.* — Les auteurs et la jurisprudence considèrent ce règlement comme encore en vigueur, c'était l'avis que j'avais émis dans les *Servitudes de voirie*, t. 2, p. 550, n° 701, je le trouve partagé par M. Dalloz, *Voirie par terre*, n° 1452; M. Tavernier, *Usages locaux des Bouches-du-Rhône*, p. 88; Bourguignat, *Droit rural*, p. 195, n° 618. Il a été appliqué par les arrêts du conseil des 26 décembre 1827, Bernard; 26 avril 1847, Bernard; 21 avril 1848, de Villeneuve.

248. *Nouveaux règlements qui l'ont consacré.* — En 1807 et 1819 notamment, il a été pris par le préfet du Var diverses résolutions en exécution de l'arrêté de 1783; mais l'acte le plus important fondé sur ses dispositions me paraît être l'arrêté pris le 1er avril 1806 par le préfet des Bouches-du-Rhône. Ce document est ainsi conçu :

« Art. 1. Les carraires seront rétablies dans leur premier état.

« Les carraires générales, conduisant du terroir

d'Arles aux limites du département des Basses-Alpes, auront 10 mètres dans leur moindre largeur, sans que la plus grande qu'elles ont actuellement puisse être diminuée.

« Les carraires particulières des communes, pour aller joindre les carraires générales, auront 5 mètres dans leur largeur.

« Art. 2. Dans les communes où les carraires changent, selon que le sol où elles passent est alternativement cultivé ou laissé en chaume, les maires, assistés de deux membres du conseil municipal par eux choisis, feront marquer chaque année, et avant le 1er mai, la carrraire où les troupeaux devront passer.

Art. 3. Le rétablissement des carraires générales et particulières sera fait par les propriétaires riverains et à leurs frais.

« Les articles 4, 5 et 6 indiquent les mesures qui durent être prises à cette époque pour le rétablissement des carraires.

« Art. 8. Il est fait inhibitions et défenses aux propriétaires riverains des carraires, dont les biens sont défendus par des haies mortes ou autres clôtures, de les arracher dans la saison du passage des troupeaux.

« Les contrevenants aux dispositions du présent arrêté seront poursuivis et punis conformément aux règlements. »

249. *Caractère de ces voies de communication : sont-elles établies à titre de servitude seulement ?* — M. Cappeau dans son traité sur la législation rurale et,

d'après lui, M. Tavernier dans les *Usages des Bouches-du-Rhône*, font observer que les carraires sont fort anciennes en Provence et que les actes très-anciens qui les ont réglementées ont voulu assurer sur toutes les communes aux troupeaux qui vont et reviennent des montagnes, des espaces suffisants pour passer commodément et trouver quelque peu de nourriture sans que leurs conducteurs fussent soumis à des redevances. Les titres du 16 janvier 1764 maintinrent l'affranchissement du droit de péage, en établissant au profit des seigneurs dont les terres étaient traversées, un droit sur chaque trente bêtes. C'était une indemnité des inconvénients attachés au passage des troupeaux et une compensation pour la nourriture qu'ils prenaient sur les carraires, c'est ce qu'on appelait *droit de pulvérage*. Ce droit perçu jusqu'en 1790 fut alors aboli. Le motif de son établissement nous amène à constater le caractère tont-à-fait spécial de ces voies de communication, caractère qui est mis complétement en lumière par plusieurs des dispositions de l'arrêt de 1764 et l'arrêté préfectoral de 1806. Ces documents portent en effet que dans les pays où les carraires changent, selon que le sol où elles passent est alternativement cultivé ou laissé en chaume, chaque année avant le 1er mai les autorités qu'ils désignent feront marquer la carreirade où les troupeaux devront passer. Il résulte évidemment de ces textes et de l'ensemble de cette législation que l'établissement des carraires n'emportait pas une dépossession du sol où elles étaient tracées au détriment du propriétaire, mais que, au contraire, elles n'étaient établies qu'à titre de simple servitude de passage, et de servitude de passage au profit seulement des troupeaux de bêtes à laine.

Nous avons déjà signalé ailleurs la nature toute particulière de ces voies de servitude, *Servitudes de voirie*, t. 2, p. 550, n° 701, et la plupart des auteurs s'accordent pour le constater et en tirent cette conséquence forcée que les riverains sont propriétaires du sol ; Cappeau, t. 1, p. 695, n° 48 ; Dalloz, n° 1452 ; Herman, n° 942 ; Jousselin, t. 2, p. 438, n° 41 ; C. d'État, 26 décembre 1827, Bernard ; *contrà* Bourguignat, *Droit rural*, p. 195, n° 618, qui soutient que les carraires rentrent dans la catégorie des chemins ruraux.

Ces déductions sont parfaitement vraies et juridiques, elles me paraissent résulter d'une manière formelle des textes. Toutefois il faut reconnaître que l'application en sera le plus souvent fort difficile, parce que la situation en fait dominera le plus souvent le droit. Voici en effet ce qui s'est produit depuis la promulgation des anciens règlements : les territoires plus ou moins incultes sur lesquels se trouvaient tracées les carraires ont été défrichés, ils sont sortis du domaine des anciens seigneurs pour se morceler à l'infini et ils sont possédés aujourd'hui par de nombreux propriétaires, la plupart des carraires, au lieu de servir pour le passage exclusif des troupeaux, sont devenues de véritables chemins publics ruraux, quelques unes ont même été classées comme chemins vicinaux ; les unes et les autres ont servi à la desserte des héritages et aux communications nécessaires entre des agglomérations rurales ou entre

dès cantons ruraux et les grandes voies de communication. Cette transformation dans l'usage du plus grand
nombre de carraires a évidemment modifié complètement leur caractère, si quelques-unes sont encore utiles
aux troupeaux, la plupart ne servent que très-acciden-
tellement et très-accessoirement à cet usage et elles
sont avant tout des moyens de communication pour
gens à pied, à cheval et pour voitures et charrettes, elles sont devenues en un mot de véritables chemins publics. Aussi trouverons-nous très-peu de carraires ayant
conservé leur caractère primitif, et dans la pratique les
difficultés d'application que présente le régime des chemins ruraux viendront encore s'augmenter ici de difficultés nouvelles.

250. *Rétablissement des carraires, fixation des di-
rections et dimensions.* — En exécution du règlement
du 21 juillet 1783 et des arrêtés postérieurs, notamment de l'arrêté du 1er avril 1806 du préfet des Bouches-du-Rhône, c'est à l'administration qu'il appartient
d'ordonner le rétablissement des carraires et de fixer
la direction et la dimension qu'elles ont ; C. d'Etat, 26
décembre 1827, Bernard ; 19 janvier 1850, Saint-Prix.
Jousselin, *Servitudes d'utilité publique*, t. 2, p. 439,
n° 42 ; Cappeau, *Législation rurale*, t. 1, p. 691, n°
45 et p. 698, n° 51 ; Dalloz, n° 1453 ; Herman, n° 942.

La Cour de cassation est d'un avis contraire, comme
le prouve l'arrêt du 13 novembre 1849 de la chambre
civile, intervenu dans l'affaire Bernard, ainsi conçu :

« Attendu en fait que le chemin ou carraire dont il

s'agit dans l'espèce ne fait point partie de la grande voirie, et qu'il n'a été ni reconnu ni classé administrativement comme chemin vicinal ;

« Attendu, en droit, que si les chemins dépendant de la grande voirie et ceux qui, objet d'une déclaration de vicinalité, ont été classés comme vicinaux ne sont point susceptibles d'une propriété privée, et s'il appartient exclusivement à l'autorité administrative de maintenir le public en jouissance de ces chemins et de prononcer sur les questions qui en intéressent le maintien ou l'existence, il en est autrement des chemins qui, ne dépendant pas de la grande voirie, n'ont été ni reconnus ni classés comme chemins vicinaux ; que cette seconde catégorie de chemins comprenant les chemins ruraux, les chemins d'exploitation, les sentiers, alors même que l'usage en serait public, rentre dans la classe des propriétés communales ou particulières, soumises aux principes du droit commun, prescriptibles, par conséquent, et peuvent donner lieu à l'action possessoire ; que les questions qui intéressent, soit la propriété, soit la possession du sol de ces chemins, sont dans les attributions de la justice ordinaire ;

« D'où il suit que le tribunal civil d'Aix en confirmant la sentence du juge de paix du canton d'Istres du 16 septembre 1847, qui renvoie devant l'autorité administrative la connaissance de la question d'existence ou d'emplacement du chemin ou *carraire* dont il s'agit dans l'espèce, et surseoit à prononcer sur l'action en maintenue possessoire du demandeur, a méconnu les règles de sa propre compétence et violé les dispositions des articles 10, titre III de la loi des 16-24 août 1790, 23 code de procédure et 6 de la loi du 25 mai 1838 ; casse....... »

La compétence ne serait pas douteuse s'il s'agissait de statuer sur l'établissement d'une carraire privée, réclamée par un propriétaire pour se rendre à un abreuvoir commun , alors que celui-ci prétendrait n'avoir aucun moyen de s'y rendre et réclamerait un passage pour ses troupeaux à titre d'enclave, les questions que cette demande ferait naître seraient toutes du domaine de l'autorité judiciaire. (Cappeau, *Législ. rurale*, t. 1, p. 690, nos 50 et 51).

251. *Portée des actes administratifs concernant le rétablissement des carraires.* — Les actes administratifs concernant le rétablissement des carraires ne sauraient faire l'objet d'un recours contentieux, à moins qu'ils ne fussent attaqués pour excès de pouvoir.

D'un autre côté, ils laissent intacts les droits de propriété que les tiers pourront faire reconnaître par les tribunaux s'ils croient avoir à se plaindre de ce qu'on les aurait méconnus; C. d'Etat, 26 décembre 1827, Bernard ; 26 avril 1847, Bernard ; cass., 13 novembre 1849, Bernard ; C. d'Etat, 19 janvier 1850, Dubourguet. Cappeau, t. 1, p. 699, n° 53 ; Dalloz, n° 1454 ; Herman, n° 943.

Si la direction donnée à la carraire par l'administration portait une atteinte à la propriété et que celui qui en souffrirait crût devoir se borner à réclamer une indemnité, l'autorité judiciaire serait compétente pour reconnaître s'il y a lieu à indemnité et pour fixer le montant de cette indemnité. (C. d'Etat, 26 décembre 1827, Bernard ; 19 juillet 1850, Dubourguet).

252. *Largeur des carraires.* — D'après le règlement de 1783, les grandes carraires devaient avoir un maximum de largeur de 20 mètres et un minimum de 10 mètres, la largeur des petites devait être autant que possible de 5 mètres. L'arrêté de 1806 pour les Bouches-du-Rhône a fixé le minimum de largeur des grandes carraires à 10 mètres, sans que la plus grande largeur qu'elles avaient alors pût être diminuée, les carraires particulières des communes devaient avoir 5 mètres de large. D'après MM. Cappeau, *Législation rurale*, et Tavernier, *Usages locaux*, ces prescriptions doivent être suivies actuellement.

253. *Prescriptibilité.* — Ici se présente la question de la prescriptibilité des chemins ruraux que nous avons examinée plus haut, au point de vue spécialement des carraires; il semble résulter du règlement du 21 juillet 1783 et notamment de l'article 1 de ce règlement, que les carraires étaient imprescriptibles, l'article 1 de ce règlement enjoignait aux administrateurs de l'époque de faire rétablir les carraires partout où il devait y en avoir, sans avoir égard aux usurpations plus ou moins anciennes que ce règlement voulait réprimer et prévenir. C'était dans ce sens que s'était prononcée la jurisprudence du parlement d'Aix, manifestée par l'arrêt du 28 juin 1766, rendu à l'occasion des petites carraires

de la commune d'Istres. Cappeau, *Législation rurale*, t. 1, p. 691, n° 45, est de l'avis de l'imprescriptibilité. Il n'admet que la carraire est prescriptible que lorsqu'elle est devenue inutile et que celui qui se prévaut de la prescription se l'est appropriée depuis plus de 30 ans dans les conditions voulues par la loi pour prescrire.

C'est cette opinion que nous avons soutenue lorsque j'ai examiné la question de prescription relative aux chemins ruraux. Mais ici encore je dois ajouter et reconnaître que la jurisprudence de la Cour de cassation s'est prononcée en ce sens que les carraires sont prescriptibles comme les autres simples propriétés communales et particulières. Ce sont les termes de l'arrêt du 13 novembre 1849, rapporté plus haut, c'est l'avis également de M. Dalloz, n° 1456.

254. *Police des carraires.* — On reconnaît aux maires un droit de police et de surveillance sur les carraires; Cappeau, t. 1, p. 698, n° 52. Et on admet qu'ils ont le droit de constater et de requérir la répression des anticipations et détériorations dont elles seraient l'objet.

Mais les tribunaux de simple police sont seuls compétents pour statuer sur ces contraventions; c'est par une erreur, qu'il suffit d'indiquer, que M. Cappeau, t. 1, p. 699, n° 53, en attribuait la connaissance aux conseils de préfecture. Ces contraventions ne sont point de celles que les lois 29 floréal an X et 9 ventôse an XIII ont déférées à ces conseils, cela est aujourd'hui reconnu par tout le monde; C. d'État, 26 avril 1848, Bernard;

21 avril 1848, de Villeneuve ; Cour de cass., 13 novembre 1849, Bernard ; Dalloz, n° 1455 ; Herman, n° 944 ; Bourguignat, *Droit rural*, p. 195, n° 619.

255. *Peut-on forcer les bergers conduisant des trou-peaux à suivre une carraire voisine d'un chemin vicinal, alors qu'ils veulent se servir de ce chemin ?* — Cette question m'a été posée non-seulement par un employé de la voirie vicinale, mais encore par des agents des ponts et chaussées chargés du service sur des grandes routes et qui se plaignaient des dégats causés par les troupeaux sur les talus et accotements des routes, du dérangement des matériaux déposés sur les bords pour leur entretien, de la gêne apportée à la circulation, etc. J'avais répondu négativement et voici ce que depuis je trouve à ce sujet dans *Les annales des chemins vicinaux*, 2ᵉ partie, t. 3, p. 222 : « Le passage de troupeaux qui se composent souvent de plusieurs milliers de têtes de bétail est, nous le reconnaissons, une des principales causes de la dégradation des chemins vicinaux dans certaines parties du Midi ; et, dans l'intérêt de la viabilité, il serait vivement à désirer que ces troupeaux passassent par les voies publiques qui ont été anciennement établies à cet effet ; mais la prohibition de les faire passer sur les chemins vicinaux constituerait de la part de l'autorité administrative un excès de pouvoirs, et les tribunaux refuseraient certainement de donner une sanction pénale aux arrêtés qui seraient pris dans ce but par les préfets. En effet, depuis l'abolition du privilége de la féodalité, la législation a laissé à chacun le droit d'user de tous les chemins publics. Du moment qu'une voie de communication est livrée à la circulation, elle rentre dans le domaine public et par conséquent tout conducteur de troupeaux a le droit de s'en servir et d'y passer avec telle quantité d'animaux qu'il mène avec lui. L'administration est impuissante pour prévenir les inconvénients que ce passage peut entraîner. »

DEUXIÈME PARTIE

VOIES RURALES PRIVÉES

VOIES RURALES PRIVÉES.

256. *Objet de cette partie.* — La première partie de notre étude a porté sur l'examen du régime sous lequel se trouvent placées les voies publiques rurales ; nous consacrerons cette seconde partie aux voies rurales privées. Nous compléterons ainsi l'exposé des règles sous lesquelles se trouvent placées les voies rurales, et nous pourrons ainsi d'autant mieux faire ressortir les caractères propres à chacune de ces voies, que nous aurons ainsi à mettre en évidence les différences qui les séparent.

257. *Divisions.* — Les voies rurales privées sont elles-mêmes soumises à des régimes différents suivant la classe à laquelle elles appartiennent : les unes constituent des chemins proprement dits, les autres de simples servitudes, il en est enfin qui ne sont que des passages

de tolérance. Rien de plus dissemblable que les règles
auxquelles elles sont soumises dans ces divers cas que
nous allons successivement examiner.

258. *Distinction entre les chemins et les servitudes
de passage.* — La différence qui existe en principe entre un chemin et une servitude de passage est très-
facile à marquer. Le chemin constitue une propriété
au profit de celui ou de ceux qui y ont droit, le droit
de passage, au contraire, ne constitue qu'une servitude
sur un fonds au profit d'un autre fonds, sans que pour
cela la propriété foncière change de maître et soit attribuée à celui qui exerce le passage ; de là des conséquences juridiques très-diverses que nous aurons à signaler dans la suite. Mais dans la pratique il est souvent
difficile de déterminer dans laquelle de ces catégories
doit être placée une voie privée. Dumay, dans son travail sur Proudhon, dit : « Lorsqu'un chemin, traversant une prairie ou même un héritage en culture, et
uniquement destiné à l'exploitation et au défrichement
d'un héritage de même nature, situé dans une partie
plus éloignée du finage, n'est pratiqué qu'à certaines
époques de l'année et dans des circonstances telles que
l'usage qui en est fait n'empêche pas le propriétaire de
l'héritage traversé de recueillir tout ou partie des fruits
qui croissent sur son sol, on ne doit le considérer que
comme créé à titre de servitude, à moins qu'il n'appa-
raisse d'un titre contraire, parce que son tracé, l'usage
qui en est fait, le besoin auquel il répond, le produit
que le propriétaire dont il traverse le fonds continue à

en tirer, démontrent qu'il a été établi sur un fonds au profit d'un autre fonds, et que, créé pour un besoin limité, le sol n'a pas cessé d'en appartenir au propriétaire de l'héritage qui le fournit. Mais lorsque le chemin au lieu de traverser certains héritages leur sert de limite, lorsqu'il est constamment frayé, que l'usage qui en est fait empêche les propriétaires riverains d'y recueillir des produits, lorsqu'il dessert un grand nombre d'héritages de différents genres de cultures, qui exigent un passage fréquent et continu pendant toute l'année, tels sont par exemple les chemins ou sentiers destinés à l'exploitation des vignes, nous pensons qu'alors il ne doit pas être réputé établi à titre de simple servitude, mais qu'il doit être considéré comme une propriété commune et indivise entre tous ceux à la desserte des héritages desquels il est affecté. On doit admettre que chacun des intéressés a abandonné une faible partie de sa propriété afin d'obtenir une exploitation facile et commode, ou bien que le chemin a été créé par l'effet d'une sorte de destination du père de famille. De grandes propriétés s'étaient autrefois trouvées réunies dans la même main, des chemins ou des sentiers avaient été établis par le maître, ces moyens d'exploitation indispensables ont continué de subsister après la vente ou la division de la propriété. »

J'ai cité ce passage parce qu'il indique autant que possible les circonstances de fait que l'on peut consulter pour placer les voies agraires dans l'une des catégories que j'ai indiquées en commençant. Toutefois, il faut bien reconnaître qu'il n'y a rien de certain, de

fixe, rien qui puisse être bien déterminé en ces matières.
Ainsi Dumay, en nous montrant un passage de servitude, nous fait une description parfaite des passages de
tolérance, et son chemin fermement tracé sur un fonds
en constituant un véritable chemin pour ce fonds, peut
n'être grevé que d'un droit de servitude au profit du
fonds voisin. Aussi est-ce à la fois à l'état des lieux, aux
circonstances de chaque affaire, aux titres, à tous les
documents fournis dans chaque procès, qu'il faudra s'en
référer pour reconnaitre si la voie litigieuse constitue un
chemin appartenant à un seul propriétaire, ou à une agglomération, ou si elle est la manifestation de l'exercice
d'une servitude de passage ou d'un passage de tolérance.

259. *Routes déclassées*. — Des portions d'anciennes
routes ou chemins publics peuvent être complétement
déclassés, notamment par suite de rectifications. La loi
du 2 mai 1842 autorise en pareil cas l'aliénation des
terrains déclassés ; mais cette loi, ainsi que celles où se
trouvent de pareilles autorisations d'aliénation, com-
mandent de réserver s'il y a lieu, eu égard à la situation
des propriétés riveraines, un chemin d'exploitation.
M. Garnier, *Législation et jurisprudence nouvelle sur
les chemins*, p. 277, pense que ce passage, réservé aux
anciens riverains du chemin déclassé, ne leur est attribué qu'à titre de servitude sur un terrain qui ne cesse
pas d'appartenir à l'Etat, au département ou à la commune, suivant la classe à laquelle appartenait la route,
et qu'il ne devient pas la propriété de ces particuliers,

à moins qu'il ne leur ait été fait, dans les formes légales, une concession expresse du fonds.

Un des riverains au profit desquels a été maintenu ce chemin pour qu'ils puissent y exercer les droits acquis, ne peut s'en emparer au préjudice des autres, et ceux-ci seront toujours recevables à réclamer l'exercice des droits à l'occasion desquels la partie du chemin n'a pu être aliénée. (Pardessus, *Servit.*, t. 1, p. 488, n° 217).

CHAPITRE 1er.

CHEMINS PARTICULIERS.

260. *Régime.* — Les chemins particuliers sont soumis à toutes les règles sous lesquelles se trouvent placées les propriétés rurales ; ils sont placés dans le domaine privé de propriété, et, par conséquent, ils peuvent être l'objet de tous les contrats et de toutes les stipulations qui peuvent porter sur ce domaine. (Dalloz, n° 1457 ; req., 24 juin 1856, commune de Brie-comte-Robert).

Etablis uniquement pour le service et l'utilité des fonds qu'ils traversent, longent ou desservent, ils ne peuvent être fréquentés que par ceux qui en sont propriétaires ou ont acquis le droit d'y passer. (Dalloz, n° 1457).

261. *Distinction à faire entre ces chemins suivant qu'ils appartiennent à un seul propriétaire ou à une agglomération.* — Il semble dès lors que leur régime devrait être exposé d'une manière générale et sans entrer dans des distinctions que semble repousser l'énonciation d'un pareil principe. Cependant la situation juridique, telle que l'ont admise les auteurs et la jurisprudence, semble se présenter d'une manière si différente suivant que le chemin appartient à un seul propriétaire ou suivant qu'il est à l'usage d'une agglomération, que nous avons cru devoir étudier cette situation d'une manière distincte pour chacun de ces cas.

Section I -- Chemins appartenant à un seul propriétaire.

262. *Régime.* — C'est surtout des chemins appartenant privativement à un seul propriétaire que l'on peut dire qu'ils sont soumis à toutes les règles applicables au domaine privé de propriété. Celui qui les possède a, sur cette nature de biens, le droit d'user et d'abuser dans les mêmes conditions que pour les autres, c'est-à-dire en tant qu'il ne porte pas atteinte à un autre droit reconnu et consacré par nos lois.

Le propriétaire a donc le droit de supprimer ces chemins si bon lui semble ;

De les fermer avec chaînes, portails ou autres clôtures ;

Les restreindre ou élargir, s'il peut le faire sans empiéter sur la propriété riveraine ;

C'est à lui à les réparer et entretenir comme bon lui semble ;

Les entourer de fossés on non ;

En planter le bord de haies ou d'arbres à la distance qu'il juge convenable.

263. *Nature des difficultés judiciaires auxquelles ils donnent habituellement lieu.* — Aussi n'est-ce pas sur l'étendue des droits des propriétaires de chemins ruraux que portent les difficultés judiciaires auxquelles ces chemins peuvent donner lieu, mais bien sur la nature même de ces chemins et sur la propriété elle-même.

Or la détermination de la propriété d'un chemin est une question d'appréciation de titres et de faits qui, en cas de difficultés, appartient presque exclusivement au juge du fait, et il est assez difficile de donner d'avance des règles à suivre, les circonstances devant changer dans chaque affaire. J'ai indiqué plus haut à quels signes on pouvait habituellement reconnaître si un chemin était public ou privé, *suprà*, n° 46, je ne puis que me référer ici aux exemples que j'ai donnés, et je renvoie au paragraphe suivant la plupart des explications que j'ai à fournir concernant la jouissance de ces voies privées.

SECTION II. — Chemins à l'usage d'une agglomération de propriétaires.

—

§ 1. — Caractère de ces chemins ; propriété ; régime.

264. *De quels chemins il s'agit dans ce paragraphe.*
— Il est des chemins qui ne sont pas publics, qui ne sont pas non plus la propriété privée et exclusive d'un seul propriétaire, mais qui sont destinés à l'usage d'un

certain nombre de parcelles ou de propriétés sises dans le même quartier, et ayant des possesseurs plus ou moins nombreux. Ces chemins sont tracés partout dans les territoires des communes, on les rencontre se soudant aux chemins publics et se perdant ensuite le plus souvent dans les propriétés privées où ils disparaissent ; *Intermoriuntur*, dit Decormis, t. 2, col. 1739. Ils sont par leur multiplicité et l'usage auxquels ils servent, de la plus haute importance pour l'agriculture et la propriété rurale. Cette importance a tellement frappé certains esprits que le conseil général des Basses-Alpes, dans sa session de 1862, n'hésitait pas à demander qu'ils fussent assimilés aux chemins vicinaux. C'était aller bien loin et quoiqu'il en soit de ces vœux, ces chemins sont de l'avis de tous actuellement placés dans le domaine de propriété privée, mais la multiplicité des intérêts qui sont engagés à leur maintien et à leur fonctionnement a influé dans l'application qui leur en a été faite des règles du droit civil d'une manière notable, et qui doit être exposée.

265. *Dénomination.* — Sous quel nom faut-il désigner ces chemins ? Ces noms sont très-multiples et il pourrait même s'établir quelque confusion, si on se rapportait exclusivement aux anciennes dénominations, parce que par suite des faits, des circonstances et des modifications apportées par le temps, les classifications des chemins se sont bien modifiées depuis, et tel d'entr'eux qui figurait autrefois dans la classe des chemins publics est passé dans la classe des chemins privés et

réciproquement, de sorte qu'il reste dans l'emploi des anciens noms quelque chose de vague et d'indéterminé, et ce résultat doit d'autant plus se produire que ces noms s'appliquent non-seulement à un chemin en ayant égard à son caractère de publicité, mais quelquefois au contraire en prenant en considération sa largeur, abstraction faite de son caractère. Enfin ces noms variant dans chaque localité, il est difficile de se rendre un compte exact de leur portée juridique. Les auteurs qui ont suivi le droit romain ont divisé les chemins en sentiers, *iter*, pour passage à pied et à cheval ; sente, *semi iter*, demi sentier ; chemin, *actus*, pour passage en voiture, à cheval, avec des bestiaux ; voie, *via*, plus large, permettant de passer à pied, à cheval, en voiture, et en transportant toute espèce de matériaux. On les a appelés voies, sentiers ou chemins d'exploitation, de desserte, de déblave, de contrée, sente de voisiné, chemins voisinaux, chemins de culture, chemins de quartier, etc. Si j'avais à choisir, ce serait cette dernière dénomination, et à défaut, celle de chemin d'exploitation que j'accepterais le plus volontiers.

266. *A quoi on les reconnaît.* — Dans un travail publié par M. Petit, doyen des présidents de chambre à la Cour de Douai, lu à la Société d'agriculture, sciences et arts du département du Nord dans l'assemblée générale du 12 décembre 1856, cet honorable magistrat donne sur ces voies de communication des indications qu'il me paraît utile de reproduire, sauf à revenir sur certaines règles posées dans cet exposé.

« Le premier élément constitutif du chemin d'exploitation, c'est que le chemin desserve les héritages qui le bordent ; mais cela ne veut pas dire que le chemin ne doit servir qu'aux propriétaires riverains ; un chemin d'exploitation peut être public en ce sens que chacun peut y passer librement, sans que pour cela il perde son caractère et même sans qu'il devienne rural. Ainsi, par exemple, j'ai au bout de mon jardin un sentier qui traverse les champs et conduit au village voisin, c'est pour moi un chemin d'exploitation comme pour tous les propriétaires riverains, et la circonstance que les habitants du village voisin s'en servent pour pénétrer dans les champs et se rendre à leurs propriétés non riveraines, ne lui fera pas perdre son caractère. Les habitants qui se servent de ce chemin pour arriver dans leurs champs, en traversant une propriété riveraine, ne sont pas copropriétaires du chemin d'exploitation, ils ne font que profiter du caractère de publicité laissé au chemin, ils s'en servent comme d'un chemin d'exploitation, mais ils n'ont aucun droit, et la facilité de communication qu'il leur procure, ils la doivent à l'obligeance du riverain qui permet le passage sur sa propriété riveraine du chemin. Le chemin d'exploitation ne peut donc servir légalement que pour l'exploitation des fonds qui le bordent ; s'il devait servir pour d'autres, il ne serait plus un chemin d'exploitation, mais bien un chemin rural. C'est par cette distinction qu'on évite de confondre le chemin d'exploitation avec le chemin rural. Sans doute, le chemin d'exploitation se confond souvent avec des chemins ruraux, communaux et même vicinaux, mais c'est lorsqu'il aboutit à une voie commune, après avoir pris naissance à une autre point commun ; lorsqu'il a une destination plus restreinte, lorsqu'il est consacré uniquement à l'exploitation d'un certain nombre d'héritages, sans être un point de communication entre des villages et des chemins, il est encore purement et simplement un chemin d'exploitation, présumé créé par les propriétaires riverains pour leurs besoins particuliers, et se trouvant privé de tout caractère de publicité.

« Il faut que le chemin d'exploitation existe depuis longtemps, dit la Cour de cassation, et cela se conçoit, car sans cela, comme il serait facile d'établir la propriété du sol et de refuser au chemin tout autre caractère que la tolérance, on ne pourrait invoquer ni la prescription, ni la convention présumée entre les riverains.

« Il faut encore que le sol du chemin soit un terrain non cultivé, qui est assez frayé pour justifier qu'il a servi depuis longtemps et qu'il sert encore au passage.

« Ces seules circonstances réunies fournissent la preuve complète et suffisante de l'existence et du caractère du chemin d'exploitation, mais cela n'empêche pas de rechercher toutes les autres circonstances qui, en cas de contestation, peuvent venir la corroborer et la rendre plus évidente.

« Si le chemin n'est jamais labouré, c'est une reconnaissance formelle et permanente de l'existence du chemin. Sans doute, ce fait à lui seul ne démontre pas le

19

caractère du chemin d'exploitation, mais au besoin avec ce seul fait, on arriverait facilement à cette démonstration en invoquant la situation des lieux. Si l'on établit que le chemin respecté tous les ans par la charrue n'est ni un chemin vicinal, ni un chemin rural, ni un chemin communal, ni une servitude, on aura par cela même établi que c'est un chemin d'exploitation.

« S'il est établi que le chemin est quelquefois réparé, s'il est contenu dans des limites fixées, soit par des bornes, soit par des fossés, soit par des épines plantées par les propriétaires voisins dans le but d'empêcher que la largeur ne soit augmentée, s'il est empierré, s'il est gazonné, s'il est porté sur le cadastre, sur le tableau des voies publiques, s'il est indiqué dans les titres de propriété, s'il a donné lieu à des contestations, ce sera là autant de circonstances qui viendront surabondamment établir l'existence du chemin, et cette existence une fois devenue incontestable, son caractère de chemin d'exploitation et de desserte s'établit très-facilement par la situation des lieux et par l'impossibilité de le ranger dans aucune autre catégorie des chemins.

« Outre toutes ces preuves qui sont générales et communes à tous les riverains, ils en est encore un grand nombre qui, bien que fournies par un ou plusieurs d'entre eux, n'en profitent pas moins à tous, parce qu'elles tendent à établir l'existence et le caractère du chemin d'exploitation, et que cette preuve faite, elle profite nécessairement à tous........ le jugement qui interviendra pour proclamer l'existence et le caractère du sentier d'exploitation ne pourra, sans d'oute, pas être opposé à ceux qui n'ont pas été parties au procès, mais ce sera une preuve dont tous les riverains pourront se prévaloir pour établir l'existence et le caractère du chemin. Il en est de même si les deux riverains transigent et reconnaissent l'existence du chemin . . . . »

Il faut y comprendre ceux qui sont classés sur les états de chemins d'une commune, sous le titre de chemins de culture. (Req., 24 juin 1856, commune de Brie-Comte-Robert).

267. *Propriété commune.* — Les chemins de quartier ou d'exploitation sont censés avoir été établis par l'effet d'un accord intervenu entre les propriétaires dont les héritages sont bordés ou traversés, et qui sont présumés avoir fait chacun et au profit de leurs coïntéressés l'abandon d'une faible partie de leur propriété, en vue de jouir sur la propriété des autres d'un avantage équivalent. On peut aussi reporter quelquefois leur origine à l'époque reculée où d'immenses domaines se trouvant dans les mêmes mains, leur propriétaire y avait établi les sentiers nécessaires à l'exploitation, ces domaines ont été depuis divisés, mais les chemins indispensables sont restés la propriété commune de ceux qui ont été substitués aux propriétaires primitifs.

Que l'on se reporte à l'une de ces origines ou à l'autre, les chemins d'exploitation constituent une propriété indivise ou tout au moins commune entre tous les propriétaires des fonds qu'ils bordent ou traversent, et chacun a le droit d'en user pour les besoins de son héritage.

Dès lors la possession est reputée avec titre, les règles sur les servitudes discontinues sont inapplicables et les actions possessoires sont parfaitement recevables. C'était l'avis des anciens auteurs ; un auteur provençal, Dubreuil, sur les coutumes et usages de Provence, dit dans ce sens que *le sol des chemins voisinaux devient en quelque sorte public entre les coüsagers.* La même opinion est soutenue par Pocquet de Livonnière sur l'art. 449 de la Coutume d'Anjou ; Lalaure, *Traité des servitudes,* liv. 3, chap. 7, p. 233 ; Guiot, sur l'art. 94 de la Coutume de Mantes et Meulan ; Boucheul, sur la Coutume de Poitou, art. 12, n° 18.

De nos jours la jurisprudence et la doctrine se sont généralement prononcées dans le même sens. Req., 29 novembre 1814, Antoine ; Agen, 28 décembre 1824, Dupuy ; rej., 11 décembre 1827; Pagès ; 20 mai 1828, Descoins ; rej., 19 novembre 1828, Moutier ; rej., 27 décembre 1830, Bernard ; Caen, 11 février 1841 et 14 février 1855 (pour les sentes de voisiné, en Normandie) ; C. de cass., 11 avril 1853, Abrantet ; Agen, 4 mai 1853, Duffau ; rej., 12 décembre 1853, Pierron ; C. de cass., 25 avril 1855, Moret ; Poitiers, 15 mai 1856, Bétaudeau ; Limoges, 2 juillet 1862, Taurisson ; rej., 20 février 1866, Porre, et Règlem. de Provence de 1758, approuvé par arrêt du 2 décembre 1758 pour les chemins voisinaux en Provence ; Pardessus, *Servitudes,* t. 1, n° 217 ; Carré, *Justices de p.,* n° 1412 ; Curasson, *Comp. des j. de p.,* 2ᵉ édit., t. 2, n° 48, et *Act. poss.,* t. 2, p. 244 ; Bourguignat, *Droit rural,* n° 620, et *Propriété des chemins ruraux,* p. 9 ; Bioche,

Actions possessoires, n° 377 ; Curasson, t. 2, p. 244 ;
Garnier, *Actions possessoires*, p. 319 ; Aubry et Rau,
t. 2, p. 251, p. 553 ; Dalloz, v° *Voirie par terre*, n°ˢ
1458 et suiv., *Servit.*, n°ˢ 910 et suiv. ; Bost, n° 234 ;
Fournel, *Traité du voisinage*, t. 1, p. 281 : Dumay sur
Proudhon, t. 2, p. 996 ; Duranton, t. 5, n° 437 , Petit,
Revue critique, 1857, t. xi, p. 457 et dans ses autres
travaux sur les chemins ; Demolombe, *Servitudes*, t. 1,
p. 508, n°ˢ 444, et t. 2, p. 130, n° 644.

268. *Ce ne sont point de simples servitudes.* — Les
indications qui précèdent sembleraient faire supposer
une unanimité d'appréciation qui n'existe cependant
point, tout le monde reconnaît bien que chaque intéressé originaire à l'établissement, au maintien des chemins de quartier ou d'exploitation a le droit d'y passer,
mais tandis que, comme nous venons de le voir, on
s'accorde généralement à reconnaître que c'est à titre
de copropriété que ce droit existe, il en est qui soutiennent que le chemin étant considéré comme pris sur
l'héritage des riverains, chacun d'eux aurait conservé
la propriété du terrain contiguë à son fonds, sauf concession du droit de passage aux autres riverains, d'où
suit que les coïntéressés jouiraient du chemin d'exploitation à titre de servitude. Un arrêt de la Cour de Lyon
du 5 janvier 1840, Godemard, a formellement adopté
cette opinion.

Les conséquences à tirer de telles prémisses seraient
très-graves, comme le font remarquer les annotateurs
du *Recueil des lois et arrêts* de Sirey, année 1864, 1ʳᵉ

partie, p. 193. Il en résulterait notamment que chacun de ces propriétaires pourrait se prévaloir de la disposition de l'article 701 du code civil, qui permet au maître d'un fonds grevé de servitude de changer l'assignation primitive de la servitude, dans le cas où elle est devenue plus onéreuse pour son fonds, Lyon, 5 janvier 1859, Godemard. Il en résulterait encore qu'un chemin de cette sorte ne serait pas, en tant que servitude discontinue, susceptible de former la base et l'objet d'une action possessoire contre celui des riverains qui voudrait y interdire le passage aux autres dans la traversée de son héritage, cass., 20 mai 1828 ; il s'en suivrait enfin que même au pétitoire, ceux-ci ne pourraient réclamer le passage sur cette portion de la voie sans s'appuyer sur un titre exprès.

Mais cette opinion, qui n'admet pas le *titre muet* sur lequel, à cause de la nature des choses et des circonstances, se fonde le droit des propriétaires riverains des chemins d'exploitation a été généralement repoussée, ainsi que les conséquences auxquelles elle aurait conduit. Et ce sont les conséquences de l'opinion contraire, acceptée par la grande majorité des Cours et l'unanimité des auteurs, défendant le système de la copropriété des chemins d'exploitation entre les riverains, qu'il faut constater et admettre.

269. *Conséquences de la copropriété des chemins de quartier, en ce qui concerne le droit d'en user sans titres.* — La première des conséquences juridiques de cette copropriété, reconnue sur les chemins de quar-

tier en faveur des riverains, c'est qu'ils peuvent tous user de ces chemins sans avoir à rapporter un titre de propriété, ou la justification par écrit d'un droit à l'usage de ce chemin ; Dalloz, v° *Voirie par terre*, n° 1458 et les auteurs déjà cités.

270. *En ce qui concerne l'existence d'une propriété exclusive et personnelle.* — Lorsqu'un des riverains se prétendra propriétaire unique et exclusif d'un chemin d'exploitation de quartier, ce sera à lui à le prouver; Agen, 4 mai 1853, Duffau. Et cette propriété exclusive ne résultera pas de la double circonstance que les propriétés des voisins seraient seules séparées du chemin litigieux par une haie, et que le sol de ces propriétés serait en contre-bas du chemin. (Agen, 4 mai 1853, Duffau).

Mais d'un autre côté, chaque usager peut y refuser le droit de passer à celui qui ne justifie pas de ce droit par titre ou par sa position de riverain. (Cass. ch. civ., 23 août 1858, Salavy).

271. *En ce qui concerne les actions possessoires.* — Il faudra tenir que l'usager troublé dans sa possession pourra agir par voie de complainte ; rej., 29 novembre 1814, Antoine ; 11 décembre 1827, Pagès : 19 novembre 1828, Moutier ; Lalaure, *Servit.*, liv. 3, ch. 7, p. 233 ; Boucheul, *Coutumes du Poitou*, art. 12 et 18 ; Fournel, *Du voisinage*, v° *Act. poss.* ; Pardessus, *Servitudes*, n° 217 ; Carré, *Just. de paix*, n° 1412 ; Garnier, *Act. poss.*, p. 319 ; Curasson, *Comp. des j. de p.*, t. 2, p. 189, n° 48 ; Dalloz, v° *Servit.*, n° 914.

Toutefois les actions possessoires ne sont valablement intentées que si elles portent, non sur un simple droit de passage, mais sur le sol même du chemin. Poitiers, 15 mai 1856, Bitaudeau ; rej., 25 juin 1860, Lhermet ; rej., 10 mars 1861, Nivet ; cass., 2 juillet 1862, Gayraud.

Le juge de paix investi de l'action a le droit de rechercher dans les documents de la cause l'origine et la nature du terrain litigieux, pour caractériser la possession et reconnaître si elle est utile ou de simple tolérance, et pour la repousser s'il reconnaît que le chemin est la propriété exclusive du demandeur. (Req. rej., 24 avril 1866, Bournichon).

272. *En ce qui concerne la prescription.* — Il faudra tenir que l'existence d'un chemin d'exploitation est susceptible d'être établie par la prescription, au profit des propriétaires riverains. (Rej., 12 décembre 1853, Pierron ; Dalloz, *Servit.*, n° 914).

273. *En ce qui concerne l'application de l'article 701 C. c.* — L'article 701 du C. civil permet au propriétaire du fonds suivant, si l'assignation préventive de la servitude est devenue plus onéreuse pour lui ou si elle l'empêche de faire des réparations avantageuses, d'offrir au propriétaire de l'autre fonds un endroit aussi commode pour l'exercice de ses droits, et celui-ci ne peut refuser ce déplacement. Du moment où le chemin d'exploitation est considéré comme la copropriété des riverains, l'article 701 qui n'est applicable qu'aux servitudes ne saurait trouver ici son application. (Paris, 15 mars 1856, Boucher, suivi de rejet, à la date du 15 février 1858).

274. *Limites de l'usage ; étendue du chemin.* — Le chemin du quartier étant censé la copropriété de tous les riverains, il s'en suit que cette copropriété porte, non point seulement sur une partie de ce chemin, mais sur l'ensemble, quelle que soit son étendue, et que l'on ne peut par suite point empêcher l'un des communistes de se servir de ce chemin sur tout son parcours, sans qu'il soit obligé de rapporter un titre. (Dalloz, v° *Voirie par terre*, n° 1458 ; *Actions poss.*, n° 459 ; *Servitudes*, n°s 910 et suiv.).

275. *Limites de l'usage ; acquisitions successives.* — La présomption de droit dont il vient d'être parlé, dit l'arrêt de la Cour de Douai du 9 janvier 1838, Faucon ; présomption qui suppose une convention primitive de voisinage, ne s'applique qu'aux propriétés riveraines ; si le communiste de même que le sociétaire, à la différence de celui qui n'a qu'un simple droit de servitude, peut user du droit commun dans toute l'étendue des besoins du champ, pour le service duquel il a été conjointement établi, il ne peut toutefois, sans dépasser les bornes primitivement arrêtées par la convention, étendre l'usage de ce chemin à tout autre corps de terre qu'il lui plairait d'ajouter plus tard à l'héritage riverain. L'équité, comme interprète naturelle du droit en pareille matière, peut pour des motifs de nécessité autoriser en ce cas une extension d'exercice peu domma-

geable et qui respecte la destination de la chose commune, mais en même temps aussi, elle veut, pour compensation de l'avantage concédé et de la diminution
quelconque apportée à la communion, une indemnité
proportionnelle.

276. *Questions de propriété ; compétence.* — **Nous**
répèterons ici avec tous les auteurs que c'est à l'autorité judiciaire à vider toutes les questions de propriété
auxquelles peuvent donner lieu les chemins d'exploitation, et que c'est également à eux à reconnaître le caractère même du droit et par suite de déclarer si c'est
un chemin commun ou une simple servitude, ou un
passage de tolérance. (Dalloz, n° 1459).

277. *Portée juridique de la décision, intervenue sur
une contestation née entre quelques-uns des intéressés
au chemin.* — En citant plus haut M. Petit, je disais
avec lui, que si dans son parcours entre son point de
départ et celui d'arrivée, le chemin d'exploitation venait à donner lieu à une contestation entre deux riverains, contestation dans laquelle l'existence et le caractère du sentier seraient mises en question, la solution
qui interviendrait serait une preuve dont tous les riverains pourraient se prévaloir pour établir l'existence et
le caractère du chemin ; mais j'ajoutais avec M. Petit
que toutefois ce jugement ne pourrait pas être opposé
à ceux qui n'auraient pas été parties au procès, comme
ayant l'autorité de la chose jugée. Cette dernière proposition a été formellement consacrée par l'arrêt de

cassation de la chambre civile du 29 août 1858, Salavy. Déjà la chambre des requêtes avait eu occasion de reconnaitre ce principe dans l'arrêt du 10 août 1840, Baume.

§ 2. — Etablissement, largeur, entretien.

278. *Etablissement ; origine.* — Il est assez difficile de déterminer d'une manière certaine l'origine de la plupart des chemins de quartier. Nous avons déjà signalé comment la jurisprudence et la doctrine la rapportent à une double source. Ou ils sont le résultat d'un accord tacite entre les propriétaires dont ils bordent ou traversent les propriétés, ou bien ils sont dus à une sorte de destination du père de famille, créés dans ce dernier cas par les propriétaires de vastes domaines dont les parcelles étaient réunies dans le temps entre les mêmes mains, ils ont subsisté après le morcellement de ces domaines et ils ont servi à l'exploitation des parties démembrées de ces grandes terres. De nos jours, la division des terres et leur vente en les morcelant a donné naissance a de nouveaux chemins dont la nécessité n'était point appréciable avant la division et la mise en culture. L'ouverture de nouvelles voies générales et publiques de communication a quelquefois donné lieu à une entente entre divers propriétaires, qui ont établi des chemins, pour profiter des débouchés nouveaux que leur donnaient des routes récemment ouvertes.

279. *Syndicats.* — Une loi du 21 juin 1865 est venue offrir aux propriétaires fonciers des facilités nouvelles pour se grouper afin d'assurer l'exécution et l'entretien des chemins de quartier. L'article 1 de cette loi est ainsi conçu : « Peuvent être l'objet d'une association syndicale entre propriétaires intéressés, l'exécution et l'entretien de travaux........ 8° De chemins d'exploitation et de toute autre amélioration agricole ayant un caractère d'intérêt collectif. »

Nous avons dit ailleurs, *suprà*, n° 161, que cette disposition de la loi de 1865 n'est pas applicable aux chemins ruraux publics ; mais il résulte des débats auxquels elle a donné lieu que c'est précisément pour les chemins dont nous nous occupons qu'elle a été édictée.

Ce droit avait été déjà réclamé par divers conseils généraux et notamment par celui de la Meurthe dans la session de 1840.

Je ne puis analyser l'ensemble des règles qui président à la création et au fonctionnement des associations syndicales, il me faudrait faire un commentaire de la loi du 21 juin 1865, ce qui sortirait évidemment de mon sujet. Ce travail a été fait par M. A. Godoffre dans le *Journal de droit administratif*, qu'il dirige si bien avec M. Chauveau Adolphe , on pourra au besoin consulter ce travail, soit dans ce recueil, soit dans le tirage qui en a été fait à part.

Je me borne à faire remarquer que ces associations, lorsqu'il s'agit de chemins d'exploitation, ne peuvent se former qu'avec le consentement unanime des associés constaté par écrit ; c'est ce qui résulte de la combinaison des articles 5 et 9 de la loi précitée.

280. *Largeur.* — Lorsque la largeur des chemins résulte des actes et accords primitifs qui peuvent être représentés, ce qui sera le cas le plus rare, il faudra s'en tenir à l'application de ces actes.

Si les termes sont vagues, les coutumes locales et les usages seront utilement consultés pour en connaître la portée et l'étendue ; ainsi, par exemple, pour l'Isère, les chemins désignés dans les actes sous la dénomination de passages pour garnir et dégarnir, vêtir et devêtir, s'entendent toujours d'un chemin de voiture, à moins que l'exploitation ne se fasse à dos de mulets dans les localités abruptes et montagneuses. (A. Pagès, *Usages et règlements locaux de l'Isère*, p. 129).

A défaut de titres il faudra recourir aux usages, aux coutumes, aux anciens règlements pour déterminer la largeur des chemins.

Suivant Fournel, t. 1. p. 280, en règle générale le sentier doit avoir 2 pieds ; la sente 1 pied ; le chemin 4 pieds ; la voie 8 pieds si elle est droite, 16 là où elle est tortueuse.

Suivant la Coutume de Senlis, art. 194, le sentier aurait 4 pieds.

La Coutume de Clermont donne la même largeur au sentier, elle attribue 8 pieds à la carrière, 16 pieds à la voie.

En Provence, le règlement d'Aix du 6 septembre 1729, qui par sa sagesse avait mérité d'être considéré comme un règlement général, donnait au chemin 2 mètres si ses bords étaient libres; s'il y avait un mur, une haie ou une rive d'un côté, il devait avait 2,50 centim.; la largeur devait être portée à 3 mètres s'il y avait des murs, rives ou haies des deux côtés. Dans les courbes, la largeur était augmentée de 1 mètre ou 1 mètre et demi; Cappeau, *Droit rural*, t. 1, p. 486, n° 38; Ch. Tavernier, *Usages locaux des Bouches-du-Rhône*, p. 88. Suivant l'ancien auteur provençal, Bomy, ch. 9, p. 10, la largeur des sentiers était de 5 pans, 1 mètre 1|4. A Marseille, la largeur du chemin est de 3,75 centim. à 5 mètres, la largeur du viol est de 1 mètre, 1,25 cent. ou 1,75; Ch. Tavernier, *loc. cit.*

La Cour de cassation a jugé que la question de savoir si un ancien règlement relatif à la largeur des chemins s'applique à telle ou telle localité est une question de fait jugée souverainement par les Cours impériales. Cet arrêt, à la date du 10 août 1840, Baume, est intervenu dans une affaire où par arrêt du 16 mai 1839, la Cour d'Aix avait jugé que le règlement du 6 septembre 1729, rendu pour la ville d'Aix et réglant la largeur des chemins voisinaux ou de quartier, était applicable à toute la Provence, à l'exception du territoire de Marseille.

En Dauphiné, la pratique n'admettait que deux espèces de passage, le sentier et le chemin de voiture ; le premier a suivant les contrées 0,30, 0,40, 0,50, 0,66 ou 1 mètre de largeur, le second 2 ou 3 mètres. (A. Pagès, *Usages de l'Isère*, n° 129).

Des arrêts du parlement de Paris des 15 mai, 22 août 1786, 27 mars et 2 mai 1788 fixent la largeur des chemins à 18 et 24 pieds suivant leur importance et non compris les fossés.

Les chemins privés dans la Haute-Garonne ont 1 mètre de largeur pour passage à pied, 2 mètres pour tombereau attelé, 3 mètres 11 pour char et voiture, le tout franc de fossé. (V. Fons, *Usages locaux de la Haute-Garonne*, n° 118).

En Bretagne, d'après l'usage du pays et la jurisprudence des tribunaux, la largeur est de 1 mètre pour passage à pied ou avec brouette, 2 mètres pour passage à cheval ou avec bestiaux, 3 mètres pour passage en voitures et à toutes fins. (Nantes, 24 juin 1831 ; Sibille, *Usages de la Loire-Inférieure*, n° 179).

281. *Elargissement.* — Si les chemins, en l'état des progrès des cultures ou des modifications qu'on a dû leur faire subir, devenaient insuffisants pour remplir le but que s'est proposé de remplir l'agglomération qui les a établi ou qui s'en sert, leur élargissement pourrait être demandé et obtenu à charge d'indemnité. (Arrêts du parlement de Provence de 1782 ; Cappeau, *Législation rurale et forestière*, t. 1, p. 687, n° 39).

Toutes les difficultés naissant à ce sujet seraient du ressort des tribunaux civils.

282. *Entretien ; réparations.* — L'entretien des chemins de quartier et les réparations nécessaires pour assurer leur viabilité sont à la charge de ceux qui en jouissent et qui sont considérés à la fois comme copropriétaires et coüsagers de ces chemins. (Bourguignat, *Droit rural*, p. 200, n° 625 ; Toullier, n° 498 ; Vaudoré, t. 1, n° 623 ; Cappeau, t. 1, p. 683, n° 35).

Tout intéressé peut y faire les réparations nécessaires pour assurer la viabilité. (L. 10 ff, lib. 8, tit. 1 ; Fournel, t. 1, p. 282).

A condition toutefois de ne pas empiéter sur les fonds riverains, à moins que l'élargissement en ait été concédé par justice et à condition de ne pas rendre le chemin plus dommageable pour ces fonds. (Lib. 1, § 2 ff, lib. 43, tit. 11 ; Fournel, t. 1, p. 283).

Si le chemin a besoin de réparation présentant une certaine importance et qui nécessitent le concours des intéressés, des auteurs regrettent que le mauvais vouloir de certains d'entr'eux puisse paralyser les bonnes intentions des autres et empêcher des réparations, souvent urgentes et indispensables de se faire. (Saint-Martin, *Des chemins ruraux*, p. 25).

Mais la plupart de ceux qui se sont occupés de ces matières pensent qu'à défaut d'entente amiable, le communiste peut s'adresser aux tribunaux pour obtenir le concours de ses coïntéressés pour effectuer les réparations nécessaires et même, s'il a pris l'initiative et qu'il ait directement opéré ces réparations, il peut forcer ceux dont il a géré la chose à lui rembourser les frais faits pour cette gestion. (Bourguignat, *Droit rural*, n°

625, p. 200 ; Toullier, t. 3, p. 365 ; Fournel, t. 1, p. 287 ; Cappeau, t. 1, p. 679, n° 30).

Un ancien règlement de Provence de 1757 sur les ponts et chaussées, par son article 3 disposait que la contribution à l'entretien et aux réparations devait avoir lieu à proportion de l'alivrement des biens, à raison desquels on se servait des chemins. De nos jours, on a encore jugé que cette contribution devait être établie à raison de l'étendue en surface de chaque propriété usant de la voie. (Jugement de Nantes du 8 mai 1845 ; Sibille, *Usages de la Loire-Inférieure*, p. 313, n° 708).

Toutefois, si le chemin servait à un établissement industriel, cet établissement devrait y contribuer à raison de son importance et non point du sol qu'il occuperait. (Nantes, 22 décembre 1840 ; Sibille, p. 314, n° 709).

Un intéressé peut se soustraire à cette contribution en renonçant d'une manière formelle à tout droit de propriété et d'usage sur le chemin. (Cappeau, t. 1, p. 682, n° 33).

En cas de désaccord entre les propriétaires, c'est à la justice ordinaire et non à l'administration qu'il faut recourir, soit pour fixer la part contributive de chacun dans les dépenses générales, soit pour obtenir le remboursement de ces dépenses. (Sibille, p. 314, n° 710 ; Toullier, t. 3, p. 365 ; Fournel, t. 1, p. 287 ; Cappeau, t. 1, p. 679, n° 30).

§ 3. — **Droits des riverains, impraticabilité du chemin.**

283. *Droits des riverains.* — **M.** Bourguignat dans son *Traité sur le droit rural,* en signalant les droits des riverains sur les chemins d'exploitation, indique que :

Ils peuvent seuls ramasser les boues qui se trouvent sur ces chemins ;

Prendre les eaux pluviales qui en découlent ;

Planter des haies le long de leurs parcours, mais à charge d'observer la distance voulue par la loi.

Construire des fossés le long de chemins sur leurs héritages.

284. *Impraticabilité du chemin.* — **M.** Pardessus, dans son *Traité sur les servitudes*, t. 1, p. 505, n° 226, pense qu'en cas d'impraticabilité accidentelle d'un chemin d'exploitation, celui qui a le droit d'y passer peut se frayer temporairement un passage sur la propriété riveraine, il se fonde sur les textes que nous avons déjà indiqués et qui établissent ce droit lorsqu'il s'agit des chemins publics. Nous partageons complétement cet avis, le droit reconnu par ces textes se fonde sur une impérieuse nécessité, mais l'exercice de ce droit donne lieu à une indemnité au profit de celui qui est

obligé de le souffrir. (Fournel, *Voisinage*, t. **2**, p. 400,
§ 207 ; Sibille, *Usages de la Loire-Inférieure*, n° 185).

§ 4. — Changement du chemin ; suppression : expropriation pour cause d'utilité publique.

285. *Changement d'assiette du chemin.* — L'article
701 autorise le propriétaire du fonds servant à demander le déplacement de l'assiette de la servitude ; mais
cette disposition n'est pas applicable aux droits qui
s'exercent à titre de propriété ou de copropriété, dont
on ne saurait en aucun cas demander le changement
d'assiette et le déplacement. Cela avait été formellement jugé par notre parlement de Provence, à l'occasion d'un chemin d'exploitation, le 25 juin 1726, dans
un procès concernant les Ursulines de Sisteron. M. Demolombe, dans son *Traité des servitudes*, le professe
avec beaucoup de raison, t. 2, n°ˢ 672 et 898, il cite à
l'appui les arrêts de Caen des 22 juin 1814, Verel ; 27
janvier 1820, Fallin ; 8 mars 1837, Picqueray. On peut
joindre à ces citations l'arrêt de rejet de la chambre ci-

vile du 15 février 1858, Letartre. Un des communistes ne pourrait pas davantage changer l'état des lieux sans le consentement des autres. (Rej., 17 novembre 1840, Libert ; Garnier, *Législ. et jurisp. nouvelles sur les ch.*, p: 258).

Le conseil général de Vaucluse a émis plusieurs fois le vœu qu'une disposition législative vînt autoriser les propriétaires à élargir ou rectifier, moyennant une juste et préalable indemnité, les chemins qui servent à l'exploitation de leur domaine. (Voyez sessions de 1856, 1857, 1858, 1860, 1861, etc.)

Il a été jugé que la convention à la suite de laquelle les copropriétaires d'une forêt, en la partageant entr'eux, établissent de nouveaux chemins pour son exploitation en remplacement des anciens, profite aux tiers qui avaient des droits sur les anciens chemins, et que ces derniers peuvent exercer ces droits sur les nouveaux chemins. (Rej. req., 14 juillet 1856, Bourdet).

286. *Suppression.* — Les chemins de quartier étant une propriété privée peuvent être supprimés du consentement des propriétaires des fonds desservis, sans que personne, pas même les communes, ne puisse s'y opposer ; Paris, 11 mars 1861, Lutzaque ; Dalloz, *Voirie par terre,*, n° 1463. A plus forte raison peuvent-ils être fermés à leurs extrêmités ou à l'une d'entr'elles par des barrières, fossés et autres obstacles fixes ou temporaires, lorsque ces opérations se font avec le consentement des intéressés.

287. *Difficultés ; compétence.* — Si la suppression d'un chemin de quartier donne lieu à des difficultés entre les intéressés, la solution de ces difficultés est de la compétence des tribunaux civils. (C. d'Etat, 5 floréal, an XIII, Dossemont).

288. *Perte de droit ; prescription.* — Le non usage d'un chemin ou sentier d'exploitation par l'un des coïntéressés pendant près de 30 ans ne suffit pas pour lui faire perdre le droit d'y passer, l'article 706 du code civil n'étant applicable qu'aux servitudes et non au droit de propriété ou copropriété. Il n'en serait autrement que si quelqu'un avait acquis exclusivement la propriété de ce chemin par une possession continue, pendant un temps suffisant et dans les conditions requises pour prescrire cette propriété. (Rej. req., 25 avril 1855, Moret).

289. *Suppression par le partage de la chose indivise.* — La règle que nul ne peut être contraint dans l'indivision n'est pas applicable au cas où les intéressés ont destiné un terrain à l'exploitation et à l'accès de leurs propriétés respectives et où il est nécessaire à cette exploitation. Dans ce cas, l'un des copropriétaires ne peut faire cesser l'indivision sans le consentement de son communiste, car le partage ou la vente par licitation ne serait autre chose que l'annulation de la chose commune, devenue l'accessoire des terres desservies, sa destruction et non son partage. Ce point ne saurait être aujourd'hui contesté, en l'état de l'unanimité de la jurisprudence et de la doctrine, il suffit de citer les arrêts de la Cour de cassation des 10 décembre 1823, 31 janvier 1832, 10 janvier 1842 et notamment l'arrêt de rejet de la chambre civile du 15 février 1858, Letartre; et Toullier, t. 3, n° 469 ; Duranton, t. 5, n° 149 et t. 7, n° 77 ; Pardessus, *Servit.*, n° 8 ; Vazeille, *Successions*, sur l'art. 815, n° 4 ; Zachariæ, Massé et Vergé, t. 2, § 279, p. 74, note 22.

290. *Expropriation pour cause d'utilité publique.* — En cas d'expropriation pour cause d'utilité publique, on ne peut opposer à ceux des copropriétaires d'un chemin d'exploitation qui n'ont figuré ni dans l'arrêté de cessibilité, ni dans le jugement d'expropriation, la déchéance édictée par l'article 21 de la loi du 3 mai 1841, contre les parties intéressées qui ne se sont pas fait connaître dans le délai de huitaine fixé par cet article. Dès lors, ces propriétaires sont recevables à faire valoir leurs droits, même après la prise de possession et l'incorporation du sol à une œuvre d'utilité publique. Toutefois, le tribunal, investi des réclamations de ces copropriétaires, ne peut en pareil cas ordonner le rétablissement des lieux dans leur premier état, il ne peut que reconnaître les droits des réclamants et les renvoyer devant qui de droit pour le règlement de l'indemnité qui peut leur être due, c'est ensuite à eux, à défaut d'entente amiable, à remplir les formalités nécessaires pour provoquer ce règlement par le jury d'expropriation. (Limoges, 2 juillet 1862, Taurisson).

§ 8. — Surveillance administrative ; dégradations.

291. *Action du maire ; entretien.* — M. Proudhon, dans son *Traité du domaine public*, n° 654, a soutenu que le maire pourrait enjoindre par un arrêté aux riverains d'un chemin de quartier de le réparer et, à défaut, ordonner qu'il serait réparé d'office à leurs frais. M. Dumay, dans son travail sur l'ouvrage de Proudhon, ne reconnaît pas au maire un droit aussi étendu, il pense que cet administrateur pourrait bien enjoindre aux coïntéressés de faire procéder aux réparations nécessaires, mais qu'il ne pourrait pas les faire effectuer d'office. M. Bourguignat, *Droit rural*, p. 200, n° 624, pense qu'aucun de ces droits n'appartient au maire sur ces voies privées, la seule mesure qu'il pourrait prendre serait d'en ordonner la clôture dans le cas où il existerait des frondières et des ravins dangereux pour la sûreté et la vie de ceux qui s'y engageraient.

M. Cappeau, dans sa *Législation rurale et forestière*, t. 1, p. 682, n° 34, était de l'avis de Proudhon, toutefois c'est au préfet qu'il réservait l'initiative et l'action que Proudhon attribuait au maire, mais l'époque à laquelle Cappeau écrivait et la confusion qui existait alors dans ces matières explique son erreur, qui ne pourrait être partagée aujourd'hui.

292. *Liberté de la circulation.* — Le maire ne peut enjoindre à un particulier qui a ouvert chez lui un chemin privé d'en laisser la libre disposition au public, jusqu'à ce qu'un chemin vicinal projeté ait été rendu viable. C'est là une atteinte illégale, quoique temporaire au droit de propriété. (Rej. ch. crim., 21 août 1856, Brustier ; 16 mai 1857, Coudeville).

293. *Empiètements, usurpations, dégradations.* — Les empiètements, usurpations et dégradations commis sur les chemins d'exploitation ne sont ni des contraventions, ni des délits du ressort des tribunaux de repression, mais seulement des actes donnant lieu aux actions civiles devant les tribunaux ordinaires ; C. d'Etat, 13 octobre 1809, Jousselin ; cass. crim., 19 nivôse an X, v° Chartier ; Paris, 18 mars 1828, Remond ; req., 13 juin 1837, Lapeyrade ; crim., 9 juin 1859, Alligaud ; crim., 3 mai 1861, Watremez ; Dalloz, n° 1465 ; Fournel, t. 1, p. 287 ; Toullier, t. 3, p. 365 ; Cappeau, t. 1, p. 679, n° 30.

A moins que ces faits ne vinssent à présenter le caractère de contraventions ou de délits prévus par les lois pénales, caractérisés par elles et rentrant dans la classe des crimes et délits contre les propriétés en général.

CHAPITRE II.

SERVITUDES DE PASSAGE.

SOMMAIRE.

294. *Ce qu'on entend par servitudes de passage.* — En nous occupant des voies de communications privées, nous n'avons eu jusqu'ici qu'à étudier le régime des chemins qui constituaient une propriété ou une copropriété pour ceux qui s'en servaient ; en dehors des passages établis à ce titre, il en existe à titre de simple servitude. Ces passages sont établis aux termes de l'article 637 du code civil à titre de charge imposée à un héritage, au profit d'un autre héritage appartenant à un autre propriétaire.

La servitude de passage est une servitude discontinue, article 688 code civil.

295. *Distinction entre les servitudes de passage con-*

ventionnelles et légales.—La servitude de passage dérive ou des obligations imposées par la loi ou des conventions entre les propriétaires, article 639 C. civ.

La servitude de passage établie par la loi n'est autre que le droit de passage existant au profit des fonds
enclavés, elle fera l'objet de la section 2. Dans la 1re,
j'aurais à m'occuper de la servitude conventionnelle.

296. *Passages exercés accidentellement ; renvoi.*
— Il est encore en dehors des passages exercés sous le
bénéfice de la convention et de la loi, des passages
exercés en suite d'une nécessité de fait, par exemple
pour élaguer les arbres et tailler les haies placés sur la
limite des héritages, récolter les fruits ou les ramasser
lorsqu'ils sont tombés sur les fonds voisins, faire les
réparations aux constructions établies sur la ligne divi-
soire des deux fonds ; il en sera parlé, *infra*, n° 358,
enclaves, et n°s 371 et suiv., *tour d'échelle.*

§ 1. — Établissement de la servitude de passage.

SOMMAIRE.

297. *Liberté des stipulations quant à ce.* — Il est permis aux propriétaires d'établir sur leurs propriétés ou en faveur de leurs propriétés telles servitudes que bon leur semble, pourvu néanmoins que les services établis ne soient imposés ni à la personne, ni en faveur de la personne, mais seulement à un fonds et pour un fonds, et pourvu que ces services n'aient d'ailleurs rien de contraire à l'ordre public ; art. 686 C. civ.

298. *Règles générales concernant les servitudes de passage.* — Il est nécessaire que les fonds soient voisins, mais il n'est pas indispensable qu'ils soient contigus.

Il faut que les deux fonds appartiennent à deux propriétaires différents.

On peut stipuler une servitude en faveur d'un immeuble qu'on ne possède pas, mais qu'on espère posséder ou acquérir ; Montpellier, 28 juin 1849, com. de Perpignan ; Toullier, t. 2, n° 578 ; Pardessus, t. 2, n° 261 ; Marcadé, *Revue critiq.*, t. 2, p. 211 ; Duranton, t. 5, 443 ; Demolombe, t. 2, n° 694, p. 697.

Les servitudes peuvent être établies à temps et sous condition.

Les articles 686 et suivants du code civil indiquent les règles qui président à l'établissement des servitudes établies par le fait de l'homme, aux droits du propriétaire du fonds auquel la servitude est due, aux modes d'extinction des servitudes. Je ne puis rapporter ici en détail toutes ces règles, ce serait faire un commentaire sur les servitudes, ce qui ne saurait entrer dans mon cadre. Je me bornerai à signaler l'application de quelques-unes de ces règles à la servitude de passage.

299. *Titre*; *preuve*. — La servitude de passage étant une servitude discontinue, aux termes de l'article 688 du code civil, ne peut aux termes de l'article 691 du même code s'établir que par titres.

Mais par le mot titre, il ne faut pas entendre ici seulement l'acte écrit, l'instrument destiné à constater le titre, à fournir la preuve de son titre, de son droit, mais la cause efficiente et interne du droit lui-même.

De sorte que la preuve du droit pourra être faite autrement que par un titre écrit et même par témoins, s'il y a un commencement de preuve par écrit. C'est ce qui a été jugé spécialement pour une servitude de passage par arrêt de rejet de la chambre des requêtes du 16 décembre 1863, Peynaud. C'est ce que professent : Demolombe, *Servit.*, t. 2., nᵒˢ 729 et 730, p. 231 ; Solon, id., nᵒ 379 ; Demante, *Cours analyt.*, t. 2, nᵒ 545 bis ; Ducaurroy, Bonnier et Roustain, t. 2, nᵒ 346; Massé et Vergé sur Zachariæ, t. 2, § 334, note 3 ; Mourlon, *Répét. écrit.*, t. 1, p. 861 ; Delsol, t. 1, p. 460 ; Aubry et Rau sur Zachariæ, t. 2, § 250, p. 548.

300. *Titre; décision contre le domaine de l'Etat.*
— Une servitude de passage reconnue sur un fonds,
alors que ce fonds faisait partie de l'ancien domaine de
la couronne, n'est point un démembrement de la propriété, contraire au principe de l'aniénabilité de ce domaine, encore bien que cette reconnaissance résulte
d'un arrêt du conseil du roi, si elle est intervenue
sur appel de sentence et après débat contradictoire, il
y a en pareil une décision de Cour souveraine inatta-
quable et conforme aux lois de l'époque. L'autorité judiciaire en appliquant un pareil acte n'excède pas ses
pouvoirs, puisque cet acte constitue une décision judiciaire. Elle ne les excèderait pas davantage s'il constituait un acte administratif, s'il s'agissait de l'appliquer
et non de l'interpréter. (Req. rej., 6 décembre 1864,
de la Rochefoucault).

Depuis la loi des 22 novembre, 1er décembre 1790
dont l'article 13 est précis, l'ancienne controverse qui
avait existé sur le point de savoir si l'exception de la
chose jugée pouvait être opposée au domaine ne peut
plus se présenter.

301. *Titre; réglementation complète de la servitude.* — Certaines coutumes exigeaient autrefois que les
servitudes fussent *nommément et spécialement décla-
rées, tant pour l'endroit, grandeur, hauteur, mesure,
que pour l'espèce, sinon ne valaient*; Cout. d'Orléans,
art. **227**, de Calais, art. **20**, de Paris, art. **215**. Cette
disposition, de nature à prévenir les difficultés d'exécution qui peuvent naître de la constitution des servi-

tudes, n'est point aujourd'hui présente à peine de nullité et la servitude n'en serait pas moins valable, pourvu qu'il fût possible de la déterminer, alors même qu'elle n'aurait pas été détaillée et décrite d'une manière complète. (Demolombe, t. 2, n° 731, p. 232 ; Solon, n° 374).

Il suffit même pour que la servitude existe de la commune intention des parties, reconnue par voie d'interprétation du contrat. (Ch. civ. rej., 5 novembre 1856, Maillebian ; rej. req., 26 janvier 1858, Frichot).

Mais cette interprétation étant du domaine de l'appréciation du juge, il a pu décider que la clause d'un acte de partage portant que les fonds sont divisés et partagés respectivement avec leurs droits d'entrée, issues, etc. ne peut être considérée comme titre suffisant pour établir une servitude de passage d'un fonds sur un autre si lors du partage, elle n'a pas été constatée par ce titre ou par un autre. (Grenoble, 4 mai 1824, Rolland).

La présence d'un tiers à l'acte de vente d'un immeuble joignant sa propriété n'emporte pas de sa part reconnaissance tacite de l'existence légale sur son propre fonds, et en faveur du fonds vendu, d'une servitude continue manifestée par des signes apparents, lorsque cette servitude n'est point indiquée dans l'acte et que la présence du tiers est motivée par le règlement d'autres droits. (Lyon, 9 mars 1842, Constant).

De ce que des copartageants ont déclaré qu'une mare faisant partie des objets à partager leur resterait commune, on doit induire un droit de passage sur l'héritage qui l'entoure, au profit de celui à qui a été réservé un droit de communauté sur cette mare, alors surtout que l'acte a d'abord été interprété en ce sens par les parties. (Bourges, 8 frimaire an XI, Rat).

La clause insérée dans un acte de partage, d'après laquelle les copartageants s'accorderont mutuellement les uns aux autres le libre passage et issue avec charriot sur les parties de terre qui leur sont respectivement échues, est un pacte qui établit une servitude de passage, non-seulement en faveur des copartageants, mais encore en faveur de leurs héritiers et ayants cause. (Bruxelles, 16 janvier 1823, Declerck).

302. *Titre ; nature de l'acte.* — La servitude peut résulter d'un contrat intéressé ou soit onéreux et commutatif, tel qu'une vente, un échange, un partage, une transaction ou d'un acte de libéralité entre vifs ou testamentaire. (Demolombe, *Servitudes*, t. 2, n° 729, p. 230 et n° 732, p. 233).

On peut léguer en usufruit à quelqu'un le droit de passage sur un fonds qui appartient au testateur pour arriver à la propriété du légataire, l'article 686 du C. civil est inapplicable dans ce cas. (Proudhon, *Usufruit*, t. 1, n° 369 ; Salviat, *id.*, t. 1, p. 65).

Sous l'ancien droit, on avait discuté la question de savoir à qui du propriétaire assujetti ou du propriétaire du fonds dominant il appartenait de déterminer le mode de la servitude quand le titre constitutif n'avait point fixé ce mode ; et plusieurs auteurs distinguaient pour la solution à donner à cette

question suivant que la servitude était constituée à titre onéreux ou à titre gratuit, le code civil ne s'est pas
préoccupé de cette distinction, pas plus que ne l'avaient
fait Cujas ni Dumoulin, de l'opinion desquels Cœpola
s'était écarté; et il s'est borné à dire que le passage
doit être fixé dans l'endroit le moins dommageable à
celui sur le fonds duquel il est accordé, c'est le même
principe qui avait fait dire à Cujas et à Dumoulin que
l'option appartenait toujours au propriétaire servant.

303. *Titre; conséquences de droits concédés.* —
L'article 696 du code civil porte que lorsqu'on établit
une servitude, on est censé accorder tout ce qui est
nécessaire pour en user. Ainsi, la servitude de puiser
de l'eau à la fontaine d'autrui emporte nécessairement
le droit de passage. Il en est de même du droit de cui-
re son pain au tour d'un voisin, de rouir les lins et
chanvres dans son réservoir, etc.

Il a été jugé que la servitude établie par l'article
643 au profit des habitants d'une commune sur les eaux
d'une source prenant naissance sur un fonds particulier, lorsque ces eaux leur sont nécessaires, leur donne
incontestablement le droit d'accéder à la fontaine où
coulent ces eaux, mais n'emporte pas une servitude de
passage pour accéder à ces eaux au point où elles naissent; Ch. civ. cass., 5 juillet 1864, Rateau; Bordeaux,
6 décembre 1864, Lamartinière; Agen, 31 janvier
1865, Rateau; Daviel, *Cours d'eau*, t. 3, n° 790; Bonnier et Roustain, *Com. code civ.*, t. 2, n° 269; Massé
et Vergé sur Zachariæ, t. 2, p. 163, § 318, note 13;

Bourguignat, *Droit rural*, n° 722 ; Demolombe, *Servit.*,
t. 1, n° 96 ; Garnier, t. 3, n° 746 ; Curasson, t. 2, p.
265 ; Jay, n°ˢ 44 et 45 ; toutefois cette opinion a pour
adversaires Proudhon, *Dom. public*, n° 1381 ; Perrin
et Rendu, *Code de la contiguïté*, n° 1569 ; Lespinasse,
Moniteur des tribunaux, 1864, p. 217.

Il a été encore jugé que le droit d'aqueduc ou de canal sur le terrain d'autrui et même le droit de surveillance sur les eaux du canal n'emportent pas nécessairement une servitude de passage sur ce terrain. (Rej. ch.
civ., 18 juillet 1843, com. de Kaisersberg ; rej. ch. civ.,
18 avril 1854, Lafond ; Riom, 24 janvier 1856, Sau-
vade).

304. *Destination du père de famille.* — Si le propriétaire de deux héritages, entre lesquels il existe un
signe apparent de servitude, dispose de l'un des héritages sans que le contrat contienne aucune convention
relative à la servitude, elle continue d'exister active-
ment ou passivement en faveur du fonds aliéné ou sur
le fonds aliéné. (C. civil, art. 694).

Il a été jugé spécialement à l'égard d'une servitude
de passage que cette disposition devait recevoir son
application, que l'article 694 était applicable non-seulement au cas où la disposition du père de famille porte
sur deux héritages distincts, mais encore à celui où elle
a pour objet la division en deux ou plusieurs parties
du même corps de propriété ; qu'il s'applique aux dispositions à titre gratuit comme aux dispositions à titre
onéreux ; enfin, qu'il s'applique non-seulement au cas

où la disposition au lieu d'être directe ne comprend l'héritage cédé que par voie de conséquence, par exemple lorsque le fils donataire d'une quotité de biens sans désignation spéciale, par l'effet d'un partage fait avec son père, en exécution de la donation, est mis en possession de l'héritage dominant. (Cass. ch. civ., 17 novembre 1847, Robert).

Cet arrêt, comme je l'ai fait remarquer, a été rendu dans une espèce où il s'agissait spécialement d'une servitude de passage.

Il a été jugé en principe :

Que l'article 694 est applicable au cas de servitude discontinue comme au cas de servitude continue, par les arrêts de Toulouse, 21 juillet 1836 ; Caen, 15 novembre 1836 ; Cassation, 26 avril 1837 ; Douai, 1er juillet 1837 ; Cassation, 24 février 1840 ; Limoges, 4 août 1840 ; Cassation, 8 juin 1842, 30 novembre 1853, 7 avril 1863 ; sic, Merlin, Répert., v° Servitude, § 19; Pardessus, Servit., n°s 289 et 300 ; Carou, Actions possessoires, n° 270 ; Demolombe, Servit., t. 2, n° 821 ; contrà, Lyon, 11 juin 1831, 21 avril 1837 ; Maleville sur l'art. 694 ; Toullier, t. 3, n° 613 ; Delvincourt, t. 1, n° 533; Favard. Rép., v° Servit., sect. 3, § 4, n° 3 ; Garnier, Actions possess., p. 324, Jurisp. nouv. sur les ch., p. 280; l'opinion contraire avait été émise par cet auteur dans son Traité des ch., p. 499. Voyez encore sur la question, Sacaze, Rev. de législ., t. 3, de 1851, p. 247, et Rivière, Jurisp. de la Cour de cass., n°s 193 et suiv. ;

L'article 694 s'applique au cas de division en

plusieurs lots d'un même corps de propriété, comme au cas où il y a deux héritages distincts ; cass., 26 avril 1837, 24 février 1840, 17 novembre 1847, 7 avril 1863 ;

Au cas de vente volontaire comme au cas d'adjudication sur expropriation forcée. (Bourges, 17 janvier 1831 ; cass., 30 novembre 1853) ;

Aux dispositions à titre gratuit comme aux dispositions à titre onéreux. (Cass., 17 novembre 1847).

L'article 694 est encore applicable lorsque la séparation n'a eu lieu qu'après le décès du propriétaire, au moyen d'un acte de partage intervenu entre ses héritiers ; cass., 7 avril 1863; Demolombe, n° 819, et Latailhède, *Receuil des lois et arrêts de Sirey*, année 1858, 2ᵉ partie, p. 657. Toutefois il a été jugé au contraire que l'article 694 n'est applicable qu'au cas où la réunion des deux héritages dans la même main a cessé, par un acte quelconque de disposition de la part du propriétaire, et qu'il ne s'applique pas au cas où les deux héritages n'ont été séparés que par l'effet du partage de la succession. (Toulouse, 11 août 1854; Metz, 3 juin 1858; Dupuich, *Revue prat.*, t. 13, p. 209).

305. *Prescription.* — Les servitudes continues non apparentes et les servitudes discontinues apparentes ou non apparentes ne peuvent s'établir que par titre. La possession, même immémoriale, ne suffit pas pour les établir, sans cependant qu'on puisse attaquer aujourd'hui les servitudes déjà acquises par la possession, dans

les pays où elles pouvaient s'acquérir de cette manière. (Art. 691 C. civ.).

Ces règles sont incontestablement applicables aux servitudes de passage ; Cœpolla, *Des servit.*, tract. 2, cap.. 3, n° 18; Pardessus, *Servit.*, n° 216; Garnier, *Des ch.*, p. 291; Demolombe, t. 2, p. 310; Vazeille, t. 1, n° 95; Dalloz, *Servit.*, n° 1135.

Ainsi, on ne peut prescrire une servitude de passage sur un fonds, fût-on détenteur d'une des clefs de la porte qui sur le fonds prétendu asservi donnerait accès au passage. (Trib. de Saint-Marcellin, 14 mars 1848, Barbier).

Alors même qu'il existerait sur le voisin une porte qui fût un signe apparent de cette servitude. (Rej., 24 novembre 1835, Branbauban) ;

Qu'il aurait été jeté un ponceau sur un ruisseau servant de séparation entre les deux propriétés. (Nîmes, 1er juillet 1845, Gondareau) ;

Que le passage aurait été exercé pendant longtemps par les habitants d'une commune ; Riom, 11 juillet 1821, Bonfils ; req., 27 mai 1834, com. de Viezieux. Il en serait autrement si, au lieu de l'acquisition du droit de passage, il s'agissait de la prescription de la propriété même du sol.

Mais si la servitude de passage ne peut s'acquérir par prescription, d'un autre côté, lorsqu'elle est établie par titre, l'endroit sur lequel elle s'exerce peut être fixé par la possession. (Req., 9 novembre 1824, Meslier).

306. *Prescription au profit des communes.* — Nous

avons dit *suprà*, n°54, que les habitants pouvaient acquérir par prescription les chemins privés et les faire
passer de ce domaine dans le domaine public communal, nous ne reviendrons pas sur ce sujet pour déterminer les conditions auxquelles cette prescription peut
s'acquérir, nous nous bornons à faire observer qu'elle
doit emporter la prescription de la propriété du sol du
chemin. Mais les communes ne pourraient se prévaloir
de la prescription d'une simple servitude de passage,
une pareille servitude ne pouvant pas plus être acquise
par les habitants ou les communes, pas plus que par
les simples particuliers, comme nous venons de le voir,
au moyen de la prescription. Cette opinion, contraire
à ce que soutient il est vrai Proudhon au n° 631 de
son *Traité du domaine public*, est adoptée par Isambert, Pardessus, Garnier et par les auteurs et les Cours
belges, voyez Tielemans, *Répertoire de droit administratif*, v° *Chemin privé*; Liége, 6 juillet 1842; Gand,
20 juillet 1843 ; les arrêts de la Cour de cassation belge des 3 juillet 1843 et 28 juillet 1854 et la discussion
sur l'article 12 de la loi du 10 avril 1841 sur les chemins vicinaux dans la chambre des représentants à
Bruxelles.

307. *Servitudes acquises avant la promulgation
du code civil.* — Notre article, en repoussant la possession comme moyen d'acquérir les servitudes de passage, défend d'attaquer aujourd'hui les servitudes de cette
nature déjà acquises par ce moyen dans les pays où il
était légal avant la promulgation du code civil.

Il résulte de divers arrêts que les servitudes pouvaient autrefois s'acquérir par la possession immémoriale.

En Corse, Bastia, 6 juin 1855, Pachiarelli.

Dans le ressort des parlements de Dijon et Bordeaux, rej., 9 novembre 1824, Chiron : 13 novembre 1822, Thomasson.

Dans le ressort de Toulouse, cass., 5 floréal an XII, Ducréjols.

Dans la Franche-Comté, rej., 2 ventôse an IX, Conscience.

Dans l'Alsace, rej., 23 mai 1832, Schlestadt; 15 avril 1833, Lacroix ; toutefois, dans ce pays, dans certains cas, la possession trentenaire pouvait suffire. (Colmar, 8 juillet 1806, Judlin).

En Bretagne, rej., 30 avril 1833, Launay; Aulanier, *Usages des Côtes-du-Nord*, p. 103, n° 110. Dans ce pays on admettait aussi la prescription de 40 ans, trib. de Nantes, 16 février 1821, 19 juillet 1821, 8 janvier 1822, 11 juillet 1822, 13 janvier 1826, 5 juillet 1832, 7 août 1835, 29 mai 1840 ; Poullain du Parc, t. 3, p. 295, n° 7 ; Sibille, *Usages de la Seine-Inférieure*, n° 174.

A Troyes, rej., 18 février 1840, Micheau.

La coutume du Berry admettait la prescription trentenaire, s'il y avait eu contradiction. (Cass., 8 août 1837, Béthune).

Dans certains pays, on ne pouvait acquérir que par titres la servitude de passage, par exemple, en Dauphiné, Sabatery, *Précis de la jurisp. du parlem. de Grenoble*, p. 230, n° 12 ; A, Pagés, *Usages de l'Isère*, p. 128.

308. *Y a-t-il des exceptions au principe de l'im-prescriptibilité ?* — Cette question est posée, soit dans le cas où le propriétaire du fonds servant a exercé la servitude, après l'avoir acquise de bonne foi et par titre certain et régulier de celui qu'il croyait être le propriétaire du fonds prétendu servant, soit dans le cas où il y a eu contradiction formée contre le droit du propriétaire du fonds prétendu assujetti, soit enfin dans le cas où ces deux conditions se trouvent remplies. Dans les deux derniers cas surtout, la question est très-controversée et l'affirmative a de nombreux partisans, nous croyons toutefois devoir nous ranger du côté de la négative parce que cette opinion nous paraît plus conforme aux prescriptions formelles de la loi. C'est dans ce dernier sens que s'est prononcé **M.** Demolombe, *Servitudes,* t. 2, n°s 787 et suiv., p. 293 et suiv. On peut citer à l'appui l'arrêt de rej, de la ch. civ. du 16 juillet 1849, Lée; mais cette décision ne résout cependant point directement la difficulté que nous indiquons.

309. *Mesures d'instruction ; influence que peut avoir la possession.* — Si la possession ne peut fonder le droit, elle peut servir à éclairer les juges appelés à l'apprécier et c'est sous le bénéfice de ce principe qu'on a admis que les tribunaux pouvaient y avoir égard dans l'appréciation des difficultés déférées à leur jugement ; rej., 9 novembre 1824, Chiron ; et qu'avant de statuer, ils pouvaient ordonner des rapports d'experts et des enquêtes portant sur ces faits de possession. (Rennes, 23 décembre 1820, Lebourg).

310. *Renaissance de la servitude.* — La servitude de passage peut renaître si les causes qui ont empêché momentanément son exercice viennent à cesser, ainsi un propriétaire en passant en vertu d'un droit de servitude sur un fonds aboutissait à la voie publique, des travaux effectués par l'administration ont rendu l'abord de cette voie impossible, le propriétaire du fonds dominant n'a pas cru devoir se plaindre et demander le rétablissement de cet accès qu'il avait sur la voie publique et il a cessé de passer sur ce point, mais quelques années plus tard le propriétaire du fonds servant fait lui-même des travaux qui rétablissent cet accès, il ne pourra pas empêcher le propriétaire du fonds dominant de se servir de ce passage, alors même que l'assiette du chemin aurait été un peu changée ; Bordeaux, 14 août 1855, Augrand. Le principe a été posé également dans les arrêts de la Cour de cassation des 7 et 21 mai 1851 et dans les arrêts de Paris, 11 novembre 1833 et Dijon, 9 janvier 1852.

311. *Titre recognitif.* — Le titre constitutif de la servitude, à l'égard de celles qui ne peuvent s'acquérir par la prescription, ne peut être remplacé que par un titre recognitif de la servitude et émané du propriétaire du fonds asservi. (Art. 695 code civil).

Partant, de simples énonciations contenues dans un ancien acte, ne sont pas suffisantes, à défaut de titre primordial ou recognitif, pour prouver l'existence d'une telle servitude; ici ne s'applique pas la règle *in antiquis enuntiativa probant*; Bordeaux, 28 mai 1834; Pardessus, n° 268; Demolombe, t. 2, n° 753. Il en serait autrement si le titre ancien contenant ces énonciations avait été passé avec le concours des auteurs du propriétaire du fonds asservi; Pau, 7 mars 1864. Dans ce cas, cette pièce serait un véritable titre.

Il n'est pas nécessaire que l'acte recognitif remplisse les conditions voulues par l'article 1337 du code civil, il suffit qu'on ait satisfait aux prescriptions de l'article 695 du même code. (Rej., 16 novembre 1829, 2 mars 1836, 23 mai 1855; Pardessus, n° 269; Solon, n° 369; Demolombe, n° 757.

La présence à l'acte du propriétaire du fonds dominant est-elle indispensable? Demolombe, t. 2, n° 757; Aubry et Rau, t. 2, § 250, p. 548, répondent négativement; la Cour de cassation a hésité à sanctionner cet avis dans son arrêt du 14 décembre 1863.

§ 2. — Droits du propriétaire auquel le passage est dû.

SOMMAIRE.

312. *Détermination du passage et de l'exercice de la servitude: pouvoir des juges.* — La détermination du passage, lorsqu'elle est faite dans le titre, doit être exactement suivie; si le droit seul de passage est concédé, les parties auront à s'entendre et à défaut elles devront recourir à justice pour faire fixer cet emplacement. Nous avons vu plus haut, n° **302**, qu'une controverse s'était élevée parmi les anciens auteurs sur le point de savoir si c'était au propriétaire du fonds servant ou au propriétaire du fonds dominant à déterminer le mode de servitude. Nous avons indiqué la distinction que quelques-uns d'entre eux avaient voulu établir suivant que la servitude avait été constituée à titre gratuit ou à titre onéreux; je ne reviendrai pas sur ces distinctions qui n'ont pas été sanctionnées par notre Code civil, qui s'est borné à dire que le passage doit être fixé dans l'endroit le moins dommageable à celui sur le fonds duquel il est accordé. Voyez, au surplus, *infrà* n° **342** et suiv., comment doit être entendue et appliquée cette prescription.

Ce sera encore aux tribunaux à déterminer, en prenant en considération les usages auxquels les parties sont censées s'être référées à défaut de stipulation pré-

cise, l'étendue des droits concédés, la largeur et la nature du passage, les conditions dans lesquelles il doit
s'exercer.

En cas de stipulations au moyen de formules d'un
usage spécial dans une province ou une commune, les
usages locaux doivent également éclairer le juge sur la
portée des accords des parties (Sibille, *Usages de la Loire-Inférieure*, n° 179).

Par suite de leur droit d'interprétation des contrats,
les juges peuvent décider que le titre constitutif d'une
servitude de passage portant, que ce droit s'exercera
avec bœufs et charrètes pour le transport des foins, pailles et bois de chauffage, la servitude doit être réputée
comprendre, dans l'intention des parties contractantes,
le droit de passer suivant tout autre mode moins onéreux, tel que celui à pied ou à cheval, et pour tous les
besoins quelconques du fonds dominant (rej., req., **28
juin 1865, Coupré**).

Au surplus, une très-grande latitude est laissée aux
tribunaux dans toutes ces matières, lorsqu'il s'agit de
l'interprétation du titre, comme le justifient les documents que nous venons de citer, auxquels on peut encore joindre les arrêts de Rennes, 18 novembre 1817,
Leglas; Bourges, 3 janvier 1819, Bourdiaux ; Bordeaux,
26 avril 1830, Cavignac ; Paris, 3 avril 1837, Pajot ;
Bourges, 13 novembre 1838, Charpin ; req., 1 février
1841, Berton ; 8 novembre 1842, Rébuffat ; 1 mars
1843; Moreau. Voyez encore sur ces questions *suprà*,
n° 301, et *infrà*, n°ˢ 342 et suiv., et Dalloz, *Rép.*, vᵒ
Servitudes, n°ˢ 1002 et suiv.

313. *Etendue, largeur du passage.* — La largeur du passage doit être réglée par le titre, à défaut, par les circonstances, les usages locaux ; c'est là une question laissée forcément à l'appréciation des tribunaux, Bourguignat, *Droit rural*, p. 201, nº 631. La possession peut servir à éclairer l'étendue de la servitude (cass. 9 novembre 1824, Chiron ; Solon, *Servitudes*, nº 402.

Dans les pays de droit écrit où la loi romaine était en vigueur, le passage avec charrette comporte une largeur de 8 pieds, avec bestiaux de 4 pieds, pour les piétons 2 pieds.

Dans les pays coutumiers, la largeur varie suivant les dispositions de la coutume.

Le droit de passer avec voitures et bœufs n'entraîne pas nécessairement le droit de passer avec des bestiaux pour les conduire au pâturage (Bordeaux, 25 mai 1830, Tarrade).

Le droit de passer avec voitures et bestiaux peut ne pas comprende, dans certains cas, le droit de passer uniquement à pied (Trèves, 20 mars 1811, Muller).

Si le titre qui constitue la servitude l'établit de telle sorte qu'en fait elle soit impraticable dans les conditions indiquées, il faut réduire le droit dans des conditions où son exercice soit possible : ainsi, si par legs on a concédé au propriétaire d'un fonds le droit de passer avec charrêtes sur un fonds voisin, le bénéficiaire conservera le droit de passer à pied, alors même qu'il serait établi que le passage avec charretes est impossible. (Pardessus, nº 270).

Une servitude peut absorber complétement l'usage

d'un fonds asservi, par exemple une servitude de passage peut, d'après les actes qui l'ont établie, être déclarée, même à l'égard du propriétaire du fonds assujetti, exclusive du droit de passer sur ce même fonds. (Req., rej., 25 juin 1834, Saint-Albin).

Lorsque le titre constitutif de la servitude de passage n'oblige pas le propriétaire du fonds servant à maintenir la largeur existante au moment de l'établissement de la servitude, celui-ci est libre de la diminuer sauf aux tribunaux à apprécier si cette diminution laisse au passage une largeur suffisante pour sa destination (Paris, 3 avril 1837, Pajot).

314. *Ouvrages à faire pour user de la servitude et la conserver.* — Celui auquel il est dû une servitude de passage a droit de faire tous les ouvrages nécessaires pour en user et pour la conserver (C. civil, art. 697). Ces ouvrages sont à ses frais et non à ceux du propriétaire du fonds assujetti, à moins que le titre d'établissement de la servitude ne dise le contraire (C. civ., art. 698).

Ainsi celui dont la propriété est traversée par un canal artificiel appartenant à un tiers, et qui a le droit, à titre de servitude, de traverser ce canal pour aller d'une partie de sa propriété dans l'autre, peut jeter un pont sur ce canal pour faciliter l'exercice de la servitude, pourvu que ce pont porte des deux côtés sur sa propriété et ne cause aucun préjudice au propriétaire du canal (req., rej., 12 janvier 1841, Cordier).

En vertu du droit que le propriétaire du fonds dominant a de faire les travaux nécessaires pour user de la servitude, il peut aplanir les terres pour construire ou entretenir le chemin nécessaire pour exercer sa servitude de passage, construire si besoin est des degrés ou marches, émonder les branches qui embarrasseraient la voie et au besoin faire abattre ces arbres eux-mêmes (Demolombe, *Servitudes*, t. 2, n° 833, p. 358).

Pourrait-il paver un chemin, le rendre plus solide en y étendant des cailloux? Pomponius ne l'y autorisait que si son titre le lui permettait. l. 4, § 5, ff. *si servit. vind.* l. 3, § 12, ff., *de itin. actuque priv.* Dans notre droit il n'y a pas de règle absolue, ce sont des questions de fait et d'interprétation dont la solution peut varier suivant les espèces (Demolombe, *loc. cit*).

Ces ouvrages doivent être faits de la manière la moins dommageable et la moins incommode, être exécutés en temps opportun et conduits avec une suffisante rapidité.

Le propriétaire du fonds dominant n'est d'ailleurs point tenu de faire ces ouvrages, à moins qu'il ne soit obligé à les exécuter par son titre, ou que l'inexécution de ces travaux entrepris et non terminés ou non entretenus ne vint à nuire au fonds servant.

Alors même que le propriétaire du fonds servant ne se serait point engagé à exécuter les travaux nécessaires pour l'exercice de la servitude, il devrait les faire si par son fait ou sa faute l'exercice de la servitude avait été entravé. Mais il n'y aura faute de sa part, en pareil cas, que s'il avait fait un usage illicite de la chose asservie. Ainsi l'existence d'une servitude de passage sur la chaussée d'un moulin n'emporte pas par elle-même, et en l'absence de titres, à la charge du propriétaire du fonds servant, l'obligation de faire au mur de soutènement de cette chaussée, dans l'intérêt du bénéficiaire de la servitude, les travaux d'entretien nécessités par l'action corrosive des eaux du bief du moulin sont à la charge du bénéficiaire de la servitude, cette action corrosive étant inhérente à la nature de l'héritage assujetti, et ne pouvant être imputée à faute au propriétaire de cet héritage (req., rej., 7 décembre 1859, ville de Clamecy).

Dans le cas même où le propriétaire du fonds assujetti est chargé par le titre de faire à ses frais les ouvrages nécessaires pour l'usage et la conservation de la servitude, il peut toujours s'affranchir de la charge en abandonnant le fonds assujetti au propriétaire du fonds auquel la servitude est due. (C. civ. art. 699).

Cet abandon s'entend de la partie du fonds assujetti sans qu'il soit nécessaire d'abandonner le fonds entier : c'est du moins ce que professent, Maleville, t. 2, p. 148, Toullier, t. 2, n⁰ 680 ; Duranton, t. 5, n° 615 ; Solon, n° 476 ; Marcadé, sur l'article 699 ; Massé et Vergé sur Zachariæ, t. 2 § 338, note 8, p. 205 ; Demante, *Cours analyt.*, t. 2, n° 555 ; Ducaurroy, Bonnier et Roustain, sur l'article 699. Mais ce n'est point l'opinion de Pardessus, t. 2, n° 316 ; Delvincourt, t. 1, p. 166, note 6, et Demolombe, t. 2, n° 882, qui cite un arrêt de Caen, du 17 mars 1846, Bazoie, inséré dans le recueil des arrêts de cette Cour, t. x, p. 479.

Si le propriétaire se sert lui-même des lieux disposés pour l'exercice de la servitude, et ce dans un intérêt personnel, il doit contribuer à l'entretien de ces lieux.

ainsi lorsqu'un chemin servira à la fois à un fonds dominant pour l'exercice de la servitude de passage, et au
fonds servant pour l'exploitation de ce fonds, les réparations que nécessitera la conservation et l'entretien
de ce chemin seront à la charge des propriétaires des
deux fonds, proportionnellement à leur intérêt. (Cass.,
2 février 1825, Foresta ; Pardessus, t. 1, n° 66 ; Solon,
n° 576 ; Daviel, *Cours d'eau*, t. 2, n° 908 ; Demolombe,
Servit., t. 2, n° 637, p. 120, et n° 888, p. 410).

315. *Division du fonds dominant.* — Si l'héritage
pour lequel la servitude a été établie vient à être divisé,
la servitude reste due pour chaque portion, sans néanmoins que la condition du fonds assujetti soit aggravée.
Ainsi par exemple s'il s'agit d'un droit de passage, tous
les copropriétaires seront obligés de l'exercer par le
même endroit. (C. civ., art. 700).

316. *Modification des lieux par le propriétaire du
fonds servant.* — Le propriétaire du fonds débiteur de
la servitude ne peut rien faire qui tende à en diminuer
l'usage ou à le rendre plus incommode. Ainsi il ne peut
changer l'état des lieux. (C. civ., art. 701).

Gêner l'exercice de la servitude en mettant en culture les terrains incultes sur lesquels le passage s'exerçait.
(Metz, 19 janvier 1858, Raiser).

317. *Peut-on clore son champ soumis à une servitude de passage.* — On a répondu que le passage doit
toujours être libre, sans porte ni barrière, qu'on ne
pouvait forcer le propriétaire du fonds dominant à se

charger d'une clef et à répondre des inconvénients qui
pourraient résulter de ce qu'il aurait oublié de fermer la
porte ou la barrière (Duranton, t. 5, n° 434); mais cette
opinion absolue semble ne pas avoir rallié à elle la majorité des opinions, et généralement on est d'avis que
la faculté de se clore, écrite dans l'article 647 du Code
civil, existe même pour les fonds grevés d'une servitude
de passage ; mais les tribunaux, tout en respectant le
droit de clôture du fonds servant, devront veiller en
pareil cas à ce que, aux termes de l'article 701, il ne
soit rien fait qui tende à diminuer ou à rendre plus incommode, au préjudice du fonds dominant, l'usage de
la servitude : Jugements de Nantes des 2 août 1827 et
24 juin 1831 ; arrêts de Bordeaux, 4 mai 1832, Pey-
chaud; cass., 31 décembre 1839, Hébert ; Besançon,
14 novembre 1844, Jacquard; cass., 28 juin 1853,
Audrin ; Rouen, 16 août 1856, Depeaux ; Pardessus,
n°s 134 et 219 : Solon, n° 329; Demolombe, t. 2, n°
638; Vaudoré, t. 1, n° 659; Bourguignat, *Droit rural*,
p. 202, n° 633 ; Linion, *Usages du Finistère*, p. 118 ;
Sibille, *Usages de la Loire-Inférieure*, n° 182.

Mais si les tribunaux appréciaient que la clôture au
moyen de barrières fermant à clef, alors même qu'une
clef serait remise au propriétaire du fonds dominant,
rendrait, dans les circonstances de la cause, moins
commode l'exercice de la servitude, ils devraient ordonner la suppression des barrières, et leur décision souveraine échapperait à la censure de la Cour de cassation.
(Req., rej., 28 juin 1853, Audru).

318. *Construction le long et au-dessus du passage.*
— Le propriétaire du fonds grevé de la servitude de
passage peut construire le long de l'endroit où s'exerce
cette servitude et au-dessus, pourvu qu'il laisse une
hauteur et une largeur suffisantes pour que le passage
puisse s'effectuer commodément, sans être privé de
l'espace, de l'air et de la lumière nécessaires. (Paris,
14 août 1851, Lemaigre ; Aix, 19 janvier 1855,
Beaume).

319. *Changement d'assiette de la servitude.* — Le
propriétaire du fonds débiteur de la servitude ne peut
transporter l'exercice de la servitude dans un endroit
différent de celui qui lui a été primitivement assigné.
Mais cependant si cette assignation était devenue plus
onéreuse au propriétaire du fonds assujetti, ou si elle
l'empêchait de faire des réparations avantageuses, il
pourrait offrir au propriétaire de l'autre fonds un endroit aussi commode pour l'exercice de ses droits, et
celui-ci ne pourrait pas refuser. (C. civ., art. 701).

Mais il faut que la modification n'apporte aucune
gêne à l'exercice de la servitude, sinon elle ne peut être
autorisée (rej., 19 avril 1842, Mitre ; Montpellier, 23
juillet, 1846, Tourloulon ; Metz, 19 janvier 1858, Raiser ; Pau, 10 novembre 1862, Bernachi.

Ces règles sont applicables même aux servitudes établies avant la publication du Code (Pau, 9 février 1835,
Marc et Miegeville). Ce même arrêt juge que c'est par
l'état du fonds dominant à l'époque où la servitude a
été établie, qu'on doit décider si le déplacement est ou

non préjudiciable au propriétaire de la servitude, et qu'on ne doit avoir aucun égard aux innovations opérées ou projetées depuis cette époque. Nous sommes peu disposés à adopter cette solution contestable en principe et d'une application très-difficile, car elle nécessite une constatation quelquefois très-difficile à faire et nous sommes portés à croire que la Cour de Pau ne l'a adoptée que parce que, dans l'espèce qui lui était soumise, il s'agissait moins d'innovations exécutées que d'innovations projetées. Dans le même sens, Massé et Vergé sur Zachariæ, § 339, p. 207.

La faculté de demander le changement de l'assiette primitive d'une servitude n'est ouverte qu'au propriétaire du fonds servant et non au propriétaire du fonds dominant (ch. civ., cass., 16 mai 1838, Cazeaux ; Massé et Vergé sur Zachariæ, § 339, t. 2, p. 207).

Cette faculté s'applique aux servitudes conventionnelles comme aux autres espèces de servitudes. (Pau, 9 février 1835, Marc et Miégeville; Montpellier, 23 juillet 1846, Tourloulon ; Massé et Vergé sur Zachariæ, § 339, t. 2, p. 207 ; Fournel, *Voisinage*, t. 2, p. 411, § 207). L'opinion contraire est soutenue par Tardif dans son travail sur Fournel.

Il a été jugé que les travaux nécessités par le changement d'assiette d'une servitude, par suite d'une modification dans le fonds servant, sont à la charge exclusive du propriétaire du fonds dominant, dans un cas où ce changement était le résultat d'un cas de force majeure, et nous croyons qu'on n'a fait en cela qu'appliquer très-justement l'article 698 du Code civil. (Ch. civ. cass., 11 décembre 1861, Michel). Mais il n'en serait pas de même si le changement d'assiette de la servitude avait été provoqué par le propriétaire du fonds dominant et dans son intérêt exclusif, les frais auxquels donnerait lieu cette modification dans l'état des lieux provoqués par lui et dans son intérêt, devraient rester à sa charge.

320. *Aggravation de la servitude par le fait du propriétaire du fonds dominant.* — Celui qui a un droit de servitude ne peut en user que suivant son titre, sans pouvoir faire, ni dans le fonds qui doit la servitude, ni dans le fonds auquel elle est due, de changement qui aggrave la condition du premier. (C. civ., art. 702).

Il n'y a pas aggravation dans le sens de la loi, si, à la suite des constructions élevées sur le fonds dominant, les transports et la circulation se sont accrus. (Caen, 27 août 1842, Aze ; Agen, 4 juillet 1856, Bousquet). Voyez toutefois : Lyon, 27 juin 1849, Valorge, et Bordeaux, 22 décembre, 1851, Mathé.

Si les bâtiments construits sur le fonds dominant ayant été élevés, la population qui y a été amenée est plus nombreuse. (Rouen, 11 mars 1846, Coste). Alors même que l'agrandissement du bâtiment aurait eu pour cause l'adjonction d'un terrain voisin nouvellement acquis, s'il est établi en fait que cet agrandissement, loin d'avoir accru la fréquence du passage, a eu au contraire pour effet de la diminuer. (Req., rej., 28 juin 1865, Couprie).

Si l'étendue du fonds dominant s'est accrue à la suite d'alluvions et d'attérissements. (Pardessus, n° 59).

Si, par des suppressions de clôture d'autres fonds ont été ajoutés au fonds dominant, lorsque la servitude n'est pas étendue à ces fonds limitrophes. (Req., rej., 5 janvier 1858, de Bourneville).

Mais il en serait autrement si l'exercice de la servitude était appliqué au profit de fonds voisins du fonds dominant et en faveur desquels elle n'avait pas été stipulée. (Même arrêt ; Pardessus, n° 65).

Celui qui a un droit de passage par un portail peut faire à ses frais une petite porte dans un des ventaux de la grande, pour faciliter le passage habituel. (Rej., 4 février 1850, Gatinet).

On peut également ouvrir une porte dans une haie de clôture sur un sentier où on a le droit de passer, pour pénétrer plus directement sur ce sentier. (Rej., 17 mai 1843, Villotte).

§ 3. — Extinction de la servitude.

SOMMAIRE.

321. *Changement dans l'état des lieux.* — Les servitudes cessent lorsque les choses se trouvent en tel

état qu'on ne peut plus en user. (Code civil, art. **703**).

Elles revivent si les choses sont rétablies de manière qu'on puisse en user, à moins qu'il ne se soit déjà écoulé un espace de temps suffisant pour faire présumer l'extinction de la servitude, ainsi qu'il est dit à l'article **707** du code civil. (Code civil, art. **704**).

Le changement d'état des lieux n'emporte extinction de la servitude que si l'héritage dominant n'a plus profit et utilité à s'en servir et non si les principaux usages ont seuls disparus. Ainsi, le droit de passer à pied, à cheval et avec charrettes entre deux fonds ruraux doit continuer à subsister pour le passage à pied, bien que le passage avec des charrettes et à cheval soit devenu inutile ; cass., 9 décembre 1857, Gosselin ; Pardessus, n° 296 ; Demolombe, 970 ; Duranton, t. 5, n° 657 ; Marcadé sur l'article **703**, n° 669.

La servitude de passage qui avait cessé d'exister par suite de l'exhaussement de la voie publique, empêchant toute communication entre cette voie et le sentier par lequel s'exerçait le passage, revit si le propriétaire du fonds servant a, par des travaux pratiqués sur son fonds, rétabli l'accès de la voie publique, quand même le sentier aurait par suite du nouvel état de choses subi une certaine déviation dans la partie aboutissant à cette voie. (Bordeaux, 14 août 1855, Augrand).

322. *Confusion de propriétaires.* — Toute servitude est éteinte lorsque le fonds à qui elle est due et celui qui la doit sont réunis dans la même main. (Code civil, art. **705**).

323. *Prescription.* — La servitude est éteinte par le non-usage pendant trente ans. (Code civil, art. 706).

Les trente ans commencent à courir du jour où l'on a cessé d'en jouir, lorsqu'il s'agit de servitudes discontinues. (Art. 707).

Le mode de la servitude peut se prescrire comme la servitude même et de la même manière. (Art. 708).

Si l'héritage en faveur duquel la servitude est établie appartient à plusieurs par indivis, la jouissance de l'un empêche la prescription à l'égard de tous. (Art. 709).

Si parmi les copropriétaires, il s'en trouve un contre lequel la prescription n'ait pu courir, comme un mineur, il aura conservé le droit de tous les autres. (Art. 710).

La servitude de passage sur un sentier est éteinte par le non usage pendant trente ans après la suppression de ce sentier, encore qu'il ait été exercé sur le terrain quelques actes de passage rares et isolés, qui dans ce cas ne sont plus considérés que comme des actes de tolérance. (Cass., 23 juillet 1860, Fèvre).

Le passage à pied sur un terrain où on a le droit de passer à cheval et en voiture conserve le droit entier, surtout si le terrain présente des traces de passage avec voitures. (Cass., 5 juin 1860, Boudet).

La prescription n'est point acquise alors que si pendant le temps nécessaire pour l'acquérir, on n'a point passé sur l'emplacement indiqué par le titre, si pendant le même temps on a passé sur un autre point du fonds asservi ; Caen, 15 mars 1848 et 24 juillet 1865, Lebel ; Lyon, 12 juillet 1865, Martin ; Aubry et Rau sur Za-

chariæ, t. 2, § 255, p. 549 ; Demolombe, t. 2, n°
1031 ; toutefois, MM. Duranton, Pardessus, Marcadé et
Massé et Vergé sur Zacchariæ sont d'un avis contraire.
La Cour de cassation par l'arrêt de rejet de la chambre
des requêtes du 6 décembre 1864, de la Rochefoucauld,
a jugé que la servitude de passage ne pouvant s'acquérir que par titre, le mode d'exercice de la servitude
doit toujours être en relation de conformité avec le titre qui la constitue ; qu'il suit de là que si le titre men-
tionne taxativement le point de l'héritage servant par
lequel doit se pratiquer le passage, cette servitude li-
mitée et circonscrite dans son mode d'action peut s'é-
teindre par le non usage pendant trente ans, sans que
l'usage même trentenaire soit efficace pour conquérir
légalement le droit de passer par un autre point du
fonds assujetti, parce que ce passage nouveau ne serait
pas conforme au titre ; mais que la situation change,
lorsque le titre concède la servitude dans des termes
généraux qui n'impliquent pas son exercice sur une
partie spéciale du fonds servant, car, dans ce dernier
cas, le titre est obéi, même après que l'assiette de la
servitude a été changée.

Si on ne peut invoquer des actes de possession pour
acquérir une servitude discontinue, incontestablement
on peut invoquer ces actes pour prouver qu'on a conservé la servitude ; rej., 13 janvier 1840, Bouissy. Et
les faits de passage, invoqués par le bénéficiaire d'une
servitude de passage pour l'exploitation du fonds, sont
présumés jusqu'à preuve contraire avoir eu lieu pour

l'exploitation du fonds dominant. (Caen, 24 juillet 1865, Lecesne).

Il ne faut pas confondre ici la servitude de passage avec la copropriété d'un passage, le non usage ne suffisant pas pour perdre cette dernière par la prescription. (Cass., 25 avril 1857, Moret).

La prescription de dix et vingt ans établie par l'article 2265 du code civil au profit du tiers-détenteur de bonne foi est-elle applicable en matière de servitudes? MM. Ducaurroy, Bonnier et Roustain, t. 2, n° 368 ; Taulier, t. 2, p. 466 ; Delvincourt, t. 2, p. 582 ; Duranton, t. 5, n° 691 ; Vazeille, *Prescription*, t. 1, n° 419 et t. 2, n° 523 ; Troplong, id., t. 2, n° 853, ont adopté l'affirmative, mais l'opinion contraire est plus généralement admise, la Cour de cassation l'a acceptée dans ses arrêts des 20 décembre 1836, 28 mars 1837, 16 avril 1838, 18 novembre et 31 décembre 1845 et 14 novembre 1853 ; elle est professée par MM. Demolombe, Massé et Vergé, Aubry et Rau, Toullier, Pardessus, Solon, Coulon, Favard de Langlade, Gilbert.

324. *Expropriation pour cause d'utilité publique.* — La servitude cesse encore lorsque l'un des fonds est mis hors du commerce par suite d'expropriation pour cause d'utilité publique.

Le propriétaire du fonds servant doit, dans les délais prescrits par la loi du 21 mai 1841 sur l'expropriation pour cause d'utilité publique, faire connaître ceux qui ont des servitudes sur les parcelles expropriées, à peine de rester seul chargé de l'indemnité à laquelle ils pourraient avoir droit.

Toutefois, en cas d'arrangement amiable entre le propriétaire et l'expropriant, le bénéficiaire de la servitude conserve ses droits à indemnité, le cas échéant, contre ce dernier. (C. d'Etat, 19 janvier 1850, Nouvellet ; 18 août 1849, Mouth).

Section II. — Du droit de passage en cas d'enclave.

SOMMAIRE

325. *Objet de cette section.* — Dans la première section, j'ai exposé les règles générales concernant la servitude de passage conventionnelle. Le Code a admis une servitude de passage légale résultant de l'enclave, c'est de cette dernière dont il me reste encore à m'occuper. J'aurai à signaler quelques dispositions spéciales à cette servitude légale et en même temps à revenir sur des règles applicables à la fois aux servitudes de passage , soit légales, soit conventionnelles. Ces nouvelles observations permettront de signaler d'une manière plus complète l'état de la doctrine et de la jurisprudence sur les questions les plus controversées en ces matières.

326. *Du passage en cas d'enclave.* — Le droit de passage en cas d'enclave, dont on trouve la consécration dans certains textes des lois romaines, avait été admis par l'ancien droit français avant que le Code ne vînt le sanctionner. Il le place au rang des servitudes que la loi établit dans l'intérêt des particuliers, mais il est évident qu'il était également réclamé dans un intérêt public, car il est de l'intérêt général qu'une partie du territoire ne soit pas frappée d'inutilité et ne reste pas improductive, par suite de l'impossibilité où l'on serait d'y aborder. De sorte que la servitude légale de passage en cas d'enclave se fonde sur un intérêt particulier et sur l'intérêt général à la fois et en quelque sorte sur le droit naturel.

327. *Quid s'il se produit avant tout consentement ou décision de justice.* — Le fait de l'enclave donne ouverture par lui-même à un droit de passage fondé sur la nécessité, consacré par la loi, sauf le droit des propriétaires des fonds soumis à cette servitude à une juste indemnité, d'où il suit que le passage pratiqué en pareil cas, mais avant l'accomplissement de toute formalité, ne peut être considéré comme un passage effectué sans droit et constituant à ce titre une contravention. C'est un fait légal, mais comme il ne peut se produire qu'à charge d'indemnité, il donne naissance à une action civile en détermination de cette indemnité ; ch. crim. cass., 25 avril 1846, de Sacy ; 16 septembre 1853 et 7 juillet 1854 ; Garnier, *Législ. nouv. sur les ch.*, p. 267 ; Massé et Vergé sur Zachariæ, t. 2, p. 189.

328. *Il ne peut résulter d'un usage.* — Toutefois, si ce droit résulte d'une nécessité consacrée par la loi et s'il est exercé même avant tout consentement des parties ou autorisation de justice sans constituer une contravention, cet exercice ne peut se reproduire qu'à charge de remplir les formalités préalables que nous allons indiquer et notamment à charge d'indemnité, et on ne pourrait s'exonérer de ces obligations si on n'a ni titre ni prescription qui le supplie, en excipant d'un usage local d'après lequel les propriétaires de fonds contigus se livraient réciproquement passage pour l'exploitation de leurs fonds. Ce principe est posé dans un ancien arrêt de la Cour de cassation du 31 décembre 1810, je le trouve rappelé d'une manière encore plus formelle dans l'arrêt de cassation de la chambre civile du 30 novembre 1864, Nourry.

329. *Dispositions du code civil.* — Avant d'examiner les difficultés auxquelles peut donner lieu l'exercice de ce droit, je dois indiquer comment le régime de cette servitude a été déterminé par nos lois.

Les articles 682 à 685 du code civil français sont ainsi conçus :

Art. 682. Le propriétaire dont les fonds sont enclavés et qui n'a aucune issue sur la voie publique peut réclamer un passage sur les fonds de ses voisins pour l'exploitation de son héritage, à la charge d'une indemnité proportionnée au dommage qu'il peut occasionner.

Art. 683. Le passage doit régulièrement être pris du côté où le trajet est le plus court du fonds enclavé à la voie publique.

Art. 684. Néanmoins, il doit être fixé dans l'endroit le moins dommageable à celui sur le fonds duquel il est accordé.

Art. 685. L'action en indemnité, dans le cas prévu par l'article 682, est prescriptible, et le passage doit être continué, quoique l'action en indemnité ne soit plus recevable.

§ 1. — Détermination des cas d'enclave.

SOMMAIRE.

330. Quand y a-t-il enclave dans le sens légal? cause de l'enclave.
331. Circonstances de lieu constituant l'enclave.
332. Circonstances insuffisantes pour constituer l'enclave.
333. Enclave temporaire.
334. Enclave relative.
335. Exploitation industrielle ; passage souterrain.
336. Passage sur un fonds pour y ramasser des produits qui y sont tombés du champ voisin.
337. Constatation de l'enclave ; preuve ; procédure.

330. *Quand y a-t-il enclave dans le sens légal ? Cause de l'enclave.* — Aux termes de l'article 682, un fonds est enclavé lorsqu'il n'a aucune issue sur la voie publique. Mais est-ce à dire que dans tous les cas où l'enclave existera, le propriétaire du fonds enclavé aurait droit à réclamer le bénéfice de la servitude légale de passage ?

Lorsque l'enclave aura pour cause un cas fortuit ou de force majeure, tel que l'éboulement d'un terrain, le résultat des inondations ou du changement de lit d'un fleuve ou torrent, le déplacement d'un chemin ou tous autres travaux d'utilité publique, l'application de la servitude nous paraît incontestable. La même solution est encore applicable si la cause de l'enclave est inconnue. (Demolombe, *Servitudes*, t. 2, n° 601, p. 83).

Mais si l'enclave est le résultat du fait et de la volonté de l'homme, je crois que la solution inverse devrait être adoptée. Ainsi, un fonds avait une issue suffisante sur la voie publique, mais par voie de partage, d'échange, de vente partielle, etc., certaines parties de ce fonds, des parcelles de ce domaine ont été isolées, et les stipulations de ces actes ou les oublis qui y ont été commis empêchent les propriétaires de ces parcelles de trouver dans leurs titres un droit direct pour passer sur les parcelles vendues, seront-ils admissibles à demander un passage à d'autres voisins, à se présenter à eux avec tous les droits que donne l'enclave ? M. Pardessus, t. 1, p. 219, pense que celui qui a besoin du passage doit d'abord s'adresser au détenteur des parties du domaine primitif, mais il ajoute que s'il n'est plus recevable à agir contr'eux, il peut s'adresser au voisin chez lequel le passage pourra être établi le plus commo-

dément ; à l'appui de cette opinion, on cite même un
arrêt de rejet de la chambre civile de la Cour de cassation du 19 juillet 1843, Chevrier ; mais cet arrêt a
été rendu dans des circonstances de fait qui détruisent
en grande partie la portée qu'on voudrait lui attribuer,
et l'on est généralement d'avis que dans les cas que
nous avons indiqués, le passage qui est nécessaire aux
portions désormais enclavées du fonds partagé, morcel-
lé, échangé, etc., doit être pris sur les autres portions
ayant conservé accès sur la voie publique. Sinon ce ne
serait pas la loi, mais la volonté des contractants qui
créerait le droit au passage sur les propriétés voisines.
Certainement, comme dit M. Pardessus, le fait de l'un
des contractants, son imprudence, son défaut de vigilance ne doit pas avoir pour résultat de frapper sa propriété d'une éternelle inutilité, l'intérêt public en souffrirait. Il pourra donc se faire relever de ses déchéan-
ces et obtenir un passage avec ou sans indemnité selon les cas, mais sur les portions seules de l'ancien domaine qui lui permettront d'aboutir à la voie publique;
cass., 1er mai 1811, Leymarié ; Caen, 26 mai 1824,
Boudreille ; Riom, 10 juillet 1850, Ragues ; Douai, 23
novembre 1850, Carlot ; req. rej., 14 novembre 1859,
de Tournon ; Toullier, t. 3, n°. 550 ; Duranton, t. 5,
n° 420 ; Solon, n° 328 ; Favard, v° *Servit.*, sect. 2, §
7, n° 2 ; Coulon, *Questions de droit*, t. 1, p. 313 ; Dalloz, v° *Servit.*, n° 853 ; Marcadé, art. 682 ; Demante,
t. 2, n° 537 ; Ducaurroy, Bonnier et Roustain, t. 2, n°
324 ; Demolombe, t. 2, n° 602 et suiv., p. 84 et suiv.;
Zachariæ, Massé et Vergé, t. 2, § 331, p. 189.

Cette solution nous paraît encore moins contestable pour le cas où c'est le propriétaire lui-même qui, par ses propres actes, des bâtisses par exemple exécutées sur certains points, a enclavé son fonds, il ne peut se prévaloir de ces faits pour acquérir un droit de passage chez son voisin ; cass., 20 mai 1832, Livron ; Demolombe, t. 2, n° 605, p. 87. L'arrêt de la Cour de cass. du 8 mars 1852, Lefèvre, semblerait résoudre la question dans un sens inverse, mais les circonstances de fait de cette affaire font suffisamment ressortir qu'il n'en est rien, et la Cour de cassation, pas plus que la Cour impériale, ne se sont pas expliquées sur cette circonstance de fait, relevée par l'une des parties, que l'enclave serait résultée de constructions établies chez lui par le propriétaire du fonds enclavé.

331. *Circonstances de lieu constituant l'enclave.* — Bien que l'article 662 porte que le fonds enclavé était celui qui n'avait *aucune issue* sur la voie publique, la doctrine et la jurisprudence sont d'accord pour reconnaître que le législateur n'a pas voulu que ces mots fussent pris strictement et à la lettre, et qu'il admettait au contraire une interprétation rationnelle et favorable aux nécessités de la culture. C'est ainsi qu'on a considéré comme enclavé un fonds qui, pour être exploité suivant que l'exigerait la nature de ses produits, n'aurait pas une issue assez praticable, assez large, suffisamment sûre.

Spécialement, il a été jugé qu'il suffisait pour constituer l'enclave qu'un fonds n'ait pas une issue suffisante pour son exploitation ; Colmar, 26 mars 1816, Weeber ; req. rej., 23 août 1827, Schneider ; ch. civ. cass., 16 février 1835, Cayla ; 31 juillet 1844, Bremontier; rej., 8 mars 1852, Lefèvre; Merlin, *Rép.*, v° *Servit.*, § 4; Zachariæ, t. 1, p. 63; Demolombe, t. 2, n° 610, p. 91; Garnier, *Législ. et Jurisp. nouv. sur les ch.*, p. 260; Marcadé sur l'art. 685, t. 2, p. 607; Sauger, *Louage*, n° 577 ; Massé et Vergé sur Zachariæ, § 331, t. 2, p. 188; Bourguignat, *Droit rural*, p. 93, n° 298; Favard, v° *Servit.*, sect. 2, § 7, n° 1; Paillet sur l'art. 682; Dalloz, n° 820.

L'issue sur une rivière dont le passage présente des dangers sérieux ne fait pas disparaître l'enclave ; Bordeaux, 9 mai 1838, Hautier; rej. req., 31 juillet 1844, Bremontier; Lyon, 27 mars 1844, Lardon ; Angers, 14 janvier 1847, Perdriau; req. rej., 25 novembre 1845, Lecouteux; rej., 1er avril 1357, Leroux; Garnier, *Législ. nouvelle sur les ch.*, p. 260; Marcadé sur l'art. 685, Massé et Vergé sur Zachariæ, § 331, t. 2, p. 188 ; Sauger, *Louage*, n° 576. Zachariæ dit qu'un cours d'eau sur lequel il n'existe ni pont ni bac ne constitue pas une issue dans le sens de l'article 682 ; *Cours de droit civil français*, t. 2, § 246, note 4 ; c'est l'avis de Merlin, *Rép.*, v° *Voisinage*, § 4, n° 4, qui cite dans ce sens un arrêt du parlement de Paris du 26 juin 1612. L'arrêt de Lyon du 27 mars 1844, Lardon, admet le même principe, mais on cite dans un sens opposé les arrêts du parlement de Bretagne des 23 mai 1731, 12 août 1763 et un jugement de Nantes du 31 août 1819.

Le fonds est enclavé s'il n'a qu'une issue sur un torrent n'offrant qu'un trajet peu sûr et peu commode et même impraticable une partie de l'année. (Bastia, 2 août 1854, Negri).

Le marchepied ou chemin de hallage constituant une servitude légale qui a une destination spéciale, l'intérêt de la navigation comme celui des propriétaires des fonds assujettis à cette servitude s'oppose à ce qu'il puisse être converti en un chemin d'exploitation ; en conséquence, le fonds qui n'aurait d'autre issue que par un chemin de hallage doit être réputé en état d'enclave et le propriétaire de ce fonds peut réclamer un passage sur l'héritage voisin ; Toulouse, 19 janvier 1825, Grossous ; Bordeaux, 15 janvier 1835, Leydet ; Demolombe, t. 2, n° 607, p. 89 ; Garnier, *Législ. nouv. sur les ch.*, p. 262 et *Régime des eaux* ; Dalloz, *Servit.*, n° 822.

On ne peut refuser le passage sous le prétexte que le fonds enclavé avait anciennement une issue par un chemin vicinal, actuellement envahi ou détruit, et que le propriétaire de ce fonds pourrait en obtenir le rétablissement ou demander passage sur les terrains limitrophes de ce chemin. (Ch. civ. cass., 16 février 1835, Cayla).

Il y a enclave dans le sens de la loi, lorsque la seule issue possible, sans emprunter le champ voisin, ne serait praticable qu'au moyen de défenses qui excèderaient la valeur de l'héritage et n'aboutiraient qu'à créer un passage encore dangereux. (Paris, 24 mai 1844, hosp. de Paris, suivi d'arrêt de rejet du 25 novembre 1845; req., 14 avril 1852, Gueneschaud).

332. *Circonstances insuffisantes pour constituer l'enclave.* — Il n'y a pas enclave donnant droit d'exiger un passage sur l'un des héritages voisins, lorsque le fonds prétendu enclavé a une issue sur la voie publique, quelque longue ou difficile qu'elle soit ; Demolombe, tome 2, n° 608, page 89 ; Delvincourt, tome 1, p. 389; Pardessus, n° 218; Toullier, tome 3, n° 547; Duranton, t. 5, n° 417; Solon, n°ˢ 318 et 319; Dalloz, *Servitude*, n° 818 ; Sauger, *Louage*, n° 577 ; Massé et Vergé sur Zachariæ, t. 2, § 331, p. 188 ; Fournel, *Du voisinage*, t. 2, p. 397 § 207 ; Cappeau, *Législ. rur. et forestière*, t. 2, p. 114, n° 52. C'était l'avis des anciens auteurs ; Papon, *Arrêts*, liv. 14, titre 1, n° 3 ; Lonet et Brodeau, lettre F ; Maynard, liv. 4, ch. 49 ; Julien, *Stat. de Provence*, t. 1, p. 506 ; Pocquet de Livonnière sur Anjou, art. 449.

Ainsi, si le propriétaire peut arriver à la voie publique par un chemin anciennement pratiqué à travers un marais, bien que ce chemin soit détérioré, long et coûteux à réparer. (Req. rej., 31 mai 1825, Malescot).

S'il peut y arriver par un ancien chemin de desserte qu'on peut rendre à une viabilité complète au moyen d'une rectification peu dispendieuse et de travaux de réparation aisés à faire. (Besançon, 23 mai 1828, Thibaut).

Si l'exploitation peut se faire par des passages pratiqués depuis longtemps, présentant une longueur moins grande à parcourir que le passage réclamé, bien que leur usage présente des inconvénients. (Rouen, 16 juin 1835, Gueffe).

Si le passage peut s'effectuer par une lande grevée de la servitude de passage, alors même que l'issue par cette voie est difficile, si d'ailleurs elle est susceptible d'être réparée au moyen de travaux dont le prix serait à peu près égal au coût de l'indemnité à accorder au propriétaire du fonds sur lequel on réclame le passage. (Rennes, 22 mars 1826, Mauviel).

Si le fonds est séparé de la voie publique par un fossé d'irrigation qui en l'état est un obstacle à ce que le propriétaire du fonds arrive à la voie publique, lorsque cet obstacle peut être levé au moyen de travaux faciles et peu coûteux. (Colmar, 26 mars 1831, Münch ; Sauger, *Louage*, n° 581).

Il en est de même si le fonds n'est séparé de la voie publique que par un ruisseau guéable en tout temps. Req. rej., 30 avril 1855, Bardel ; Aubry et Rau sur Zachariæ, t. 2, § 243, p. 504 ; Demolombe, t. 2, n° 608, p. 89.

La propriété qui aboutit à un fonds communal n'est pas réputée enclavée ; Cass., 31 mai 1825, Malescot ; Proudhon, *Droit d'usage*, n° 788 ; Sauger, *Louage*, n° 580.

Le propriétaire du fonds qui use pour l'exploiter d'un libre passage sur l'héritage voisin ne peut, sous prétexte que ce passage n'est que de pure tolérance, réclamer à titre d'enclave un autre passage sur un autre fonds, tant que celui dont il se sert ne lui est pas contesté ; req. rej., 30 avril 1835, Paupière; cass., 27 fév. 1839, Rostan; Solon, n° 310; Demolombe, t. 2, n° 606, p. 88; Dalloz, v° *Servit.*, n° 855.

Il en serait de même si le chemin longeant un fonds était fréquenté comme chemin public et d'un usage non contesté, le propriétaire riverain ne pourrait obtenir un passage ailleurs, sur un fonds voisin, sous le prétexte que ce chemin ne serait pas public et même que son usage le soumettrait à des travaux et à des dépenses. (Colmar, 10 mai 1831, Mangold).

Egalement, le propriétaire d'un terrain auquel d'anciens titres accordent un droit de passage sur des fonds contigus, dès lors ne saurait être considéré comme enclavé et il ne peut, tant qu'il n'a pas été jugé que ce droit n'existe pas et quelle que soit l'ancienneté des titres, demander un passage sur un autre héritage. (Req. rej., 27 février 1839, Rostan).

Le propriétaire qui peut exploiter d'une manière suffisante son fonds avec des petites voitures ou charrettes, ne peut obtenir un passage sur le fonds voisin sous le prétexte que ce n'est qu'en passant par là qu'il pourrait employer des charriots attelés de plusieurs chevaux. (Nancy, 28 janvier 1833, Urbain).

333. *Enclave temporaire.* — Si le chemin par lequel le propriétaire se rend à son héritage est momentanément inondé ou détruit et que son fonds soit ainsi temporairement enclavé, il peut temporairement aussi réclamer un passage sur la propriété voisine ; Pardessus, n° 226; Solon, n° 345; Massé et Vergé sur Zacha-

riæ, § 331, t. 2, p. 190; Fournel, *Voisinage*, t. 2, p. 400, § 207.

334. *Enclave relative*. — Le fonds peut, alors même qu'il n'est pas enclavé d'une manière absolue relativement à son accès, être enclavé au point de vue de la jouissance des droits affectés à son exploitation.

Ainsi le droit de passage peut être exigé pour accéder à une fontaine publique. (Pau, 14 mars 1831, commune de Lahitte; Garnier, *législ. et jurispr. nouv sur les ch.*, p. 259; Dalloz, v° *Servitude*, n° 834).

Il peut être revendiqué par l'acquéreur du droit de tourber un fonds. (Amiens, 25 mai 1813, Picard).

335. *Exploitation industrielle*; *passage souterrain*. — Le passage motivé sur l'enclave peut-il être demandé pour une exploitation industrielle ou commerciale, comme pour une exploitation agricole? Mourlon, *Répétit. écrit.*, t. 1, n° 1801, et Legentil, *Revue pratique*, répondent négativement; mais l'affirmative est admise par les arrêts de Bruxelles, 22 mars 1817, Vanderstraeten; Pau, 14 mars 1831, commune de Lahitte; rej., 22 mai 1832, Livron; Grenoble, 28 juin 1833, Carlhan; Paris, 7 décembre 1840, Azam; Demolombe, t. 2, n° 612; Perrin et Rendu, *Dict des const.*, n° 3108; Astre, *Recueil de l'ac. de législ.*, t. 7, p. 226; Solon, n° 322; Jousselin, *Servit. d'ut. p.*, t. 2, p. 549; Sauger, *Du louage*, n° 576; Rolland de Villargues, *Rep. du not.*, v° *Passage*, n° 43; Aubry et Rau sur Zachariæ, t. 2, § 234, note 13; Dalloz, v° *Servitude*, n°ˢ 831 à 833. C'est

dans ce sens que s'est prononcée la Cour de Chambéry, par arrêt du 10 janvier 1863, Girod, à l'occasion d'une carrière s'exploitant à ciel ouvert ou par galerie souterraine. Dans ce dernier cas, l'arrêt de Chambéry a même jugé que le passage était dû non-seulement à la surface du fonds voisin, mais sur toutes les couches qui le constituent et notamment dans les tranchées ou galeries souterraines qui peuvent couper le fonds. Je crois que c'est avec plus de respect pour la véritable intention du législateur que la Cour d'Amiens a jugé au contraire, pour un pareil cas, que le droit de passage en cas d'enclave n'a lieu qu'à la surface des fonds voisins. Amiens, 2 février 1854, Ouaché; c'est également l'avis de MM. Massé et Vergé sur Zachariæ, t. 2, § 331, note 2, de Dalloz, *Servit.*, n° 841.

M. Garnier, *Législation et jurisprud. nouvelle sur les chemins*, p. 265, pense qu'en ces matières il n'y a pas de règle fixe à déterminer d'avance, et qu'il faut laisser une certaine latitude aux tribunaux et même à l'autorité administrative.

336. *Passage sur un fonds pour y ramasser des produits qui y sont tombés du champs voisin.* — M. Garnier, *Législ. et jurispr. nouvelle sur les chemins*, p. 275, pense que par application des règles du voisinage, et même par une équitable interprétation de l'art. 682 du Code civil, le propriétaire d'un arbre dont les branches s'étendraient sur le fonds d'autrui ou sur sa limite, pourrait réclamer passage sur ce fonds pour ramasser les fruits qui y seraient tombés, soit par l'effet du vent,

ou de la pluie ou de la grêle, soit par un accident quelconque, soit par le fait de l'homme, par exemple en secouant l'arbre ou ses branches, tous ces fruits appartenant au propriétaire de l'arbre d'après les art. 546 et 547; et ce alors même que l'arbre ne se trouverait pas à la distance réglementaire du fonds voisin. (Toullier; Neveu Derotrie, p. 85).

M. Garnier pense que le propriétaire de l'arbre pourrait également passer et stationner momentanément sur le fonds voisin pour cueillir les fruits venus sur les branches qui s'étendraient sur ce fonds, s'il n'était pas possible de les cueillir d'ailleurs, y tailler les haies et les arbres placés sur la limite des deux héritages; c'est aussi l'avis de Sibille, *Usages de la Loire-Inférieure*, n° 184; *Usages de l'Hérault*, p. 25; même usage dans le département de l'Eure, à moins que les héritages ne soient clos, *Usages locaux du département*, art. 150.

Dans tous ces cas, toutefois, une indemnité est due au propriétaire du fonds servant. (Garnier, *loc. cit.*).

337. *Constatation de l'enclave; preuve; procédure.* —Les juges, pour constater l'existence de l'enclave, ont à prendre en considération les faits et circonstances de chaque cause. Ils ne sont pas tenus de recourir spécialement à une expertise. Req., rej., 24 décembre 1835, Defaye; Dalloz, *Servitude*, n° 827; Demolombe, t. 2, n° 614, p. 95; Pardessus, t. 1, n° 222, Duranton, t. 5, n° 417; Solon, n° 327. L'opinion contraire a été soutenue par M. Favard de Langlade, v° *Rapport d'expert*, sect. 1, § 4, n° 11, et par Solon, n° 327.

Au surplus, l'appréciation des faits constituant l'enclave est abandonnée à la conscience et aux lumières des juges. Req., rej., 23 août 1827, Schneider; Besançon, 23 mai 1828, Thibaut; req., rej., 27 février 1839; Rostan ; req., rej., 25 novembre 1845, Lecouteux; Demolombe, t. 2, n° 609, p. 90; Pardessus, t. 1, n° 218 ; Solon, n°ˢ 319 et 326.

§ 2. — Par qui et à l'encontre de qui la servitude de passage peut-elle être réclamée en cas d'enclave ; conditions de son exercice.

SOMMAIRE.

338. *Par qui le passage peut-il être demandé ?* —
L'article 682 ne parle que du propriétaire du fonds enclavé ; mais sous cette désignation on comprend toute
personne à laquelle appartient, en vertu d'un droit
réel, la faculté d'exploiter ce fonds : l'usufruitier, l'usage, l'emphytéote. (Massé et Vergé sur Zachariæ, t. 2,
§ 331, p. 188 ; Dalloz, *Servit.*, n° 846 ; Demolombe,
t. 2, n° 600, p. 82 ; Jousselin, *Servit.*, t. 2, p. 549).

D'après ce dernier auteur, ce droit n'appartiendrait
pas au fermier ou colon partiaire qui n'aurait d'action à
exercer que contre leur bailleur pour assurer leur jouissance. Cet avis est partagé par Solon, n° 316 ; Dalloz,
Servit., n° 847.

339. *Il est dû par tous les fonds clos ou non, cultivés ou non.* — Le passage est dû par les fonds, qu'ils
soient clos ou non clos, cultivés ou non et quelle que
soit la nature de la culture à laquelle on les a soumis :
terres labourables, prés et jardins ; Garnier, *Législ. et
jurisp. nouv. sur les ch.*, p. 259 ; Pardessus, n° 219.
Toutefois, dans le choix du passage, les juges auront
égard à la situation et à l'état des fonds à asservir pour
rendre la charge le moins incommode posssible, comme
nous aurons occasion de le faire observer de nouveau
plus tard.

340. *Quelle que soit la classe dans laquelle ils sont
placés par la loi et la capacité légale de leurs propriétaires.* — Les fonds inaliénables de leur nature n'en
sont pas exceptés par la loi ; la servitude peut donc
peser sur des biens de cette catégorie, tels par exemple

que les domaines de la couronne; req. rej., 7 mai
1829, de Frezals; les forêts de l'Etat; Angers, 20 mai
1842, de Villers; Caen, 1er décembre 1845, Domaine;
Garnier, *Jurisp. et législ. nouv. sur les ch.*, p. 259;
Dalloz, vᵉ *Servitude*, n° 858.

La même solution doit intervenir à l'égard des biens
des mineurs et autres personnes incapables, ainsi que
pour les fonds dotaux.(Jousselin, *Serv. d'ut. p.*, t. 2, p.
552; Demolombe, t. 2, n° 615, p. 97; Garnier, *loc. cit.*).

Toutefois, pour que le mari puisse valablement con-
sentir à ce que le passage dû à un héritage enclavé soit
pris sur le fonds dotal de sa femme voisin de cet héritage, il faut que ce fonds se trouve formellement dans
un des cas prévus par les articles 683 et 684 du code
civil, sinon ce serait une reconnaissance conventionnelle d'une servitude de passage sur le fonds dotal excé-
dant les pouvoirs du mari; ch. civ., 17 juin 1863, Pu-
rey; cassation de l'arrêt de la Cour de Bordeaux du 6
août 1861. Une solution analogue était intervenue dans
une affaire où il s'agissait d'un passage que l'on prétendait acquis par la prescription; la Cour de cassation
s'est refusée à admettre le bénéfice de la prescription
sur le motif que ce passage ne remplissait pas les conditions indiquées par les articles 683 et 684; 20 janvier 1847, Lézan.

En ce qui concerne les riverains des chemins de fer,
il ne nous paraît pas que sur le motif qu'ils sont enclavés, ils puissent obtenir un passage sur les terrains clos
dépendant de ces chemins, les lois de police défendant
à toute personne en dehors des employés et agents

ayant quant à ce qualité de s'introduire dans l'intérieur de ces clôtures, il n'en serait autrement que s'il s'agissait des voies établies pour donner accès aux gares et stations. Voyez quant à ce une espèce ayant donné lieu à plusieurs décisions contradictoires dans le *Journal de droit administratif* de M. Ad. Chauveau, 1867, p. 129 ; et en ce qui concerne les enclaves riveraines des francs-bords d'un canal naviguable, le même recueil, même année, p. 61 et suiv.

341. *Le propriétaire qui réclame la servitude doit-il mettre en cause tous les riverains ?* — Le propriétaire qui réclame la servitude ne peut choisir à son gré le voisin sur lequel elle peut être imposée, cette détermination devant être faite suivant les règles prescrites par la loi et en dehors de la volonté du demandeur ; on a essayé de soutenir que l'action en pareil cas devait être dirigée contre tous les riverains et qu'elle ne serait pas recevable si elle était dirigée contre l'un d'eux seulement ; Aix, 27 juillet 1822, Trotebas ; Montpellier, 5 août 1830, Parès. C'était la règle qui paraissait suivie autrefois. (Cappeau, *Lois rurales et forestières*, t. 2, p. 117, n° 54).

M. Demolombe, t. 2, n° 620, p. 100, combat cette opinion et c'est, suivant nous, avec raison. C'est au demandeur à former sa demande dans les conditions voulues par la loi et à requérir le passage sur le fonds qui, d'après cette même loi, doit le souffrir ; si sa demande ne remplit pas ces conditions, il en sera débouté, sauf à appeler tout autre voisin aux débats ou à former une action nouvelle. Mais si le tribunal reconnaît que le riverain qui a été appelé en cause est bien celui sur le fonds duquel le passage doit être pris, pourquoi obliger le demandeur à faire figurer à grands frais dans l'instance tous les riverains qui peuvent être groupés autour de son enclave? (Bordeaux, 15 janvier 1835, Leydet; Dalloz, *Servit.*, n° 850).

342. *Sur lequel des fonds contigus doit être emplacé la servitude ?* — L'article 683 du code civil dit que le passage doit régulièrement être pris du côté où le trajet est le plus court du fonds enclavé à la voie publique ; mais l'article 684 ajoute néanmoins : il doit être fixé dans l'endroit le moins dommageable à celui sur le fonds duquel il est accordé.

343. *Trajet le plus direct.* — Il résulte de la rédaction même de la loi que le législateur n'a pas voulu faire de cette disposition une règle absolue et invariable, et si le passage doit être pris autant que possible par le trajet le plus court, il est dans les attributions du juge d'apprécier si en l'état des circonstances de la cause, de la nature des lieux, de la destination qu'ils ont reçue, de la difficulté d'exécuter les travaux nécessaires pour assurer l'exercice de la servitude, du prix de ces travaux, etc., il n'y a pas lieu de fixer un emplacement qui s'écarte de la ligne qu'on devrait suivre pour se tenir dans la ligne la plus courte du fonds enclavé à la voie publique ; rej., 1er mai 1811, Leymarié ; Besançon, 23 mai 1828, Thibaut ; Bordeaux, 15 janvier

1835, Leydet; Nancy, 8 janvier 1838, Robin; req. rej.,
29 décembre 1847, Cayol; Bourges, 9 mars 1858, Du-
prey; Rennes, 22 janvier 1859, dans le bulletin de
cette Cour, 1859, p. 69 : Delvincourt, t. 1, p. 158,
n° 7 et 9; Favard de Langlade. *Répert.*, v° *Servit.*, sect.
2, § 7, n° 3; Duranton, t. 5, n°s 423 et 425; Jousselin, *Servit. d'ut. p.*, t. 2, p. 554; Demante, *Cours analyt.*, t. 2, n° 538; Demolombe, t. 2, n°s 621 et 622;
Massé et Vergé sur Zachariæ, t. 2, p. 189, § 331, note
9; Aubry et Rau, id., t. 2, § 243, p. 506; Pardessus,
n°s 219 et 220; Toullier, t. 3, n° 548; Solon, n°s 325 et
suiv.; Bourguignat, *Droit rural*, p. 94, n° 301; Cappeau, *Législ. rurale et forestière*, t. 2, p. 116, n° 54;
Garnier, *Traité des ch.*, p. 485 et 486, et *Législ. nouv.
sur les ch.*, p. 264; Fournel, *Voisinage*, t. 2, p. 401,
§ 207; Sibille, *Usages de la Loire-Inférieure*, n° 171;
Sauger, *Louage*, n° 578, § 83; Dalloz, *Servit.*, n° 824.

344. *Origine de l'enclave.* — En prenant en considération les observations que nous avons déjà présentées sur la cause et l'origine de l'enclave, *suprà*, n° 330,
nous devons ajouter ici que le passage, lorsque l'enclave résultera d'un partage, devra être pris sur les fonds
de l'un des copartageants, alors même qu'il serait plus
court et plus facile s'il était pris sur un autre fonds voisin ; Riom, 10 juillet 1850. Raques; req. rej., 1er août
1861, Blanc; Toullier, t. 3, n° 550; Favard de Langlade, v° *Servitude*, sect. 2, § 7, n° 2; Coulon, *Question
de droit*, t. 1, p. 313; Demante, *Cours analyt.*, t. 2,
n° 537; Sauger, *Louage et servitudes*, n° 584; Aubry

et Rau, t. 2, p. 506; Duranton, t. 5, n° 420; Marcadé
sur l'art. 682; Solon, n° 328; Massé et Vergé sur Zachariæ, t. 2, § 331, p. 189; Demolombe, t. 2, n° 602,
p. 84; Ducaurroy, Bonnier et Roustain, t. 2, n° 325;
Boileux, t. 2, sur l'art. 682; Garnier, *Traité des ch.*,
p. 485, et *Législ. nouv. sur les ch.*, p. 263. Voyez
toutefois Pardessus, n° 219.

Si l'enclave résulte d'un échange, le passage doit être
pris sur le fonds de l'échangiste. (Rej., 1 mai 1811,
Leymarié).

S'il résulte d'une vente sur la partie du fonds restant
au vendeur. (Agen, 16 février 1814, Saint-Martin; Caen,
26 mai 1824, Baudreville ; Douai, 23 novembre 1850,
Carlot ; rej., req., 14 novembre, 1859, de Tournon ;
voyez toutefois ch. civ., rej., 19 juillet 1843, Chevrier.

345. *Endroit le moins dommageable pour le fonds
servant.* — Si le passage doit être pris sur le point le
plus direct entre le fonds dominant et la voie publique,
il doit également être emplacé dans l'endroit le moins
dommageable pour le fonds servant. Toutefois, la seconde de ces règles n'est pas plus absolue que la première, et il est vrai qu'en déterminant le lieu où s'exercera le passage, on doit prendre surtout en considération les convenances de celui qui doit le souffrir, comme cela résulte de la doctrine et de la jurisprudence ;
l. 19, ff., *De servit.*; l. 21, 22 et 26, ff., *De servit.
præd rust.*; rej., 1er mai 1811, Leymarié; Bordeaux,
15 janvier 1835, Leydet; rej., 29 décembre 1847,
Cayol ; les anciens auteurs provençaux, Bomy, ch. 9,

p. 9; Julien, *Statuts*, t. 1, p. 506, et Cappeau, *Lois rur.*, t. 2, p. 117, n° 55; Bourguignat, *Droit rural*, p. 94, n° 301; Pardessus, n° 220.

On ne saurait soutenir que ce passage doit forcément être fixé dans tous les cas sur la partie la moins dommageable, car le plus souvent ce serait la partie la plus impraticable, et en reconnaissant un droit on en rendrait l'exercice très-coûteux dans certaines circonstances et presque impossible. C'est aux juges à concilier autant que possible les deux intérêts qui se trouvent en présence, celui du fonds dominant et celui du fonds servant. Demolombe, t. 2, n° 622, p. 101; Pardessus, t. 1, n° 219; Duranton, t. 5, n° 425; Zachariæ, t. 2, p. 64; Solon, n° 625; Demante, t. 2, n° 538, Fournel, *Voisinage*, t. 2, p. 403, § 207; Sauger, *Louage*, n° 586.

346. *Fixation de l'emplacement par acquiescement.* Il a été jugé que le propriétaire du fonds sur lequel doit être exercé le passage nécessaire à des propriétés enclavées, qui en première instance a déclaré s'en rapporter aux experts chargés de la détermination du lieu le plus propre à l'exercice de ce passage, et qui, après l'expertise a conclu à son homologation, n'est plus recevable à contester en appel la détermination faite par les experts et à demander que le passage s'exerce sur un lieu autre que celui qu'ils ont indiqué. (Req., rej., 30 novembre 1863, Verry).

347. *Fixation de l'emplacement et de l'étendue par la prescription.* — Lorsqu'il s'agit de déterminer pour la première fois l'assiette du passage, il appartient aux tribunaux de ne pas s'arrêter au trajet le plus court, et d'indiquer celui qui paraît le moins dommageable et le moins dispendieux ; à plus forte raison doivent-ils maintenir l'assiette du passage, telle qu'elle a été fixée par une possession de trente ans. (Pau, 14 mars 1831, com. de Lahitte ; req., rej., 29 décembre 1847, Cayol).

Il est reconnu d'une manière générale que l'exercice trentenaire du passage en cas d'enclave peut avoir pour effet de déterminer soit celui des fonds voisins sur lequel il doit être exercé, soit l'endroit du fonds assujetti qui doit être l'assiette du passage. Toulouse, 20 mai 1818, Noguès, 28 janvier 1820, Castelnau, et 29 janvier 1820, Gairard; Amiens, 19 mars 1824, Pappin; Pau, 14 mars 1831, com. de Lahitte; Rouen, 16 février 1844, req., rej., 29 décembre 1847, Cayol; req., 18 juillet 1848, Faure; Paris, 5 avril 1861, Fournier. (Cette Cour avait jugé le contraire par arrêt du 30 juin 1859, Matussière); Metz, 19 janvier 1865, Bauer; Pardessus, t. 1, n° 223; Toullier et Duvergier, t. 2, n° 553; Marcadé sur l'art. 685; Aubry et Rau sur Zachariæ, § 331, t. 2, p. 508; Massé et Vergé sur Zachariæ, § 331, t. 2, p. 190; Demante, t. 2, n° 538; Demolombe, t. 2, n° 624, p. 103; Garnier, *Législ. nouv. sur les ch.*, p. 264; Sauger, *Louage*, n° 586; Delvincourt, t. 1, p. 391; Dalloz, *Servit.*, n° 826.

Peu importe du reste, pour déterminer le fonds assujetti, que le passage ait été pratiqué tantôt sur un point tantôt sur un autre du même fonds. Metz, 19 janvier 1865, Bauer.

24

Si le passage était contesté et que le tribunal reconnut l'existence de l'enclave et un passage remontant à de longues années, comme dans ce cas l'objet du litige serait la légitimité du droit de passage et non l'emplacement où il s'exerçait, il suffirait pour le juge de constater l'enclave et de condamner le voisin à subir le passage, sans déterminer le lieu où il s'exercerait ; il devrait se trouver emplacé là où il avait lieu. (Req., 25 nov. 1845, Lecouteux).

348. *Détermination du mode de jouissance par la prescription.* — Mais si l'exercice trentenaire du droit de passage peut en déterminer l'emplacement, la manière dont il a été exercé ne saurait priver le propriétaire enclavé du droit d'obtenir une extension nécessaire à son exploitation : ainsi de ce que le passage aurait été exercé seulement à pied, l'enclavé ne pourrait être déclaré non-recevable à demander devant les tribunaux un passage à cheval ou avec charrettes, si ce passage était indispensable à l'exploitation du fonds enclavé. Demolombe, t. 2, n° 625, p. 107. La question serait plus difficile à résoudre si le passage à pied n'avait pas été primitivement établi dans les conditions de tracé imposées par les art. 683 et 684 .

349. *Détermination des conditions diverses du passage; nature ; durée ; temps.* — En déterminant le lieu où doit s'exercer le passage, les magistrats doivent également statuer sur les conditions diverses dans lesquelles il devra s'exercer ; déterminer la largeur

de ce passage, indiquer s'il sera pratiqué à pied, avec bêtes de somme, troupeaux et charrettes, ou de l'une de ces manières seulement. Bordeaux, 18 juin 1840, Daney; Demolombe, t. 2, nᵒ 623, p. 101; Cappeau, *Lois rurales et for.*, t. 2, p. 118, nᵒ 56; Bourguignat, *Droit rural*, p. 94, nᵒ 302.

Le passage peut n'être accordé que temporairement s'il n'est nécessaire que pour un temps déterminé. Pardessus, *Servit.*, nᵒ 220; Solon, nᵒ 329; Fournel, *Voisinage*, t. 2, p. 395, § 207; V. Fons, *Usages de la Haute Garonne*, nᵒ 119; Sauger, *Louage*, nᵒ 577.

Il peut même, dans certaines localités, faire soumettre celui qui l'obtient à des clôtures, si tel est l'usage du pays. (Sibille, *Usages de la Loire-inférieure*, nᵒ 172).

Le passage concédé pour l'exploitation d'un champ ou d'une prairie comprend le droit d'y conduire les troupeaux attachés à des terres étrangères à l'enclave. Cass., 24 mai 1824, Poucin Dumont; Bourges, 8 juin 1831, Robin; Lyon, 24 mai 1832, Machard; Dalloz, *Servit.*, nᵒˢ 837 et 838.

350. *Extension du droit de passage.* — Le droit de passage peut être modifié et étendu dans son exercice, si tel qu'il avait été reconnu ou concédé il est devenu insuffisant pour l'exploitation. Toulouse, 12 décembre 1811, Baille; Bruxelles, 22 mars 1817, Vanderstaeten; Agen, 18 juin 1823, Castan; ch. civ., rej., 8 juin 1836, Dupuy; Bordeaux, 9 janvier 1838, Hautrier, 18 juin 1840, Daney; Solon, nᵒ 330; Favard, vᵒ *Servit.*, sect. 2, § 7, nᵒ 3. Demolombe, t. 2, nᵒ 608 et suiv.; Par-

dessus, *Servit.*, n°ˢ 60 et 222; Demante, t. 2, n° 527; Dalloz, *Servit.*, n°ˢ 835 et 836; Massé et Vergé sur Zachariæ, § 331, t. 2, p. 189; Jousselin, p. 550; Perrin et Rendu, n° 3109. Voyez toutefois Latailhéde, *Recueil des arrêts de Sirey*, 1865, 1, 93, note.

Ce nouveau passage ne doit pas nécessairement avoir la même assiette que l'ancien ; il doit être pris par l'endroit où le trajet est le plus court et le moins dommageable pour le fonds servant. (Caen, 16 avril 1859, de Bonnemains).

Pour qu'il y ait lieu à intenter une demande en élargissement d'un passage déjà existant il ne suffit pas de la motiver sur la nécessité et le service des bâtiments qu'on a le projet de construire, il faut que ces bâtiments soient construits ou au moins en voie de construction. (Toulouse, 14 mai 1864, Bernard).

351. *Actes pouvant gêner l'exercice de la servitude.* — En règle générale, on paraît admettre que le fonds asservi peut être clos après l'établissement de la servitude et que le propriétaire peut le fermer avec des portes ou barrières à condition de remettre une clef au propriétaire du fonds dominant et en tant que cette disposition des lieux est compatible avec la nature de la servitude attribuée au fonds dominant et n'en gêne pas d'une manière notable l'exercice. C'est ce que la Cour de cassation a jugé à la date des 31 décembre 1839, Hébert, et 28 juin 1853, Audrin, la Cour de Colmar, le 26 mars 1816, Weber, la Cour de Bordeaux, le 4 mai 1832, Peychoud, la Cour de Besançon,

14 novembre 1844, Jacquard ; c'est l'opinion de Cappeau, *Législation rurale et forestière*, t. 2, p. 119, n° 58, et *Code rural*, v[is] *Clôture et Passage*; Pardessus, t. 1, n° 134, p. 198 ; Solon, n° 329 ; Demolombe, t. 2, n° 638. Elle n'est pas partagée par Duranton, t. 5, n° 434, qui pense que le passage doit être toujours libre, sans portes ni barrières, parce qu'on ne pourrait pas obliger le propriétaire du fonds dominant à se charger d'une clef, et à répondre des inconvénients qui pourraient resulter de ce qu'il aurait oublié de fermer la porte ou la barrière.

Mais le propriétaire du fonds grevé n'a pas le droit, quels que soient les usages de la localité, d'établir, sur la limite des deux héritages un tertre qui devrait être enlevé et rétabli chaque fois que le passage s'exercerait (Pau, 10 novembre 1862, Bernachi).

Faut-il ajouter que le propriétaire du fonds servant ne pourrait pas gêner l'exercice de la servitude de passage en mettant en culture le terrain où elle aurait été emplacée? (Metz, 19 janvier 1858, Raiser).

352. *Compétence.* — Ce sont les tribunaux civils de première instance, sauf appel et cassation, qui sont compétents pour statuer sur les difficultés que peuvent faire naître les questions qui nous occupent. La volonté des parties ne peut, en dérogeant à l'ordre des juridictions, étendre la compétence d'un juge d'exception à une matière qui lui est complétement étrangère ; par suite bien qu'une partie assignée devant le juge de paix pour la fixation d'un passage à raison d'enclave, ait

consenti à ce que ce magistrat statuât au fond, celui-ci ne peut, en donnant acte de ce consentement, ordonner une opération d'expertise sur le résultat de laquelle il serait tenu de prononcer ultérieurement. (Req. rej., 14 février 1866, de Chatillon).

Quant au mode d'instruction de ces affaires, nous avons indiqué plus haut comment les tribunaux restaient souverains appréciateurs des mesures auxquelles ils croyent utile de recourir, *suprà* nᵒˢ 309 et 337.

§ 3. — Indemnité ; prescription ; actions possessoires.

SOMMAIRE

353. *Principe de l'indemnité.* — Le Code a reconnu dans ses dispositions le principe de l'indemnité due à celui qui est obligé de subir la servitude. Il y a en effet, en pareil cas, une sorte d'expropriation ou tout au moins d'amoindrissement du fonds servant au profit du fonds dominant, prononcé au profit d'un intérêt privé, qui, en se multipliant s'élève à la hauteur d'un intérêt public, mais qui ne pouvait être imposé, suivant les règles générales de notre droit, sans une juste indemnité.

Cependant l'indemnité, comme nous l'établirons plus loin, ne devant représenter que la réparation du dommage causé, on en a conclu que s'il n'y avait pas de préjudice causé, il ne serait dû aucune indemnité. Mais comme il y a toujours un préjudice à soumettre à une servitude la propriété d'autrui, cette observation n'a pu recevoir d'application que dans certains pays où, d'après les usages, pour l'exploitation des prairies par exemple, les propriétaires, au moment de la fauchaison et de la fenaison, passent sur celles des terres voisines où les récoltes ont été enlevées ; Poquet de Livonnière, *Cout. d'Anjou*, art. 449 ; Delaroche Flavin, liv. 3, lettre S, tit. 4, art. 1 ; Denisart, v° *Laboureur*, n° 12 ; Pardessus, t. 1, n° 221 ; Demolombe, t. 2, p. 109 ; Dalloz, v° *Servit.*, n° 860.

Voyez encore *infrà*, n° 355.

Toutefois, l'obligation de payer une indemnité est tellement une condition du droit de passage en cas d'enclave que la Cour de cassation n'a pas hésité à décider que le juge saisi d'une question d'enclave est investi, par cela même, du droit de régler l'indemnité due par l'enclavé ou de déclarer cette indemnité prescrite, bien qu'aucunes conclusions n'aient été prises à cet égard. (Req., 18 juillet 1848, Faure).

354. *Fixation de l'indemnité ; expertise ; frais.* — Lorsque les parties ne peuvent s'entendre sur la fixation de l'indemnité, elle est déterminée par les tribunaux après expertise ou tel moyen d'instruction auquel ils croiront devoir recourir. Les frais sont à la charge de celui qui réclame l'exercice de la servitude, à moins que le propriétaire du fonds servant n'y donne lieu par sa faute, en refusant par exemple de prendre part aux opérations d'une expertise amiable, ou en demandant des contre-expertises, ou en donnant lieu à d'autres incidents sur lesquels il viendrait à succomber. On doit suivre ici les règles qui sont appliquées lorsqu'il s'agit d'achat de la mitoyenneté d'un mur.

355. *L'indemnité est-elle due dans tous les cas ?* — D'une manière générale, on doit dire avec le législateur de 1804 que l'établissement de la servitude de passage au profit d'un fonds enclavé donne toujours lieu à une action en indemnité. Voyez *suprà*, n° 353.

Il peut toutefois se présenter des circonstances particulières dans lesquelles la question peut être justement posée et débattue même en principe, c'est notamment celui où l'enclave résultant d'un partage, d'une vente, d'un échange ou de tout autre contrat constatant le fait volontaire de l'homme, l'une des parties réclame le passage sur le fonds d'un autre des contractants. Dans ces affaires, les circonstances de chaque espèce et l'interprétation des contrats peuvent amener des solutions diverses.

Qu'on me permette toutefois de signaler les solutions suivantes. Il a été soutenu ou décidé :

Qu'une indemnité est due à l'acquéreur si le vendeur, resté propriétaire de diverses parcelles de l'immeuble primitif, réclame à titre d'enclave un passage sur le fonds par lui vendu. (Caen, 26 mai 1824, Baudreville; Duranton, t. 5, n° 421);

Qu'il n'était pas dû d'indemnité par un copartageant qui réclame contre l'autre un passage pour se rendre du lot qui lui a été attribué à la voie publique. (Marcadé sur l'art. 685);

Si le fonds enclavé a été donné ou légué, le donataire ou légataire peut demander un passage sur la partie d'où a été démembré le fonds donné ou légué sans payer d'indemnité. (Toullier, t. 3, p. 614; Pardessus, t. 1, p. 498);

L'indemnité n'est pas due si le droit de passage a été concédé sans stipulation d'indemnité, notamment dans un acte de vente. (Dalloz, *Servit.*, n° 861).

356. *L'indemnité doit-elle être payée avant l'exercice du droit de passage.* — La loi civile, pour le cas qui nous occupe, ne dit pas que l'indemnité doit être préalable et MM. Pardessus, n° 221, et Dalloz, v° *Servitude*, n° 862, paraissent être d'avis que l'enclavé peut se servir du passage avant d'avoir acquitté l'indemnité. Nous croyons au contraire que la règle générale

posée dans notre droit public de l'indemnité préalable
doit être suivie ici, s'il n'est pas possible de dépouiller
quelqu'un de sa propriété dans un intérêt public sans
qu'il ait reçu une juste et préalable indemnité, alors
que l'Etat expropriant garantit suffisamment ce payement ; on ne saurait exiger qu'un particulier souffrît au
profit de son voisin un démembrement de son droit de
propriété, sans avoir préalablement reçu une indemnité égale à la perte qu'il subit, et on ne saurait, après
l'avoir dépouillé, le soumettre à toutes les difficultés que
peut présenter ultérieurement le recouvrement d'une
créance. (Favard, v° *Servit.*, sect. 2, § 7, n° 4; Duranton, t. 5, n° 429, note 1; Demolombe, t. 2, p. 111).

357. *Bases à suivre dans la détermination de l'indemnité.* — La loi civile n'a point déterminé les bases
sur lesquelles doit s'appuyer le juge pour fixer l'indemnité due au propriétaire du fonds asservi, autrement
qu'en déclarant que le propriétaire enclavé, qui obtient
le passage sur son voisin, doit lui payer une indemnité
proportionnée au dommage qu'il peut occasionner.

On en a justement conclu que l'indemnité doit être
appréciée par le juge, en ayant égard à tous les éléments
qui lui sont soumis et à toutes les circonstances de la
cause. (Bourguignat, *Droit rural*, p. 94, n° 302).

Autrefois, dans certaines provinces du moins, les bases de cette indemnité étaient déterminées dans des limites plus certaines par les usages et les coutumes.
C'est ainsi qu'en Provence, on devait payer le double
de la valeur du fonds occupé par le chemin qui devait

servir à l'exercice de la servitude ; Bomy, ch. 9, p. 10, mais ces règles n'existent plus aujourd'hui.

D'un autre côté, si on doit prendre en considération le préjudice éprouvé par le fonds servant, l'indemnité ne saurait s'élever à raison des avantages que procurerait au fonds dominant l'établissement de la servitude. (Bourguignat, *Droit rural*, p. 94, n° 302 ; Sauger, *Louage*, n° 589).

358. *L'indemnité doit-elle être fixe ou peut-elle être déterminée sur des bases variables ?* — L'indemnité doit être déterminée d'une manière fixe et le montant en être réglé de telle sorte qu'après payement de la somme fixée, la situation, à ce point de vue, soit complétement liquidée ; Demolombe, t. 2, p. 111. On a dit cependant que rien dans la loi n'empêche le juge, suivant les circonstances de la cause, de déterminer une redevance annuelle et même variable , au lieu d'une somme fixe une fois payée ; cass., 25 novembre 1845, Lecouteux. Sauger, dans son *Traité du louage et des servitudes*, n° 590, va même jusqu'à soutenir que l'indemnité doit être fixée annuellement et qu'elle n'est due qu'autant que le passage s'exerce, parce que le dommage résultant du passage peut varier annuellement et que les tribunaux ne pourraient pas capitaliser l'indemnité et contraindre l'un à payer et l'autre à recevoir pour tout le temps du passage, une somme déterminée. Cette opinion, si elle est légale, ne peut être suivie que dans certains cas ; dans la pratique, elle ne sera pas heureuse, car elle pourra faire naître un procès toutes les années, et je ne vois pas comment elle pourrait être légalement soutenue dans le cas où pour exercer le passage, le propriétaire dominant a été obligé d'établir sur le fonds servant un chemin fixe et déterminé que doit respecter le propriétaire du fonds assujetti, puisqu'il est obligé de ne rien faire qui puisse nuire à l'exercice de la servitude.

Dans tous les cas, conséquent avec ce que j'ai dit plus haut sur l'indemnité préalable, je crois que si on adoptait dans certains cas le principe du réglement annuel, ce règlement devrait être fait chaque année par avance et l'acquittement de la somme fixée devrait avoir lieu également par avance. Le passage ne peut s'exercer qu'à charge d'indemnité, si la condition n'est pas remplie, le voisin peut s'opposer à ce passage qui n'est possible qu'à cette condition.

359. *Prescription.* — L'action en indemnité est prescriptible et le passage doit être continué, quoique l'action en indemnité ne soit plus recevable. (C. civil, art. 685).

La prescription de l'indemnité amène ainsi la sanction par le temps de la servitude de passage exercée en suite d'enclave, ce qui a pu faire dire que sous le code civil, le droit de passage nécessaire au cas d'enclave est prescriptible, à la différence des autres droits de passage ; mais ce droit en lui-même résultant de la loi, il serait plus juste de dire que c'est le droit à l'indemnité qui est prescrit à l'encontre de celui qui pourrait réclamer cette indemnité. Voyez les arrêts de cassation,

des 10 juillet 1821, Pecastanig; rej., 7 mai 1829, de Frezals; rej., 16 mars 1830, Maillot; cass., 19 novembre
1832, Barry; cass., 16 février 1835, Cayla; rej., 7 juin
1836; rej., 12 décembre 1843, com. de Chauvoncourt;
rej., 29 décembre 1847, Cayol; Pardessus, n° 223; Toullier, t. 3, n°s 552 et 553; Delvincourt, t. 1, p. 548;
Favard, v° *Servit.*, sect. 2, § 7, n° 4; Solon, n° 553.

Sous les coutumes qui n'admettaient pas la prescription des servitudes discontinues, la servitude de passage
en cas d'enclave ne pouvait pas s'acquérir par prescription ; rej., 7 février 1811, Vauzelle; Poitiers, 28 juin
1825, Lagarde; rej., 23 août 1827, Schneider; rej., 11
juin 1830, Grellier; rej., 27 juin 1832, Marchand; Orléans, 22 juillet 1835, Borderiaux.

Cette prescription repose sur une présomption de
payement de l'indemnité. (Agen, 14 août 1834, Rieu-
majon).

360. *Renonciation à la prescription ; offre d'indemnité.* — L'offre d'indemnité, si elle n'est pas acceptée,
n'emporte pas renonciation à exciper devant les tribunaux de la prescription que l'on pourrait avoir acquise
par suite de l'exercice trentenaire du passage. (Bourges,
15 juin 1824, Charleuf).

361. *A partir de quel jour court la prescription.* —
La prescription court du jour où a commencé le passage et non du jour où il a été reconnu nécessaire ; Lyon,
12 juin 1824, Depin; req. rej., 11 août 1824, Aubin;
req. rej., 23 août 1827, Schneider; Bastia, 2 août

1857, Negri; Pardessus, *Servit.*, t. 1, n° 224; Duranton, t. 5, n° 429; Zachariæ, t. 2, § 546, n° 9; Marcadé sur l'art. 685; Demolombe, t. 2, n° 634; Massé et Vergé sur Zachariæ, § 331, t. 2, p. 190; Toullier et Duvergier, t. 2, n° 553; Demante, t. 1, n° 539; Ducaurroy, Bonnier et Roustain, t. 2, n° 326 ; Marcadé sur l'art. 685; Dalloz, v° *Servit.*, n°s 867 et 868; Delvincourt, t. 1, p. 391; Duranton, t. 5, n°s 429 et suiv. ; *contrà*, Mourlon, *Répét. écrit.* t. 1, p. 802.

362. *Prescription ; divisibilité.* — Au cas d'enclave résultant de ce qu'un fonds est séparé de la voie publique par deux autres fonds, l'action en indemnité peut se prescrire vis-à-vis l'un de ces fonds, bien qu'elle ne le puisse vis-à-vis de l'autre, par le motif que le propriétaire du fonds dominant serait en même temps fermier de cet autre fonds servant. Le principe de l'indivisibilité des servitudes de passage doit s'appliquer lorsque le fonds asservi appartient au même propriétaire, et c'est dans ce sens qu'il faut dire que la servitude de passage ne peut se prescrire par fractions ; mais cette règle cesse de recevoir son application lorsqu'il s'agit de l'exercice d'un droit qui s'exerce successivement sur les fonds de divers propriétaires. (Req. rej., 31 décembre 1860, Cauvet).

363. *Fait interceptant accidentellement le passage.* — L'interruption du passage par suite d'un fait accidentel indépendant de la volonté des parties, tel par exemple que la rupture d'un pont, n'interrompt pas la

prescription ; elle ne fait que la suspendre. Et dès lors, pour le calcul de la prescription, on doit réunir le temps de la possession antérieur à cette interruption avec celui qui s'est écoulé depuis que la possession a repris son cours. (Req. rej., 29 décembre 1847, Cayol).

Au surplus, le non usage pendant quelques unes des années composant la période de trente ans n'empêche pas la prescription de l'action en indemnité. (Bourges, 8 février 1840, Pivert).

D'un autre côté, il a été jugé que la demande d'autorisation de passer, adressée au propriétaire du fonds servant par le propriétaire du fonds enclavé à titre de bon voisinage, interrompt la prescription de l'indemnité de passage. (Montpellier, 1er avril 1848, Mialhes).

364. *Prescription; changement de parcours dans l'exercice de la servitude.* — Le propriétaire enclavé qui, pour l'exploitation de son fonds, a passé pendant trente ans sur les héritages de l'un des propriétaires voisins a prescrit l'indemnité due à raison de ce passage, alors même que le passage a été exercé tantôt sur un fonds, tantôt sur un autre, s'il est établi qu'en agissant ainsi, le propriétaire enclavé n'a agi que par procédé de bon voisinage et pour rendre la charge du fonds asservi moins lourde. (Ch. civ. cass., 16 juillet 1821, Pecastaing; req. rej., 21 mars 1831, Savatier, et analog. Metz, 19 janvier 1865, Baner; Pardessus, n° 224; Solon, n°s 333 et 334).

Il importerait peu que des deux fonds sur lesquels le passage a été alternativement exercé, le propriétaire voisin n'en possédât qu'un en son nom personnel, l'autre étant propre à sa femme. (Req. rej., 11 juillet 1837, Delacou).

365. *Prescription de l'indemnité, si la servitude ne s'exerce pas dans les conditions voulues par la loi.* — La Cour de Paris a jugé le 30 juin 1859, Matussière, que dans le cas où un héritage se trouve enclavé par plusieurs fonds voisins, le droit de passage ne pouvait s'acquérir par prescription sur celui de ces fonds qui n'offrait pas le trajet le plus court de l'héritage enclavé à la voie publique, ce droit ne constituant pas alors la servitude légale établie par l'article 682 du code civil, mais une servitnde discontinue de passage, insusceptible par sa nature d'être acquise par la prescription aux termes de l'article 691 du même code. Vazeille, *Prescription*, t. 1, n° 409, est du même avis ; mais l'avis contraire a été généralement adopté : le titre au passage est l'enclave, c'est là un titre légal, la possession trentenaire ne fait que déterminer l'assiette de la servitude sans changer sa nature ; Toulouse, 5 janvier 1820; Pau, 14 mars 1831, com. de Lahitte; Grenoble, 7 juin 1860, Vieux; Nancy, 30 mars 1860, Richard; Paris, 5 avril 1861, Fournier; Delvincourt sur l'article 685; Pardessus, *Servit.*, t. 1, n° 223; Toullier, t. 3, n° 553; Marcadé sur l'article 685; Demante, t. 2, n° 558; Demolombe, *Servit.*, t. 2, n° 624; Massé et Vergé sur Zachariæ, t. 2, § 331, p. 190; Aubry et Rau, t. 2, § 243, p. 208; Perrin et Rendu, n° 3124.

366. *Dotalité de l'immeuble servant.* — L'action en payement de l'indemnité due, à raison du passage nécessaire pour l'exploitation d'un fonds enclavé, est purement mobilière. Par suite, la prescription court, même pendant le mariage, contre la femme mariée sous le régime dotal. (Grenoble, 7 janvier 1845, Sirand).

367. *Actions possessoires.* — De ce que la prescription est admissible en ces matières, il en résulte que l'action possessoire est recevable si on est troublé dans cette possession ou si l'on a intérêt à s'en prévaloir ; req. rej., 16 mars 1830, Maillot; civ. cass., 19 novembre 1832, Barry; req. rej., 7 juin 1836, com. de Chauvoncourt; rej., 12 décembre 1843, Fléchet; req. rej., 8 mars 1852, Lefèvre; req. rej., 5 janvier 1857, Marcel; Cappeau, *Législ. rur. et forest.*, t. 2, p. 119, n° 59; Bourbeau, *J. de p.*, n° 378; Curasson, *Des j. de p.*, t. 2, p. 323; Marcadé sur l'article 685; Massé et Vergé sur Zachariæ, § 331, t. 2, p. 190; Aubry et Rau, id., § 185, t. 2, p. 113; Bourguignat, *Droit rural*, p. 97, n° 307 et p. 443, n° 1390.

L'article 26 du code de procédure civile porte que le demandeur au pétitoire ne sera plus recevable à agir au possessoire. Donc, d'après la loi, la demande au pétitoire, sans impliquer nécessairement de la part du demandeur un aveu tacite que la possession appartient à son adversaire, soit une renonciation absolue à se prévaloir lui-même de cette possession, implique une renonciation formelle à l'exercice de l'action possessoire. D'où il suit que la réclamation faite judiciairement par le propriétaire enclavé du droit de passage que lui accorde, moyennant indemnité, l'article 682 du code civ., ayant le caractère d'une action pétitoire, cette réclamation met obstacle à ce qu'il puisse pour le même droit recourir à la voie possessoire. (Ch. civ. rej., 15 novembre 1855, Grenet; Curasson, *Comp. des j. de p.*, t. 2, n° 77; Bourbeau, *De la just. de p.*, n° 378; Jay, *Traité de la comp. des j. de p.*, n° 736; Bioche, *Act. possess.*, n° 548).

§ 4. — Extinction de la servitude de passage.

SOMMAIRE.

368. La servitude cesse-t-elle d'exister si l'enclave vient à cesser.
369. Restitution de l'indemnité.
370. Prescription par le non-usage pendant trente ans.

368. *La servitude cesse-t-elle d'exister si l'enclave vient à cesser?* — La réunion de plusieurs fonds, l'ouverture de nouvelles voies, l'exécution de travaux publics le long des fleuves et rivières et d'autres causes, peuvent amener dans l'état des lieux des modifications nombreuses qui entraînent la cessation de l'enclave, la servitude continuera-t-elle à subsister? Cette question est fort controversée. Les uns soutiennent que la cause de la servitude disparaissant, la servitude elle-même doit disparaître; qu'il est de l'intérêt de l'agriculture que la multiplication des passages ne se produise pas d'une manière exagérée; que la liberté des fonds doit prévaloir;

que l'art. 701, qui permet de changer dans certains cas l'assiette de la servitude, entraîne forcément sa suppression lorsqu'elle est sans cause. Agen, 14 août 1834, Rieumajou; Lyon, 24 décembre 1841, Sage; Angers, 20 mai 1842, de Villers; Limoges, 20 novembre 1843, Faure; Rouen, 26 février 1844, Grommard; Orléans, 23 août 1844, Pays Mellier; Rouen, 13 décembre 1862, Lejeune; Paris, 20 novembre 1864, Maraux; Toullier, t. 3, n° 554; Cappeau, t. 2, p. 119, n° 57; Garnier, *Chemins*, p. 480; Delvincourt, t. 1, p. 390; Neveu Derotrie, *Lois rurales*, p. 83; Dalloz, *Servit.*, n°s 817, 877 et 878; Zachariæ, t. 2, § 246, note 14; Marcadé, sur l'art. 685; Bourguignat, *Droit rural*, p. 95, n° 305; Pardessus, t. 1, n° 225; Solon, n°s 331 et 332; Taulier, t. 2, p. 429; Demante, t. 2, n° 539.

Les autres répondent que les servitudes sont de leur nature perpétuelles; que les décisions de justice et les reconnaissances de droit le sont également quels que soient les causes et motifs de ces décisions; que l'intérêt de l'agriculture n'a nullement à souffrir de l'existence de ces chemins de servitude qui rendent aux exploitations des services réels et nombreux sans emprunter pour cet exercice de larges espaces de terrain; que cette exploitation organisée en conséquence de la servitude attribuée à l'enclave serait bouleversée par les changement de parcours qu'entraînerait l'extinction de la servitude; qu'il est de toute justice, au point de vue des annexes spécialement, que si la parcelle annexée ne peut bénéficier de la servitude acquise au fonds principal, elle ne doit pas priver ce fonds des droits qu'il peut posséder; enfin, en pratique, on fait remarquer que lorsque le changement dans l'état des lieux rendrait plus commodes l'exploitation et les accès par une voie nouvelle, la servitude de passage ne sera plus qu'un droit dont n'aura point à souffrir le fonds asservi. Quant à l'article 701 il ne donne aux tribunaux qu'un droit de modification de l'exercice de la servitude dans certains cas déterminés, et non la faculté de suppression ; que si cet article était applicable à ces matières, il faudrait encore reconnaître un droit de maintien ou de suppression suivant les cas, qui laisserait libre l'appréciation des tribunaux au point de vue de l'opportunité de la mesure, et dès lors on ne pourrait pas soutenir que la cessation de l'enclave devrait forcément entraîner la suppression de la servitude. Cette opinion à laquelle nous nous rangeons, et qui s'appuie encore sur cette circontance que le législateur n'a point admis ce mode d'extinction de la servitude, alors que son attention avait été attirée sur ce sujet par les observations de la Cour de Lyon, a d'ailleurs de nombreux adhérents. Toulouse, 16 mai 1829, Portefaix; Grenoble, 15 mai 1839, Ageron–Brulefer; Rennes, 18 mars 1839, Delaune; Aix, 14 juin 1844, Rostan d'Ancezune; Bordeaux, 18 mars 1845, Cartaut; Caen, 1 décembre 1845, Guilbeau; Grenoble, 20 novembre 1847, Beyton; rej. 19 janvier 1848, Guilbeau; Douai, 23 novembre 1850, Carlot; Bordeaux, 25 juin 1863, Malfille ; Lyon, 12 juillet 1865, Martin; Duranton, t. 5, nº 435 ; Demolombe, t. 2, nº 642, p. 126 et suiv.; Massé et Vergé sur Zachariæ, t. 2, p. 189,

§ 331 note 3 ; Garnier, *Législation nouvelle sur les chemins*, p. 266.

D'un autre côté il a été jugé que le propriétaire, qui par l'aliénation qu'il a faite d'une partie de son fonds, a isolé cette partie de la voie publique, et ayant donné ainsi naissance à l'enclave, s'est trouvé de plein droit soumis à l'obligation de fournir passage à l'acquéreur pour la desserte de la partie aliénée, sur la portion d'héritage dont il a conservé la propriété, est toujours soumis à cette obligation malgré la réunion ultérieure du fonds enclavé à d'autres fonds qui touchent à la voie publique. (Req., rej., 14 novembre 1859, de Tournon ; Aubry et Rau, t. 2, n° 243, § 509).

C'est sous le bénéfice du même principe qu'il a été également décidé que lorsque par le résultat d'un partage ou bien d'une vente, un des lots se trouve enclavé, le cohéritier enclavé a droit au passage sur le lot de ses copartageants, et que l'achat postérieur fait par le cohéritier personnellement d'un fonds faisant cesser l'enclave, ne peut modifier les droits acquis. (Req., rej., 1 août 1861, Blanc).

Au surplus, lorsque dans un acte de partage il est stipulé que les copartageants passeront sur les portions des autres pour les portions qui n'aboutissent pas à la voie publique d'après les opérations du partage, la servitude ainsi constituée est une servitude plutôt conventionnelle que légale, définitivement établie par le titre et ne pouvant être détruite par suite des achats faits postérieurement par le copartageant auquel était dû le passage. (Poitiers, 31 janvier 1832, Chauve).

369. *Restitution de l'indemnité.* — Ayant admis l'opinion de ceux qui soutiennent que la servitude accordée à l'enclave subsiste alors même que l'enclave viendrait à cesser, nous n'avons pas à rechercher ce qu'il en serait, en cas de suppression, de l'indemnité payée au moment de son établissement. Des distinctions diverses et très-nombreuses sont admises en pareil cas par les partisans de l'extinction. Si on admet l'extinction de la servitude, il faudrait, suivant nous, que le propriétaire du fonds dominant fut complétement indemnisé de toutes les dépenses faites à l'occasion de la servitude dont on lui enlèverait le bénéfice, indemnités payées, frais faits pour rendre possible l'exercice de la servitude et même pour son déplacement. M. Demolombe, qui défend éventuellement cette opinion, t. 2, nᵒ 643, p. 128, l'appuie sur plusieurs decisions de justice.

Je me borne à faire observer encore que tandis que les uns pensent que l'indemnité payée doit être restituée, Agen, 14 août 1834, Rieumajou; Lyon, 24 décembre 1841; Limoges, 20 décembre 1843; Cappeau, t. 2, p. 119, nᵒ 57; Toullier, t. 3, p. 403; Solon, nᵒ 332; Taulier, t. 2, p. 429; d'autres pensent au contraire qu'il n'y a pas lieu à restitution, Neveu Derotrie, *Lois rurales*, p. 84, ou tout au moins que la restitution ne doit être que partielle, Marcadé, sur l'art. 685; Neveu Derotrie, *Lois rurales*, p. 83; Aubry et Rau sur Zachariæ, t. 2., p. 66.

Les uns soutiennent que c'est à celui qui réclame la restitution à prouver que l'indemnité a été payée. Angers, 20 mai 1842, de Villers; Bourguignat, *Droit rural,*

p. 96, n° 306; Solon, n° 332. D'autres sont au contraire
d'avis que l'indemnité est présumée avoir été payée.
Lyon, 24 décembre 1841, Sage; Limoges, 20 novembre
1843, Faure; Caen, 1 décembre 1845, l'Etat.

370. *Prescription par le non-usage pendant trente
ans.* — L'article 706 du Code civil porte que la servitude est éteinte par le non-usage pendant trente ans;
cette disposition est trop générale, trop nette et trop
formelle pour que je puisse me ranger de l'avis de ceux
qui pensent qu'elle n'est pas applicable à la servitude
de passage établie en cas d'enclave, si l'enclave subsiste
encore. Mais ce qui me paraît également hors de doute
c'est que le propriétaire étant toujours enclavé pourra
également réclamer un nouveau droit de passage à
charge de payer une nouvelle indemnité, et que ce
droit ne saurait être paralysé par l'effet du non usage.

Il peut y avoir intérêt à faire remarquer ici que les
décisions au possessoire ne formant pas chose jugée au
pétitoire, il s'en suit que le juge du pétitoire peut décider qu'il n'y a pas eu interruption de prescription
d'une servitude de passage au cas d'enclave, encore
qu'il ait été jugé au possessoire que le passage n'avait
pas été exercé depuis plus d'un an et un jour. (Ch. civ.,
rej., 11 avril 1865, Mathieu).

SECTION III. — **Droit de tour d'échelle.**

371. *Qu'entend-on par droit de tour d'échelle.* — Dans certaines provinces, les propriétaires d'un mur ou bâtiment contigus à l'héritage d'autrui avaient un droit sur un certain espace de terrain bordant ce mur le long du fonds voisin, pour faire les réparations que ce mur pouvait exiger.

Ici on supposait que le propriétaire du mur au moment de la construction s'était établi en dedans de la ligne séparative des héritages, de manière à se réserver un espace libre et lui appartenant en dehors de son mur pour y faire des réparations et y poser ses échelles, et dans ce cas on attribuait à ce propriétaire ce terrain, qui prenait alors plus particulièrement le nom d'*échellage*, *répare*, *ceinture*, *investison* ou *invétison*, terrain qui investit, environne une construction, et quelquefois *pâture*. (Clausade, *Usages du Tarn*, p. 136).

Ailleurs, ce droit n'était attribué que comme

une simple servitude et il prenait plus particulièrement le nom de tour d'échelle, dénomination sous
laquelle le plus souvent on a confondu ces deux droits ;
mais parmi les coutumes qui ne considéraient ce droit
que comme une servitude ; les unes lui attribuaient le
caractère d'une servitude légale ; Coutume de Melun, art.
204 ; d'Etampes, art. 86 ; d'Orléans, art. 240 ; locale
de Blois, art. 62 ; Usement de Nantes, art. 17. (Cet usement avait force de loi en Bretagne) ; les autres ne lui
attribuaient que le caractère de servitude conventionnelle et ne l'admettaient que si elle résultait du titre.
Et dans ce dernier cas, telles coutumes exigeaient une
convention formelle, d'autres autorisaient d'y suppléer
par la prescription ; Merlin, *Rép.*, v° *Tour d'échelle* ;
Pothier, *App. au contrat de société*, n° 224 ; Fournel,
Du voisinage, t. 1, p. 504, n° 117 ; t. 2, p. 518, n°
255 ; v. Fons, *Usages de la Haute-Garonne*, n° 152 ;
Sibille, *Usages de la Loire-Inférieure*, n° 188 ; Tavernier, *Usages des Bouches-du-Rhône*, p. 75 ; A. Pagès,
Usages de l'Isère, p. 130 ; Limon, *Usages du Finistère*, p. 121 et 123 ; Garnier, *Des ch.*, p. 489 ; Dalloz,
Rép., v° *Servitude*, n° 805.

Dans certaines provinces, le tour d'échelle n'existait
légalement ni a titre de propriété, ni à titre de servitude, ainsi, pour la Provence, Tavernier, *Usages des
Bouches-du-Rhône*, p. 76. Elle n'existait pas à titre de
servitude dans le ressort du parlement de Toulouse,
Usages de l'Hérault, p. 28.

372. *Ce droit a-t-il été maintenu par le code ?* —

Les lois nouvelles ne donnent pas la possibilité de réclamer ce droit concédé à divers titres par les anciennes coutumes, puisque le propriétaire autorisé à bâtir sur les limites de son héritage est présumé avoir usé en entier de sa propriété et qu'aucun texte n'établit d'autre part une telle servitude légale ; Locré, *Législ. civ.*, t. 8, p. 406; Ducaurroy, Bonnier et Roustain, t. 2, n° 294; Demolombe, *Servit.*, t. 1, n° 423, p. 488; Pardessus, *Servit.*, t. 1, n° 228; Zachariæ, t. 2, § 246; Garnier, *Act. poss.*, n° 320; v. Fons, *Usages de la Haute-Garonne*, n° 152; Clausade, *Usages du Tarn*, p. 135 et suiv.; Sibille, *Usages de la Loire-Inférieure*, n°s 189 et 190; A. Pagés, *Usages de l'Isère*, p. 131; Sauger, *Du louage et des servit.*, n° 345; Garnier, *Des ch.*, p. 489; Dalloz, *Servitude*, n°s 9, 805 et 807; Duranton, t. 5, n°s 75, 315 et 316.

373. *Nécessité d'un titre.* — Ce n'est donc qu'en vertu d'un titre que le propriétaire d'un mur pourra avoir un droit quelconque de passage ou une faculté analogue le long de ce mur sur l'héritage voisin ; Douai, 21 août 1865, Baes; Demolombe, *Servit.*, t. 1, p. 489, n° 423; A. Aulanier, *Usages des Côtes-du-Nord*, p. 107; Sibille, *Usages de la Loire-Inférieure*, n° 190; A. Pagés, *Usages de l'Isère*, p. 131 et 132; Limon, *Usages du Finistère*, p. 121; Toulier, t. 3, n° 559; Fremy Ligneville, *Traité de la législ. des bâtiments*, t. 2, p. 692; Perrin et Rendu, *Dict. des constr.*, n° 3997; Dalloz, *Servit.*, n° 808.

En cas d'ambiguité sur la nature du droit, on doit tenir qu'il établit une simple servitude dont l'exercice est réglé par les usages locaux. (Demolombe, *loc. cit.*)

La prescription ne peut remplacer le titre pour acquérir une pareille servitude, puisqu'il s'agirait ici d'une servitude discontinue et non apparente. On ne pourrait pas la fonder davantage sur la destination du père de famille; Caen , 8 juillet 1826, Gaillard; Bordeaux, 20 décembre 1836, Duc; Caen, 27 avril 1844, Gaffet; Merlin, *Rép.*, v° *Tour d'échelle*, § 2, n° 2: Demolombe, *loc. cit.*

374. *Conséquences rigoureuses de ces principes.* — Il suffit d'indiquer les règles que nous venons de poser pour être frappé des conséquences fâcheuses qu'elles peuvent avoir, en vouant à une ruine fatale certaines constructions. Certains auteurs n'ont point reculé devant ces conséquences. (Toullier, t. 3, p. 559; Favard de Langlage, *Rép.*, v° *Servit.*, sect. 2, § 7, n° 7; Coulon, *Questions de droit*, t. 3, p. 336; Duranton, t. 5, n° 315, p. 317).

375. *Tempéraments apportés dans la pratique.* — D'autres, dans la pratique, ont apporté des tempéraments de nature à paralyser en partie des résultats aussi fâcheux.

Ainsi, on a soutenu que dans les lieux où la clôture est forcée, le voisin doit être tenu de fournir un passage nécessaire sur son fonds pour les réparations à faire au mur dont il profite pour sa propre clôture ; Pardessus, t. 1, n° 227; Demolombe, t. 1, n° 424;

Duranton, t. 5, n°ˢ 315 et 316; Dalloz, *Servit.*, n°
810; *contrà*, Toullier, t. 3, n° 559; Favard de Langlade, *Rép.*, v° *Servit.*, sect. 2, § 7, n° 7.

Qu'il en était à plus forte raison de même lorsque le
mur était mitoyen; dans ce cas, chacun fournira le passage nécessaire. C'est une suite du concours à son entretien, auquel l'article 655 du code oblige les voisins.
(Pardessus, Duranton, Dalloz, *loc. cit.*)

On a essayé aussi de soutenir que si le voisin est assujetti à la servitude d'égoût des toits, il ne pouvait
refuser le passage pour les réparations, parce que c'é-
tait là une suite nécessaire de la servitude d'égoût;
Pardessus et Duranton, *loc. cit.*; *Cout. de Reims*, art.
578; *Cout. de Meaux*, art. 75. Je dois reconnaître que
cette solution a été généralement repoussée en ce sens
qu'on a répondu que la servitude de tour d'échelle n'é-
tait pas une suite nécessaire de la servitude d'égoût des
toits; Caen, 8 juillet 1826, Gaillard; Bourges, 3 août
1831, Berger; Bordeaux, 20 décembre 1836, Duc;
Merlin, Toullier, Favard, Coulon; Demolombe, *loc.
cit.*; Solon, n° 343; A. Aulanier, *Usages des Côtes-du-
Nord*, p. 107; A. Pagés, *Usages de l'Isère*, p. 132; Dalloz, *Servit.*, n° 811; et parce que des réparations peuvent se faire au toit d'un bâtiment au moyen d'échelles
volantes et sans pénétrer sur le sol de l'héritage voisin.
Cependant l'arrêt du 20 décembre 1836, après avoir
proclamé ce principe, ajoute que *si dans quelques cas
particuliers le passage devient indispensable, il pourra être l'objet d'une autorisation demandée et obtenue
en connaissance de cause, sans qu'il puisse en résulter*

une servitude au préjudice du voisin. En matière de voisinage, les règles du droit strict peuvent fléchir par des motifs d'équité devant la nécessité.

C'est ce que disent en quelque sorte d'une manière générale les anciens auteurs ; Godefroy, *Cout. de Normandie*; Dupineau, *Cout. d'Anjou*; Pothier, *De la société*, n° 246; Merlin; l'arrêt de Bruxelles du 28 mars 1822, Vanhagendaren; Dalloz, *Servit.*, n°ˢ 809 et 812; Garnier, *Des ch.*, p. 491; Clausade, *Usages du Tarn*, p. 143; Commission centrale des usages locaux des Bouches-du-Rhône; Tavernier, *Usages des Bouches-du-Rhône*, p. 76; *Usages de l'Hérault*, p. 27; A. Pagés, *Usages de l'Isère*, p. 131; Limon, *Usages du Finistère*, p. 122, et M. Demolombe lui-même, t. 1, n° 424. Dans les autres cas où, sans qu'il y ait titre, le propriétaire d'un mur établi sur la limite de l'héritage voisin sera obligé de pénétrer dans le fonds voisin pour faire à ce mur des réparations indispensables, Fournel, *Voisinage,* t. 2, p. 520, n° 258, dit que si on ne peut plus exiger ce passage à défaut de titre, comme un droit de propriété ou de servitude, on doit l'obtenir à titre de secours et de devoir de bon voisinage. Suivant lui le droit naturel doit faire en ce cas l'office du droit civil, mais il va trop loin, d'après nous, lorsqu'il ajoute : « Et cette espèce d'atteinte, portée au droit exclusif du propriétaire voisin, dérive du même principe qui a établi le passage forcé pour arriver à une pièce de terre enclavée. »

Au sujet du droit de passage réclamé comme conséquence du droit d'égoût des toits, je dois faire observer que divers auteurs ont soutenu que le propriétaire d'un édifice, non-seulement serait fondé de réclamer une servitude de passage dans un pareil cas, mais même qu'il est présumé propriétaire jusqu'à titre contraire du terrain sur lequel sa toiture formant saillie déverse les eaux pluviales; Pardessus, nos 213 et 214; Solon, n° 308; V. Fons, *Usages de la Haute-Garonne*, n° 154. On cite dans ce sens les arrêts de Bordeaux, 20 novembre et 14 décembre 1833; Limoges, 26 décembre 1839; Bordeaux, 22 février 1844.

376. *Anciennes constructions.* — Mais s'il est nécessaire, en ce qui concerne les nouvelles constructions établies depuis la promulgation du code civil, de s'en tenir aux règles posées par la loi, en admettant avec la jurisprudence et la doctrine certains tempéraments à leur rigueur; en ce qui concerne les constructions antérieures ou celles qui les ont directement remplacées, les règles posées par les coutumes sont encore applicables; Rennes, 8 février 1828, Gasse fe Legros; Demolombe, n° 422; A. Aulanier, *Usages des Côtes-du-Nord*, p. 108; Sibille, *Usages de la Loire-Inférieure*, n° 191, A. Pagés, *Usages de l'Isère*, p. 131; Limon, *Usages du Finistère*, p. 121; Garnier, *Ch.*, p. 490; Dalloz, *Servitude*, n° 805.

En les résumant, M. Demolombe, *Servitudes*, t. 1, p. 487, n° 422, dit :

« 1° Si le mur est situé dans le ressort d'une ancienne coutume qui présumait que le constructeur a laissé audelà de son mur un certain espace (ordinairement trois pieds anciens), cet espace doit continuer à lui appartenir.

« 2° Même dans les lieux où le droit de tour d'échelle n'existait que comme servitude légale, le propriétaire du mur (quoique cette proposition puisse paraître plus contestable) doit continuer à exercer cette servitude qui lui était garantie par la loi, sous la foi de laquelle il a construit.

« 3° Dans les Coutumes où le droit de tour d'échelle pouvait être acquis soit par titre, soit aussi par prescription, il doit être encore maintenu aujourd'hui, même dans ce dernier cas, pourvu que la prescription fût acquise au moment de la promulgation du titre des servitudes de notre Code. »

377. *Portée de la servitude de tour d'échelle.* — Nous avons dit que sous les anciennes coutumes, le passage désigné sous le nom de tour d'échelle s'exerçait tantôt sur des terres restées la propriété de celui qui l'exerçait, tantôt sur des terres simplement asservies. Dans ce dernier cas, soit que la servitude fût légale, soit qu'elle fût conventionnelle, il résultait de la nature même de ce droit que celui sur le fonds duquel il s'exerçait, restant propriétaire de ce fonds, pouvait en disposer et s'en servir à son gré, pourvu que ses actes n'eussent pas pour effet de gêner le propriétaire dominant dans ses réparations et reconstructions. (Paris, 6 août 1810, Leperche; Pardessus, *Servit.*, t. 1, n° 228; Demolombe, *Servit.*, t, 1, n° 423; Dalloz, *Servit.*, n° 815).

A défaut de titre, la question de savoir quelle étendue de terrain devait être affectée à l'exercice du tour d'échelle a été assez agitée; un acte de notoriété du Châtelet de Paris, en date du 23 août 1701, fixe cette étendue à un mètre; Toullier, n° 563; Pardessus, n° 237; Rolland de Villargues, *Rép.*, v° *Tour d'échelle*, n° 11; V. Fons, *Usages de la Haute-Garonne*, n° 155; Sibille, *Usages de la Loire-Inférieure*, n° 193; Sauger, *Du louage*, n° 345; Limon, *Usages du Finistère*, p. 122; Dalloz, *Servitude*, n° 806, conseillent de suivre cette règle, à moins d'usages contraires; *sic*, Rouen, 6 février 1841, Lethuillier.

M. V. Fons, *Usages de la Haute-Garonne*, n°ˢ 153 et 154, indique que d'après les usages de ce pays, il est de 0,17 à 1,78 centim. suivant la hauteur des constructions. Dans le Tarn, la largeur la plus généralement en usage est quatre pans, (0,90 centim. environ); Clausade, *Usages du Tarn*, p. 140. Dans les Bouches-du-Rhône, elle varie de 0,50 jusqu'à 3 mètres suivant les cantons; Tavernier, *Usages des Bouches-du-Rhône*, p. 77. Dans le Dauphiné, elle est généralement de trois pieds, règle adoptée par la coutume de Paris; dans certains cantons, elle n'est cependant que d'un pied et demi ou deux pieds. (A. Pagés, *Usages de l'Isère*, p. 133).

CHAPITRE III.

DES PASSAGES DE TOLÉRANCE.

378. *Qu'entend-on par passage de tolérance.* — Tout le monde se rend compte de ce qu'on entend par passage de tolérance ; je viens de lire ce qu'écrivait là-dessus M. le président Petit dans un mémoire présenté à la société d'agriculture, sciences et arts du département du Nord, et comme je crains que ma mémoire, exceptionnellement trop fidèle ne vienne à reproduire involontairement tout ce qu'a écrit de vrai et juste sur ce sujet ce magistrat, je copie littéralement dans son mémoire la page qui suit pour en laisser le mérite à son véritable auteur : « Un passage de tolérance ne peut pas prétendre à la qualification de chemin. C'est un passage accidentel sur une propriété labourée tous les ans que le premier venu exerce ; c'est un passage qui sert à tout le monde et qui ne sert à personne en particulier ; c'est le résultat d'une habitude que l'obligeance fait tolérer, qu'on finit par respecter et qu'ensuite il serait bien difficile de déraciner dans les campagnes, car si le proprié-

26

taire a la persévérance de labourer chaque année la piedsente et de manifester son opposition, soit par la plantation d'épines, soit par le creusement de petits fossés pour en interdire l'accès, la force de l'habitude l'emporte et bientôt la piedsente est reformée sinon au même endroit toujours dans la même direction. Le propriétaire renouvelle ses précautions, ou bien se résigne sans en prendre aucune, peu importe, le passage n'en est jamais qu'un passage de tolérance, parce qu'il conserve toujours les vices de son origine et que le temps ne peut pas les faire disparaître.

« Les passages de tolérance, dit Proudhon, ce sont tous ces petits chemins ou sentiers qu'on voit pratiqués près des communes, à travers champs, par des habitants qui, pour épargner quelques centaines de pas, veulent couper au plus court vers leurs habitations ou vers la voie publique, sans aucune nécessité pour eux.

« Il est admis dans les campagnes que le passage est libre à travers les champs dépouillés de leurs récoltes, pour arriver aux champs qui ont encore la leur. Tous les cultivateurs traversent les champs de leurs voisins sans scrupule et sans opposition, toutes les fois que les besoins et les aisances de la culture l'indiquent, pourvu qu'il n'en résulte aucun dommage pour le propriétaire du champ sur lequel le passage est exercé.

« Voilà des faits de passage de tolérance que tous les cultivateurs se permettent et souffrent réciproquement. »

Un passage sur le fonds d'autrui, quelque longue qu'en ait été la jouissance, est présumé exercé par tolérance, alors qu'il n'est produit aucun titre constitutif du droit. Bordeaux, 27 mars 1841, Cordes; Dalloz, v° *Servitude*, n° 902.

379. *Condition juridique.* — Il est admis pour tous que l'exercice de ce passage quel que soit le temps et les circonstances dans lesquels il peut se produire, ne peut devenir la base constitutive d'un droit quelconque et celui qui l'a souffert, quel que soit le temps qu'ait duré sa tolérance, et même celui de ses devanciers, peut toujours faire cesser ce passage juridiquement, s'il peut lui être quelquefois difficile d'arriver à ce résultat en fait. Bruxelles, 4 fevrier 1806, Degrotte ; Agen, 23 juillet 1845, Pezet; Angers, 26 juillet 1854, Foulard ; ch. crim., 5 août 1859; Bourguignat, *Propriété des chemins ruraux*, p. 10; Neveu Derotrie, *Lois rurales*, p. 329 ; Merlin, *Rép.*, v° *Chemins de souffrance*; Garnier, *Chem.* p. 301, et *Législ. et jurispr. nouv. sur les chem.*, page 121; Proudhon, *Dom. pub.*, n° 634; Pardessus, *Servit.*, n° 216.

Un maire ne pourrait ordonner qu'un pareil chemin resterait à la disposition du public pendant un certain temps, contrairement à la volonté du propriétaire (ch. crim., rej., 16 mai 1857, Coudeville).

FIN

TABLE

ALPHABÉTIQUE ET ANALYTIQUE

DES MATIÈRES.

A

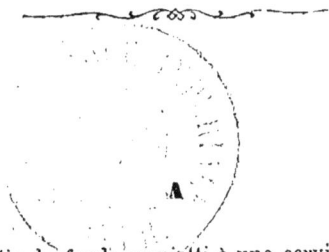

B

D

E

F

G

H

I

O

P

TABLE

—◆—

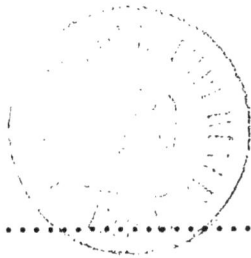

PREMIÈRE PARTIE.

www.ingramcontent.com/pod-product-compliance
Lightning Source LLC
Chambersburg PA
CBHW052101230326
41599CB00054B/3573